Haftungsrisiken beim Unternehmenskauf in den USA

Europäische Hochschulschriften
Publications Universitaires Européennes
European University Studies

Reihe II
Rechtswissenschaft

Série II Series II
Droit
Law

Bd./Vol. 3412

PETER LANG
Frankfurt am Main · Berlin · Bern · Bruxelles · New York · Oxford · Wien

Mattias von Buttlar

Haftungsrisiken beim Unternehmenskauf in den USA

Successor Corporation Liability als Modell für eine Reform des § 25 HGB?

PETER LANG
Europäischer Verlag der Wissenschaften

Die Deutsche Bibliothek - CIP-Einheitsaufnahme

Buttlar, Mattias /von:

Haftungsrisiken beim Unternehmenskauf in den USA : successor corporation liability als Modell für eine Reform des § 25 HGB? / Mattias von Buttlar. - Frankfurt am Main ; Berlin ; Bern ; Bruxelles ; New York ; Oxford ; Wien : Lang, 2002
(Europäische Hochschulschriften : Reihe 2, Rechtswissenschaft ; Bd. 3412)
Zugl.: Bayreuth, Univ., Diss., 2001
ISBN 3-631-39065-3

D 703
ISSN 0531-7312
ISBN 3-631-39065-3

www.peterlang.de

Inhaltsverzeichnis

§ 1 Einleitung

„[T]he entire issue of successor liability ... is dreadfully tangled, reflecting the difficulty of striking the right balance between the competing interests at stake.“[1]

I. Problemstellung

Im Zuge ihrer expansiven Geschäftspolitik entschließt sich die P-Corporation im Jahr 1985, das Unternehmen der im selben Markt tätigen S-Corporation zu kaufen. P erwirbt daher das gesamte Betriebsvermögen von S, welche zunächst fortbesteht. Die Verbindlichkeiten der S werden von P ausdrücklich nicht übernommen. In den folgenden Jahren führt P das Unternehmen der S fort - unter Verwendung derselben Firma, derselben Mitarbeiter und derselben Betriebsstätten. Die S-Corporation löst sich kurz nach Verkauf des Unternehmens auf. Im Jahr 1995 stellt sich heraus, dass die von S seit 1970 hergestellten und vertriebenen Produkte krebserregende Stoffe enthalten. Verbraucher, die hierdurch Schäden erlitten haben, verlangen nunmehr von der P-Corporation Schadensersatz. Im gleichen Jahr ergibt eine Untersuchung der zuständigen Umweltbehörde, dass auf einem Grundstück, welches S von 1975 bis 1980 zur Lagerung von Lösungsmitteln angemietet hatte, große Mengen eines Lösungsmittels ins Erdreich gelangt sind und nunmehr das Grundwasser bedrohen. Die Behörde nimmt P daraufhin für die Kosten der Altlastensanierung auf dem Grundstück in Anspruch. Muss P für die von S verursachten Schäden aufkommen?

US-amerikanische Gerichte hatten in den vergangenen Jahren zahlreiche Gelegenheiten, vergleichbare Sachverhalte zu entscheiden. Sie sahen sich dabei regelmäßig mit der Frage konfrontiert, ob bei dem Erwerb eines Unternehmens durch Übernahme des Betriebsvermögens Haftungskontinuität zwischen der Verkäuferin und der Käuferin besteht. Die Problematik der Haftungskontinuität liegt darin begründet, dass das Unternehmen an sich nach deutschem wie nach US-amerikanischem Recht kein eigenständiges Rechtssubjekt ist.[2] Träger der mit dem Unternehmen zusammenhängenden Rechte und Pflichten ist die natürliche oder juristische Person, die das Unternehmen betreibt. Demgegenüber lässt

---

1 EEOC v. Vucitech, 842 F.2d 936, 944 (7th Cir. 1988).

2 Hierzu *K. Schmidt*, Handelsrecht, S. 211-212.

sich das Unternehmen selbst als die organisierte Wirtschaftseinheit beschreiben, mittels derer der Unternehmer am Markt auftritt.[3] Es ist weder eine Sache noch ein Recht, sondern vielmehr ein Inbegriff von Sachen, Rechten, tatsächlichen Beziehungen, Vertragspositionen, Marktanteilen, Ressourcen, Geschäftschancen, Arbeitsverträgen und ähnlichem mehr.[4]

Die uneinheitliche Antwort der Rechtsprechung auf die Frage, inwieweit die natürliche oder juristische Person, die das Unternehmen erworben hat, für fehlerhafte Altprodukte und Altlasten der Verkäuferin haftet, hat dazu geführt, dass der Kauf eines Unternehmens auf dem US-amerikanischen Markt mittlerweile mit erheblichen Unsicherheitsfaktoren behaftet ist. Im Bereich der Produkt- und der Umwelthaftung besteht die Gefahr, dass auf den Käufer Verbindlichkeiten zukommen, bei denen die Ursache noch vom erworbenen Unternehmen gesetzt, der Schaden jedoch erst nach Übertragung des Betriebsvermögens entstanden oder entdeckt worden ist. So können wegen der langen Lebensdauer eines Produktes und des schleichenden Verlaufs einiger Krankheiten manche Produkthaftungsansprüche erst mit mehrjähriger Verzögerung entstehen.[5] Hinzu kommt, dass die medizinische Forschung immer neue gesundheitsschädliche Stoffe entdeckt, deren Auswirkungen erst nach mehreren Jahren spürbar werden, wie z.B. die karzinogene Wirkung von Asbest und Silikon. Sowohl im Rahmen der Produkthaftung als auch im Altlastenhaftungsrecht können die haftungsauslösende Handlung oder der Beginn des Schädigungsprozesses weit vor der Entdeckung der Schäden und der damit verbundenen Möglichkeit ihrer gerichtlichen Geltendmachung liegen.[6] Um die Geschädigten bei Auflösung der eigentlich verantwortlichen Gesellschaft nicht leer ausgehen zu lassen, haben Teile der US-amerikanischen Rechtsprechung die neue Inhaberin des Unternehmens unter Anwendung der *successor liability* (Nachfolgehaftung) für Altverbindlichkeiten des übernommenen Unternehmens haften lassen, die durch das Unternehmen

---

3 So *K. Schmidt*, Handelsrecht, S. 66, anknüpfend an *Raisch*, Geschichtliche Voraussetzungen, S. 181.

4 So *Holzapfel/Pöllath*, Unternehmenskauf in Recht und Praxis, Rn. 130.

5 Siehe hierzu *Arness/Sutin/Plotkin*, 67 Wash. U. L.Q. 353, 355; *Green*, 72 Cornell L. Rev. 17. *Richmond*, 45 Baylor L. Rev. 535, 536 spricht in diesem Zusammenhang vom „Zeitbomben-Charakter" der Produkthaftung.

6 Ausführlich zu dieser Problematik *Ringleb/Wiggins*, 98 J. Pol. Econ. 574. Vgl. auch *Kalis*, PHI 1989, S. 215, *Hansmann/Kraakman*, 100 Yale L.J. 1879, 1884.

vor seinem Verkauf begründet wurden.[7] Anknüpfungspunkt dieser Haftung ist nicht der Rechtsträger des Unternehmens, sondern die Kontinuität des Unternehmens an sich, wenn das Unternehmen von einem neuen Träger übernommen wird, ohne z.B. mit dem früheren zu fusionieren.[8]

Für die Käuferin eines Unternehmens kann sich die *successor liability* als „tückische Haftungsfalle“[9] erweisen. Führt zwingendes Recht abweichend von den vertraglichen Vereinbarungen zur Haftung für Verbindlichkeiten, mit denen der Erwerber nicht gerechnet und sie deshalb nicht im Kaufpreis berücksichtigt hat, kann dies zu empfindlichen Verlusten führen.[10] Wegen der häufig fehlenden Vorhersehbarkeit der Haftung ist das Risiko, in diese Haftungsfalle zu tappen, gerade im Hinblick auf fehlerhafte Altprodukte und Altlasten der Verkäuferin besonders groß.[11] Berücksichtigt man weiterhin die Schadensersatzhöhen im amerikanischen Produkthaftungsrecht und die hohen Kosten der Altlastensanierung,[12] so wird verständlich, warum die *successor liability* in den USA erhebliche Aufmerksamkeit von Rechtsprechung und Literatur auf sich gezogen hat.

Angesichts der Vehemenz, mit der die Debatte über die *successor liability* in den USA geführt wird, und im Hinblick auf die praktische Bedeutung dieser Haftung ist es erstaunlich, dass ihr in Deutschland bislang eher spärliche Aufmerksamkeit geschenkt worden ist.[13] Im Gegensatz zur erweiterten Haftung von

---

7 Vgl. zu den Gründen für das Aufkommen der erweiterten Nachfolgehaftung *Green*, 72 Cornell L. Rev. 17: „*The multidecade life of a punch press or the lengthy latency period of an insidious disease, combined with the inevitable corporate evolution that is the hallmark of a dynamic market economy, and state corporate law provisions, which deny claimants any effective remedy against the manufacturers' shareholders, have forced products liability claimants to seek redress from the corporations that acquired the manufacturers' assets.*“

8 Vgl. *Blumberg*, 10 Fla. J. Int'l L. 365, 366-67.

9 *Canaris*, Handelsrecht, S. 98 verwendet diesen Ausdruck im Hinblick auf § 25 Abs. 1 S. 1 HGB. Die Risiken der *successor liability* kommen auch darin zum Ausdruck, dass *Yamin*, 7 Harv. J.L. & Pub. Pol'y 185 sie als „*Achillesferse*“ des Unternehmenskaufes bezeichnet.

10 So auch *Merkt/Dunckel*, RIW 1996, S. 533. Vgl. zu unerwarteten Verbindlichkeiten beim Unternehmenskauf *Grunewald*, ZGR 1981, S. 622-642.

11 *Yamin*, 7 Harv. J.L. & Pub. Pol'y 185, 190 spricht davon, dass das Außerachtlassen der *successor liability* eine Form des wirtschaftlichen Russisch Roulette sei.

12 Vgl. *LoPucki*, 107 Yale L.J. 1413.

13 Hinweise auf das Problem der *successor liability* finden sich – soweit ersichtlich – in folgenden deutschen Veröffentlichungen: *Caginalp/Denkowicz*, EWS 1992, S. 11-12; *Hein*,

Kreditgebern[14] und Konzernen[15] in den USA ist die erweiterte Haftung der Erwerberin bei Fortführung des Unternehmens noch nicht aus deutscher Sicht untersucht worden. Das im Hinblick auf die Globalisierung der Wirtschaft bestehende Interesse deutscher Unternehmen an Investitionen in den USA macht die Beschäftigung mit der *successor liability* auch unter praktischen Gesichtspunkten lohnend. Aus rechtspolitischer Sicht ist eine Untersuchung der *successor liability* und der sie tragenden Erwägungen insbesondere angesichts des rechtspolitischen Konzepts von *Karsten Schmidt*[16] zur Reform des § 25 HGB interessant. Nach der Theorie der unternehmensrechtlichen Haftungskontinuität soll bereits die Fortführung eines Unternehmens an sich eine zwingende gesetzliche Haftung des Erwerbers für alle Altschulden nach sich ziehen.[17] Bei der Bewertung dieser Konzeption der Erwerberhaftung lässt sich der Diskussionsstand zur *successor liability* aus den USA fruchtbar machen.

II. Gang der Darstellung

Diese Arbeit befasst sich mit den Haftungsrisiken beim Unternehmenskauf durch den Erwerb des Betriebsvermögens. Insbesondere ist der Frage nachzuge-

---

RIW 1991, S. 639-640; *Hoechst*, Die US-amerikanische Produzentenhaftung, S. 28-31; *Hüttermann*, Der Kauf von Unternehmen oder von Unternehmensteilen nach dem Recht von New York, S. 190-197; *Merkt*, US-amerikanisches Gesellschaftsrecht, Rn. 948, 1013; *Merkt/Dunckel*, RIW 1996, S. 536; *Meyer-Sparenberg*, WiB 1995, S. 855; *H. Neumann*, Haftung für Altlasten im Unternehmen, S. 142-161; *Tiessen*, RIW 1983, S. 401-404; *Turcon/Zimmer*, Grundlagen des US-amerikanischen Gesellschafts-, Wirtschafts-, Steuer- und Fremdenrechts, S. 41-42; *Zahn*, PHI 1990, S. 268-276.

14 Hierzu *Janke/Weinreich*, RIW 1991, S. 281-284; *Bigalke*, Umweltrechtliche Verantwortlichkeit von gesicherten Kreditgebern: Am Beispiel der USA und der Bundesrepublik, 1994.

15 Ausführlich hierzu *Ochsenfeld*, Direkthaftung von Konzernobergesellschaften in den USA, 1998.

16 Grundlegend *K. Schmidt*, Haftungskontinuität als unternehmensrechtliches Prinzip, ZHR 145 (1981), S. 2-28. Vgl. hierzu auch *K. Schmidt*, Handelsrecht, S. 211 ff; *ders.*, ZIP 1989, S. 1025 ff; *ders.*, AcP 1991 (1991), 495, 513 ff; *ders.*, ZGR 1992, 621 ff; *ders.*, JuS 1997, 1069 ff..

17 Eine ausführliche Auseinandersetzung mit der von *Karsten Schmidt* entwickelten Theorie der Haftungskontinuität findet sich in der Dissertation von *Thekla Schleifenbaum*, Die Unternehmenshaftung bei Unternehmensübertragungen: rechtfertigende Grundgedanken für eine allgemeine unternehmens- rechtliche Haftungskontinuität, Berlin 2000.

hen, ob die Besonderheiten produkt- und umwelthaftungsrechtlicher Ansprüche eine strenge Haftung der Unternehmenskäuferin für entsprechende Altverbindlichkeiten rechtfertigen oder sie sogar notwendig machen. Anhand der im amerikanischen Recht gewonnenen Ergebnisse soll anschließend untersucht werden, inwieweit sich Schlussfolgerungen für das deutsche Recht ziehen lassen.

Ausgangspunkt der Untersuchung sind die allgemeinen Haftungsrisiken beim Erwerb von Vermögensgegenständen in den USA (§ 2), wie sie sich aus dem *common law*-Institut der *fraudulent conveyance* (Vermögensveräußerung mit der Absicht der Gläubigerbenachteiligung) und den gesetzlichen Regelungen über den *bulk sale* (Gesamtverkauf) ergeben. Im Anschluss hieran soll auf die traditionelle Form der *successor liability* eingegangen werden sowie die Ausprägungen, die sie durch die verschiedenen Fallgruppen erfahren hat (§ 3). Die folgenden Kapitel beschäftigen sich mit den Erweiterungen der *successor liability* im Produkthaftungsrecht (§ 4) und im Altlastenhaftungsrecht (§ 5). Der Ursprung der erweiterten Nachfolgehaftung liegt im Produkthaftungsrecht. In diesem Zusammenhang wurden sowohl die *continuity of enterprise doctrine* als auch die *product line exception* entwickelt, die erstmals bestimmte Verbindlichkeiten dem Unternehmen selbst und nicht dem dahinter stehenden Rechtsträger zuordnen. Vom Produkthaftungsrecht hat sich das Hauptanwendungsgebiet der erweiterten Nachfolgehaftung mittlerweile in den Bereich der Altlastenhaftung nach dem *Comprehensive Environmental Response, Compensation and Liability Act* (CERCLA) verlagert. Da die *successor liability* als Teil des *common law* zum Recht der Gliedstaaten gehört, CERCLA jedoch ein Bundesgesetz ist, ergeben sich an dieser Stelle komplizierte kompetenz- und kollisionsrechtliche Probleme. Ob die *successor liability* auch dann Anwendung finden kann, wenn das Unternehmen im Rahmen eines Insolvenzverkaufs erworben wurde, ist Gegenstand von § 6. Auch in diesem Zusammenhang kann es zum Konflikt zwischen bundes- und landesrechtlichen Vorschriften kommen.

In § 7 sollen kurz einige Strategien genannt werden, mit denen Unternehmen versuchen können, das Risiko einer Inanspruchnahme als *successor corporation* zu beschränken oder im Falle einer Inanspruchnahme die Haftungsfolgen einzugrenzen. Die Bewertung der erweiterten Nachfolgehaftung (§ 8) konzentriert sich auf die Untersuchung, inwieweit die Haftungskontinuität überhaupt geeignet ist, das insbesondere von der Rechtsprechung herausgestellte Ziel der Kosteninternalisierung zu erreichen. In diesem Zusammenhang ist auch der Frage nachzugehen, ob nicht andere Haftungsmodelle besser geeignet sind, dieses Ziel zu realisieren, bzw. ob dieses Ziel überhaupt erreichbar ist.

Schließlich sollen die Haftungsrisiken im deutschen Recht beim Erwerb eines Unternehmens durch *asset deal* dargestellt werden (§ 9). Besonderes Interesse ist an dieser Stelle der von *Karsten Schmidt* zu § 25 HGB entwickelten Theorie der Haftungskontinuität zu widmen, die in vielerlei Hinsicht mit der erweiterten *successor liability* vergleichbar ist. Unter Berücksichtigung der in § 8 gewonnenen Erkenntnisse zum amerikanischen Recht ist zu entscheiden, ob sich die Umsetzung der Theorie der Haftungskontinuität de lege ferenda empfiehlt.

§ 2 Haftungsrisiken beim Erwerb von Vermögensgegenständen

I. Unterscheidung zwischen Asset und Share Deal

Ist die Entscheidung über das „Ob" eines Unternehmenskaufes gefallen, stellt sich die Frage nach dem „Wie". Grundsätzlich haben die Parteien hierbei die Wahl zwischen *asset* oder *share deal*.[18] Beim *asset deal* werden die einzelnen Vermögensgegenstände des Unternehmens übertragen, so dass das Unternehmen in der Regel von einem neuen Rechtsträger fortgeführt wird. Beim *share deal* übernimmt die Käuferin die Gesellschaft, welche das Unternehmen betreibt. Dabei bleibt der Rechtsträger des Unternehmens identisch, hat nunmehr jedoch neue Gesellschafter. Herkömmlicherweise gilt für den Unternehmenskauf in den USA unter Haftungsgesichtspunkten die Kurzformel „*buy assets – sell stock*".[19] Diese Regel findet ihre Erklärung in dem Problem unbekannter und eventueller Verbindlichkeiten der Verkäuferin.

Im Falle eines *asset deal* haftet die Käuferin nämlich grundsätzlich nur für diejenigen Verbindlichkeiten, die sie ausdrücklich übernimmt, wohingegen im Falle eines *share deal* wirtschaftlich sämtliche Verbindlichkeiten der Verkäuferin auf den Erwerber übergehen.[20] Für die Käuferin ist es im Hinblick auf das Haftungsrisiko daher vorteilhafter, lediglich die Vermögensgegenstände des Unternehmens zu erwerben und das Risiko unbekannter und eventueller Verbindlichkeiten der Verkäuferin zu überlassen.[21] Die Bedeutung der Entscheidung für eine bestimmte Form des Unternehmenskaufes sinkt daher, wenn die Eventualver-

---

[18] Die Bezeichnungen „*share deal*" für die Übertragung eines Unternehmens durch die Übertragung der Anteile am Rechtsträger und „*asset deal*" für die Übertragung des Betriebsvermögens sind in Anlehnung an die anglo-amerikanische Ausdrucksweise auch in Deutschland gebräuchlich. Vgl. *Holzapfel/Pöllath*, Unternehmenskauf in Recht und Praxis, Rn. 131.

[19] Siehe *Gilson/Black*, The Law and Finance of Corporate Acquisitions, S. 1505-06; *Tucker*, 12 Bankr. Dev. J. 1, 14.

[20] Hierzu *Fierman*, 55 B.U. L. Rev. 86, 91-95; *Croutch*, 10 Loy. L.A. L. Rev. 584, 585-93.

[21] Steuerliche Erwägungen, die neben haftungsrechtlichen die Hauptrolle bei der Entscheidung über die Form des Unternehmenskaufes spielen, sprechen in der Regel für einen *share deal*, können jedoch im Rahmen dieser Arbeit nicht behandelt werden. Siehe hierzu: *Merkt*, US-amerikanisches Gesellschaftsrecht, Rn. 949, 959.

bindlichkeiten der Verkäuferin bestimmbar sind und die Parteien den Kaufpreis entsprechend anpassen können.

Beispiel Nr. 1:[22] Die Verkäufergesellschaft hat Aktivvermögen in Höhe von $ 5 Millionen und Passivvermögen in Höhe von $ 2 Millionen. Der Wert des Unternehmens beträgt folglich $ 3 Millionen. Wird der Unternehmenskauf als *asset deal* gestaltet, wird die Käuferin bereit sein, $ 5 Millionen für die übertragenen Vermögensgegenstände zu zahlen. Der Wert der Verkäuferin ändert sich durch den Unternehmensverkauf nicht, da dem Kaufpreis immer noch Verbindlichkeiten in Höhe von $ 2 Millionen gegenüberstehen. Im Falle eines *share deals* wird die Käuferin lediglich bereit sein, $ 3 Millionen für die Verkäufergesellschaft zu zahlen, da sie auch deren Verbindlichkeiten übernimmt. Unabhängig davon, ob sich die Parteien für *asset* oder *share deal* entscheiden, verfügen die Gesellschafter der Verkäuferin nach Vollzug des Unternehmenskaufes über Vermögen im Wert von $ 3 Millionen und den Ansprüchen der Gläubiger in Höhe von $ 2 Millionen stehen Vermögenswerte in Höhe von $ 5 Millionen gegenüber.

Da die Verbindlichkeiten des Unternehmens jedoch häufig im Moment des Vertragsschlusses nicht bestimmbar sind, ist die Möglichkeit, zwischen Aktiv- und Passivvermögen der Verkäuferin frei auszuwählen, der entscheidende Vorteil des *asset deal.* Anderenfalls kann sich die Erwerberin Haftungen ausgesetzt sehen, mit denen sie nicht gerechnet und die sie deshalb nicht im Kaufpreis berücksichtigt hat. Besondere Aufmerksamkeit ist daher denjenigen Vorschriften und Rechtsinstituten zu widmen, die in Ausnahme von der allgemeinen Regel die Käuferin von Vermögensgegenständen für Verbindlichkeiten der Verkäuferin haften lassen. Neben der Nachfolgehaftung, die in späteren Kapiteln behandelt wird, sind dies im US-amerikanischen Recht das *fraudulent conveyance law* und das *bulk sales law.*

II. Fraudulent Conveyance Law

Das US-amerikanische *fraudulent conveyance law* schützt die Gläubiger vor Benachteiligung durch Vermögensübertragungen des Schuldners. Geschützt werden nicht nur vertragliche Gläubiger, sondern auch die Inhaber deliktischer

---

[22] Beispiel nach *Gilson/Black*, The Law and Finance of Corporate Acquisitions, S. 1505-06.

Ansprüche.[23] Der Erwerber von Vermögensgegenständen des Schuldners haftet bei Vorliegen einer *fraudulent conveyance* mit den übernommenen Gegenständen. Rechtstechnisch gilt eine derartige Transaktion den Gläubigern gegenüber als unwirksam.

1. Entstehung und Rechtsgedanke

Das *fraudulent conveyance law* entwickelte sich im *common law* und wurde in England 1571 unter Elizabeth I kodifiziert.[24] Zweck dieses Gesetzes war die Verhinderung und Bestrafung von Übertragungen, die „*mit dem Ziel, dem Zweck und der Absicht, die Gläubiger hinzuhalten, zu behindern oder zu betrügen*“[25] vorgenommen wurden. Die Anwendung dieses Gesetzes durch die englischen Gerichte führte dazu, dass ein Gläubiger seinen Titel auch in Gegenstände vollstrecken konnte, die der Schuldner in der Absicht, seine Gläubiger zu benachteiligen, an Dritte übertragen hatte.[26]

Nach dem hinter dem *fraudulent conveyance*-Recht stehenden Prinzip ist das Vermögen des Schuldners ein Fond, aus dem die Ansprüche der Gläubiger zu befriedigen sind.[27] Veräußert der Schuldner seine Vermögensgegenstände in der Absicht der Gläubigerbenachteiligung, so haben die Gläubiger die Möglichkeit, entsprechende Übertragungen außer Kraft zu setzen und Befriedigung ihrer Ansprüche aus den übertragenen Vermögenswerten zu suchen.[28]

2. Weiterentwicklung

Da die Absicht der Gläubigerbenachteiligung häufig schwer nachweisbar ist, entwickelte schon die englische Rechtsprechung objektive Kriterien (*constructive fraud*), die zur Annahme einer *fraudulent conveyance* führen können.[29] Im Falle eines *constructive fraud* kann der Gläubiger auf die übertragenen Vermö-

---

[23] Siehe z.B. Wolf v. Shreveport Gas, Elec. Light & Power Co., 70 So. 789 (La. 1916).

[24] 13 Eliz., ch. 5 (1571) (Eng.).

[25] 13 Eliz., ch. 5, S. 1 (Original in Englisch).

[26] Vgl. *Zaretsky*, 46 S.C. L. Rev. 1165, 1168-1169; *Baird/Jackson*, 38 Vand. L. Rev. 829.

[27] Vgl. z.B. Ocklawaha River Farms Co. v. Young, 74 So. 644, 648 (Fla. 1917).

[28] Ausführlich hierzu 37 Am. Jur. 2d, Fraudulent Conveyances, § 1.

[29] Vgl. *Zaretsky*, 46 S.C. L. Rev. 1165, 1166.

gensgegenstände des Schuldners zugreifen, ohne die Benachteiligungsabsicht des Schuldners beweisen zu müssen. Sowohl der *Uniform Fraudulent Conveyance Act*[30] als auch der *Uniform Fraudulent Transfer Act*[31], die beiden maßgeblichen US-amerikanischen Modellgesetze orientieren sich an dem unter Elizabeth I erlassenen englischen Gesetz. Darüber hinaus enthalten beide Vorschriften *constructive fraud* Bestimmungen. Es handelt sich demnach ohne Rücksicht auf die tatsächliche Absicht des Schuldners um eine *fraudulent conveyance*, wenn der Schuldner Vermögensgegenstände veräußert, ohne hierfür einen angemessenen Gegenwert zu erhalten, und (1) vor der Veräußerung oder hierdurch der Wert seiner Vermögensgegenstände geringer ist als die Höhe seiner Verbindlichkeiten,[32] (2) das verbleibende Vermögen des Schuldners unangemessen gering für den Betrieb seines Geschäftes ist,[33] oder (3) er zum Zeitpunkt der Über-

---

30 7A U.L.A. 427 (1918); Der *Uniform Fraudulent Conveyance Act* gilt in den folgenden Staaten: Maryland, Michigan, New York, Tennessee, Virgin Island, Wyoming.

31 7A U.L.A. 639 (1984); Der *Uniform Fraudulent Transfer Act* gilt in den folgenden Staaten: Alabama, Arizona, Arkansas, California, Colorado, Connecticut, Delaware, District of Columbia, Florida, Hawaii, Idaho, Illinois, Indiana, Iowa, Maine, Massachusetts, Minnesota, Missouri, Montana, Nebraska, Nevada, New Hampshire, New Jersey, New Mexico, North Dakota, Ohio, Oklahoma, Oregon, Pennsylvania, Rhode Island, South Dakota, Texas, Utah, Vermont, Washington, West Virginia, Wisconsin.

32 Vgl. *Uniform Fraudulent Conveyance Act* § 4: „*Conveyances by Insolvent. Every conveyance made and every obligation incurred by a person who is or will be thereby rendered insolvent is fraudulent as to creditors without regard to his actual intent if the conveyance is made or the obligation is incurred without a fair consideration.*"

Uniform Fraudulent Transfer Act § 5(a): „*A transfer made or obligation incurred by a debtor is fraudulent as to a creditor whose claim arose before the transfer was made or the obligation was incurred if the debtor made the transfer or incurred the obligation without receiving a reasonably equivalent value in exchange for the transfer or obligation and the debtor was insolvent at that time or the debtor became insolvent as a result of the transfer or obligation.*"

33 Vgl. *Uniform Fraudulent Conveyance Act* § 5: „*Conveyances by Persons in Business. Every conveyance made without fair consideration when the person making it is engaged or is about to engage in a business or transaction for which the property remaining in his hands after the conveyance is an unreasonably small capital, is fraudulent as to creditors and as to other persons who become creditors during the continuance of such business or transaction without regard to his actual intent.*"

Uniform Fraudulent Transfer Act § 4(a)(2)(i): „*A transfer made or obligation incurred by a debtor is fraudulent as to a creditor, whether the creditor's claim arose before or after the transfer was made or the obligation was incurred, if the debtor made the transfer or incurred the obligation: ... (2) without receiving a reasonably equivalent value in exchange for the transfer or obligation, and the debtor: (i) was engaged or was about to engage in a business*

tragung wusste oder hätte wissen müssen, dass er nicht in der Lage sein würde, seine zukünftigen Verbindlichkeiten zu befriedigen.[34] Ähnliche Bestimmungen finden sich in § 548(a) *Bankruptcy Code*, der dem Insolvenzverwalter die Möglichkeit gibt, Übereignungen von Gegenständen als *fraudulent transfers* für ungültig zu erklären, die bis zu einem Jahr vor Eröffnung des Insolvenzverfahrens vorgenommen wurden und bei denen die Gegenleistung unangemessen gering war.[35]

3. Schutz des Erwerbers

Der Erwerber ist im Falle einer *constructive fraudulent conveyance* jedoch vor einem Zugriff durch die Gläubiger des Veräußerers geschützt, wenn er für die erworbenen Gegenstände einen angemessenen Preis bezahlt hat und zum Zeitpunkt des Kaufes keine Kenntnis von der unredlichen Absicht des Schuldners hatte, seine Gläubiger zu benachteiligen.[36] Der Erwerber, der ohne betrügerische

---

or a transaction for which the remaining assets of the debtor were unreasonably small in relation to the business or transaction."

[34] Vgl. *Uniform Fraudulent Conveyance Act* § 6: „*Conveyances by a Person About to Incur Debts. Every conveyance made and every obligation incurred without fair consideration when the person making the conveyance or entering into the obligation intends or believes that he will incur debts beyond his ability to pay as they mature, is fraudulent as to both present and future creditors.*"

Uniform Fraudulent Transfer Act § 4(a)(2)(i): „*A transfer made or obligation incurred by a debtor is fraudulent as to a creditor, whether the creditor's claim arose before or after the transfer was made or the obligation was incurred, if the debtor made the transfer or incurred the obligation: ... (2) without receiving a reasonably equivalent value in exchange for the transfer or obligation, and the debtor: ... (ii) intended to incur, or believed or reasonably should have believed that he [or she] would incur, debts beyond his [or her] ability to pay as they became due.*"

[35] Vgl. 11 U.S.C. § 548(a) (1993): „*The trustee may avoid any transfer of an interest of the debtor in property, or any obligation incurred by the debtor, that was made or incurred on or within one year before the date of the filing of the petition, if the debtor voluntarily or involuntarily - ... (2)(A) received less than a reasonably equivalent value in exchange for such transfer or obligation; and (B)(i) was insolvent on the date such transfer was made or such obligation was incurred, or became insolvent as a result of such transfer or obligation; (ii) was engaged in business or a transaction, or was about to engage in business or a transaction, for which any property remaining with the debtor was an unreasonably small capital; or (iii) intended to incur or believed that the debtor would incur, debts that would be beyond the debtor's ability to pay as such debts matured.*"

[36] Vgl. *Uniform Fraudulent Conveyance Act* § 9(1): „*Rights of Creditors Whose Claims Have Matured. Where a conveyance or obligation is fraudulent as to a creditor, such credi-*

Absicht keinen angemessenen Preis für die übertragenen Gegenstände gezahlt hat, kann diese Gegenstände bei Inanspruchnahme durch einen Gläubiger des Veräußerers als Sicherheit für die Rückerstattung seines Kaufpreises zurückbehalten.[37] Der Erwerber muss also nur dann damit rechnen, durch Haftung für die Verbindlichkeiten des Verkäufers im Ergebnis einen Verlust in Höhe des geleisteten Kaufpreises zu machen, wenn er keinen angemessenen Kaufpreis gezahlt hat und zusätzlich von der Absicht des Verkäufers wusste, seine Gläubiger durch dieses Geschäft zu benachteiligen.

Der Kaufpreis ist in diesem Zusammenhang nicht zwangsläufig unangemessen, wenn er unter dem Wert des Kaufgegenstandes liegt. § 3 *Uniform Fraudulent Conveyance Act* und § 3 *Uniform Fraudulent Transfer Act* sprechen zwar nur recht allgemein davon, dass die Gegenleistung fair, angemessen und nicht unverhältnismäßig gering sein darf.[38] Die Gerichte legen diese Vorschriften jedoch so aus, dass Unangemessenheit nur dann vorliegt, wenn die Gegenleistung für den übertragenen Gegenstand so weit unter dem tatsächlichen Wert des Gegenstandes liegt, dass das Anstandsgefühl in grober Weise verletzt ist und sich die Vermutung geradezu aufdrängt, dass kein redliches Geschäft vorliegt.[39] Die

---

tor, when his claim has matured, may, as against any person except a purchaser for fair consideration without knowledge of the fraud at the time of the purchase, or one who has derived title immediately or mediately from such a purchaser, (a) have the conveyance set aside or obligation annulled to the extent necessary to satisfy his claim, or (b) disregard the conveyance and attach or levy execution upon the property conveyed." Entsprechende Regelungen finden sich in *Uniform Fraudulent Transfer Act* § 8(a) und 11 U.S.C. § 548(c).

[37] Vgl. *Uniform Fraudulent Conveyance Act* § 9(2): „*A purchaser who without actual intent has given less than a fair consideration for the conveyance or obligation, may retain the property or obligation as security for repayment.*" Entsprechend hierzu *Uniform Fraudulent Transfer Act* § 8(d).

[38] Vgl. *Uniform Fraudulent Conveyance Act* § 3: „*Fair Consideration. Fair consideration is given for property, or obligation, (a) when in exchange for such property, or obligation, as a fair equivalent therefor, and in good faith, property is conveyed or an antecedent debt is satisfied, or (b) when such property, or obligation is received in good faith to secure a present advance or antecedent debt in amount not disproportionately small as compared with the value of the property, or obligation obtained.*"

[39] Vgl. z.B. White v. Nollmeyer, 443 P.2d 873, 883 (Mont. 1968): „*On the issue of fair consideration for the transfers, the test to be applied is whether the disparity between the true value of the property transferred and the price paid is so great as to shock the conscience and strike the understanding at once with the conviction that such transfer never could have been made in good faith.*" Neal v. Clark, 251 P.2d 903, 906 (Ariz. 1952): „*It has been said that*

Zahlung von $ 42.000 für einen Gegenwert von $ 144.000 wurde in diesem Zusammenhang als unangemessen beurteilt,[40] nicht jedoch ein Kaufpreis von $ 6.100, nachdem der Gegenstand in einer Anzeige für $ 15.500 angeboten wurde, woraufhin aber nur ein einziges festes Angebot in Höhe von $ 8.000 einging.[41]

Obwohl die Rechtsprechung den Begriff der *fair consideration* weit auslegt und einen Fall des *constructive fraud* nur dann annimmt, wenn Kaufpreis und Wert des übertragenen Gegenstandes in deutlichem Missverhältnis zueinander stehen, führt die hiermit notwendigerweise verbundene gerichtliche Bewertung des Gegenstandes zu Unsicherheiten. Wieviel ein Gegenstand wert ist, bestimmen der Zeitpunkt der Bewertung und der Kenntnisstand desjenigen, der die Bewertung vornimmt.[42]

> Beispiel Nr. 2:[43] Ein Unternehmen arbeitet an der Entwicklung zweier verschiedener Computer. Im Januar 1983 benötigt das Unternehmen dringend Bargeld zur Fortsetzung seines Geschäftes. Da das Unternehmen bereits $ 2 Millionen Schulden hat, entscheidet es sich dafür, eines der Projekte für $ 1 Million an K zu verkaufen und sich auf die Fertigstellung des anderen zu konzentrieren. Zum Zeitpunkt des Verkaufes sind die Erfolgsaussichten für beide Projekte gleich groß. Weil der hierfür benötigte Mikrochip nicht hergestellt werden kann, stellt sich das Projekt, welches die Verkäuferin behalten hat, später als völlig wertlos heraus. Das an K verkaufte Projekt entwickelt sich hingegen zu einem großen Erfolg. K verkauft seine Rechte für $ 1,5 Millionen an H. Das Unternehmen ist jedoch gezwungen, Insolvenz anzumelden. Die Gläubiger des insolventen Unternehmens versuchen nunmehr, den Verkauf an K als *fraudulent conveyance* anzugreifen und verlangen von K, seinen Gewinn von $ 500.000 an die Haftungsmasse abzuführen.

---

inadequacy of price does not mean an honest difference of opinion as to price, but a consideration so far short of the real value of the property as to startle a correct mind ... or shock the moral sense ... .“ Clarke v. Philomath College, 193 P. 470, 474 (Or. 1920): „*Gross inadequacy, such as shocks the moral sense, establishes fraudulent intent and lack of good faith.*“

40 Siehe Stearns v. Los Angeles City School Dist., 53 Cal. Rptr. 482, 507 (Cal. Ct. App. 1966).

41 Siehe Matusik v. Large, 452 P.2d 457 (Nev. 1969).

42 Vgl. *Baird/Jackson*, 38 Vand. L. Rev. 829, 841.

43 Beispiel nach *Baird/Jackson*, 38 Vand. L. Rev. 829, 840-43.

Das Beispiel verdeutlicht, dass eine ex post Betrachtungsweise zu unangemessenen Ergebnissen führen kann. Für das veräußernde Unternehmen war zum Zeitpunkt des Verkaufes an K nicht vorhersehbar, dass sich das fortgeführte Projekt zu einem Fehlschlag und der verkaufte Computer zu einem Erfolg entwickeln würde. In der unterschiedlichen Entwicklung realisierten sich lediglich die mit jeder geschäftlichen Entscheidung verbundenen Risiken. Die Kreditgeber haben die Möglichkeit, diese Risiken durch entsprechende Zinsen zu berücksichtigen und sich gegebenenfalls dingliche Sicherungen einräumen zu lassen. Es ist nicht Zweck des *fraudulent conveyance*-Rechts, die Gläubiger vor sämtlichen unternehmerischen Entscheidungen des Schuldners zu schützen, die sich im Nachhinein als unvorteilhaft erweisen.[44] Die *constructive fraud*-Vorschriften sollen Gläubigern lediglich dann Schutz gewähren, wenn der Schuldner ganz außergewöhnliche Risiken eingeht.[45] Der maßgebliche Zeitpunkt für die Angemessenheit des Kaufpreises ist daher der Zeitpunkt des Verkaufes. Für die Bewertung des übertragenen Gegenstandes ist auf den Kenntnisstand des Verkäufers abzustellen. In Beispiel Nr. 2 ist der Verkauf des Computers an K eine nicht zu beanstandende Geschäftsentscheidung des Unternehmens. Der Kaufpreis in Höhe von $ 1 Million ist nicht unverhältnismäßig niedrig, auch wenn sich im Nachhinein herausstellt, dass der Wert des Kaufgegenstandes höher war.

4. Fazit

Die aus dem Recht der *fraudulent conveyance* resultierenden Haftungsrisiken für den redlichen Erwerber eines Unternehmens sind gering. Theoretisch sind aber Situationen denkbar, in denen es sich für den Erwerber empfiehlt, nicht so wenig wie möglich zu zahlen. Ist der Veräußerer in einer finanziellen Notlage und sieht er sich gezwungen, Gegenstände unter Wert zu verkaufen, um schnell an Geld zu kommen, so kann es für den Erwerber günstiger sein, $ 100.000 an-

---

44 Vgl. *Baird/Jackson*, 38 Vand. L. Rev. 836-43; *Zaretsky*, 46 S.C. L. Rev. 1165, 1172-77.

45 Hierzu *Zaretsky*, 46 S.C. L. Rev. 1176: *„The constructive fraud standards attempt to describe these unreasonable risky transactions. ... A transaction fitting any of these tests is not simply risky, it is unreasonably risky because there is a high probability that the transaction will inhibit the debtor's ability to pay its creditors.*" Der Schutz der Gläubiger vor unangemessenen Risiken ist auch das wichtigste Argument für die Anwendung des *fraudulent conveyance* Rechts auf *leveraged buyouts*. Vgl. zu den in diesem Zusammenhang entstehenden Problemen *Baird/Jackson*, 38 Vand. L. Rev. 850-55 und *Zaretsky*, 46 S.C. L. Rev. 1178-92.

stelle von $ 42.000 für einen Gegenstand im Wert von $ 144.000 zu zahlen, um zu vermeiden, dass Gläubiger des Veräußerers unter dem Gesichtspunkt der *fraudulent conveyance* Befriedigung ihrer Ansprüche aus dem übertragenen Gegenstand suchen. Der Erwerber sollte daher vor Abschluss des Kaufvertrages auch die finanzielle Lage des Veräußerers sorgfältig überprüfen, um nicht unter dem Gesichtspunkt der *fraudulent conveyance* mit dem Kaufgegenstand haften zu müssen.

III. Bulk Sales Law

Bei Erwerb des gesamten oder annähernd des gesamten beweglichen Vermögens eines Kaufmannes können auf den Erwerber gewisse Informationspflichten gegenüber den Gläubigern des Veräußerers zukommen, deren Nichtbeachtung zur Haftung des Erwerbers führen kann. Entsprechende Informationspflichten und Haftungsvorschriften finden sich in den sogenannten *bulk sales acts* der jeweiligen Einzelstaaten.

1. Entstehung und Rechtsgedanke

Hintergrund für das Aufkommen der *bulk sales acts* in den USA war folgende Situation:[46] Gegen Ende des letzten Jahrhunderts kam es vermehrt dazu, dass Kaufleute ihren gesamten Vorrat auf Kredit kauften und wenig später diesen Vorrat, der ihr gesamtes Vermögen ausmachte, an einen Käufer weiter veräußerten, um sich daraufhin mit dem Kaufpreis abzusetzen und ihre Gläubiger unbefriedigt zurückzulassen. Die Gläubiger konnten den Kaufmann zwar verklagen, was jedoch nur von begrenztem Wert war. Denn selbst wenn man den Kaufmann ausfindig gemacht und ein vollstreckbares Urteil gegen ihn erreicht hatte, gingen die Gläubiger in der Regel leer aus. Der Kaufmann hatte das Geld bereits ausgegeben oder versteckt. Da den Gläubigern auch der Zugriff auf das übertragene Vermögen des Kaufmanns verwehrt war, blieben sie oftmals auf dem Verlust sitzen.

Zwar ist der Verkauf des gesamten Vermögens durch einen Kaufmann, der sich danach absetzt, ohne seine Gläubiger befriedigt zu haben, ein klassischer

[46] *Billig*, 77 U. Pa. L. Rev. 72, 75-82 und *Johnson*, 1995 Det. C.L. Rev. 903, 903 bieten einen guten Überblick über die Entstehungsgeschichte der *bulk sales acts*. Siehe hierzu auch U.C.C. Article 6 prefatory note (1990).

Verdachtsmoment für betrügerisches Verhalten des Schuldners.[47] Kennt der Erwerber jedoch die betrügerische Absicht des Kaufmanns nicht und zahlt er einen angemessenen Preis, handelt es sich nicht um eine *fraudulent conveyance*.[48] Das *fraudulent conveyance law* vermochte daher den geprellten Gläubigern nicht zu helfen.

Um ein derartiges Hintergehen der Gläubiger zu verhindern, erließen die meisten Staaten gesetzliche Formvorschriften für den Fall der Veräußerung des gesamten beweglichen Vermögens eines Kaufmanns.[49] Diese frühen Gesetze verpflichten den Verkäufer, dem Käufer ein Verzeichnis seiner Gläubiger zugänglich zu machen, damit dieser die Gläubiger über den anstehenden Verkauf informieren kann. Durch Bekanntmachung der anstehenden Vermögensübertragung soll den Gläubigern des Veräußerers die Möglichkeit gegeben werden, geeignete Maßnahmen zu ergreifen, um die Befriedigung ihrer Ansprüche aus dem Kaufpreis sicherzustellen.[50] Bei Nichtbeachtung dieser Pflichten haftet der Käufer den Gläubigern des Verkäufers mit den erworbenen Gegenständen, da die Übertragung gegenüber den Gläubigern nicht wirksam ist.[51]

Zweck der *bulk sales acts* ist es, das Vermögen des Schuldners als Haftungsmasse für seine Gläubiger zu erhalten.[52] Aus diesem Grund ist der Käufer den Gläubigern des Verkäufers bei Nichtbeachtung der *bulk sales* Vorschriften auch nur in Höhe des Wertes des erworbenen Vermögens verantwortlich.[53] Reicht das

---

47 Vgl. *Glenn*, Fraudulent Conveyances and Preferences (Rev. ed.) § 309.

48 Vgl. U.C.C. Article 6 prefatory note (1990): „*The transfer of the inventory to an innocent buyer effectively immunized the goods from the reach of the seller's creditors. ... But fraudulent conveyance law provided no remedy against persons who bought in good faith, without reason to know of the seller's intention to pocket the proceeds and disappear, and for adequate value.*" Hierzu auch *King/Kuenzel/Bradford*, Commercial Transactions, S. 427.

49 Vgl. 37 Am. Jur. 2d, Fraudulent Conveyances, § 238.

50 Vgl. *Harris*, 41 Ala L. Rev. 549, 564. Siehe hierzu auch *Busch/Müller*, ZvglRWiss 94 (1995), S. 169 Fn. 63.

51 Vgl. *Johnson*, 1995 Det. C.L. Rev. 903, 904.

52 Vgl. z.B. Lee Tire & Rubber Co. v. Snow Hudson Co., 157 A. 710, 711-12 (Me. 1931); Middle Tennessee Mills v. Rocky River Coal & Lumber Co., 145 S.W.2d 787, 788 (Tenn. 1940).

53 Vgl. z.B. Stuart v. Elk Horn Bank & Trust. Co., 185 S.W. 263, 266 (Ark. 1916); Linn County Bank v. Davis, 175 P. 972, 973 (Kan. 1918); Middle Tennessee Mills v. Rocky River Coal & Lumber Co. 145 S.W.2d 787, 788; Miller v. Myers, 150 A. 588, 591-92 (Pa. 1930):

übertragene Vermögen nicht aus, um alle Gläubiger zu befriedigen, so ist der Käufer verpflichtet, sämtliche Ansprüche anteilig zu befriedigen.[54]

2. Uniform Commercial Code Article 6

Der *Uniform Commercial Code*, der in fast allen Gliedstaaten übernommen worden ist, regelt *bulk sales* in Article 6.[55] Während der letzten 10 Jahre hat sich die Rechtslage in den USA hinsichtlich der *bulk sales* Regelungen stark verändert. Kritik an dem grundsätzlichen Konzept der *bulk sales acts* führte 1989 zur Revision der Vorschrift. Article 6 (Alternative A 1990)[56] schlägt die vollständige Abschaffung der *bulk sales*-Regelungen vor. Article 6 (Alternative B 1990)[57] vereinfacht das Verfahren und reduziert die mit *bulk sales* verbundenen Haftungsrisiken des Erwerbers. Da in einigen Staaten noch die frühere Version, Article 6 (1987 Official Text),[58] gilt, ist die Rechtslage in den USA mittlerweile recht unübersichtlich. Als Trend lässt sich jedoch feststellen, dass die Bedeutung von *bulk sales acts* in den letzten Jahren stark abgenommen hat.

a) Article 6 (1987 Official Text)

U.C.C. § 6-102 (1) (1987 Official Text) definiert einen *bulk transfer* als die Übertragung des überwiegenden Teils des Lagerbestands („*major part of the materials, supplies, merchandise or other inventory*") eines Unternehmens außerhalb des gewöhnlichen Geschäftsverkehrs. Die Rechtsprechung geht bereits bei einer Übertragung von mehr als 50% der Lagerbestände von einem *bulk*

„*It is clear that the liability of the vendee is neither personal nor general, but the purchaser is merely made a receiver for the fair value of the property, if he fails to comply with the provisions as to preliminary notice .... He does not become personally responsible for the indebtedness outstanding, but is compelled to account to the creditors for the worth of that which he has in law fraudulently taken into his possession.*"

54 Vgl. z.B. Stuart v. Elk Horn Bank & T. Co., 185 S.W. 263, 266; Linn County Bank v. Davis, 175 P. 972, 974.

55 Siehe hierzu 37 Am. Jur. 2d, Fraudulent Conveyances, § 238.

56 2C U.L.A. 8 (1991).

57 2C U.L.A. 9 (1991).

58 2C U.L.A. 49 (1991).

transfer aus.[59] Article 6 gilt jedoch nur für Unternehmen, deren Hauptgeschäft der Verkauf von Waren ist (U.C.C. § 6-102(3)). Außerdem fallen Sicherungsübertragungen und Übertragungen durch den Insolvenzverwalter nicht unter Article 6 (U.C.C. § 6-103(1), (3)).

Damit der *bulk transfer* gegenüber den Gläubigern des Veräußerers wirksam ist, müssen die Parteien das folgende Verfahren beachten:[60] Der Veräußerer macht dem Erwerber ein Verzeichnis seiner Gläubiger zugänglich. Die Parteien erstellen gemeinsam ein Verzeichnis der übertragenen Vermögensgegenstände. Der Erwerber bewahrt beide Verzeichnisse für die der Übertragung folgenden 6 Monate auf und macht sie den Gläubigern während dieser Zeit zugänglich, oder er übergibt die Verzeichnisse einem öffentlichen Register. Mindestens 10 Tage vor Besitzergreifung oder Bezahlung der übertragenen Gegenstände informiert der Erwerber die Gläubiger über die anstehende Vermögensübertragung. In einigen Staaten muss der Erwerber darüber hinaus sicherstellen, dass ausstehende Verbindlichkeiten des Veräußerers mit dem Kaufpreis bezahlt werden.[61]

Beachtet der Erwerber die *bulk sales* Vorschriften nicht, so müssen die Gläubiger ihre Ansprüche gegen den Erwerber innerhalb von 6 Monaten geltend machen, nachdem der Erwerber die übertragenen Gegenstände in Besitz genommen hat. Wurde die Übertragung heimlich durchgeführt, so haben die Gläubiger 6 Monate Zeit, nachdem sie von der Übertragung Kenntnis erlangt haben (U.C.C. § 6-111).

b) Article 6 (Alternative A 1990)

Die herkömmlichen *bulk sales*-Regelungen, wie sie auch Article 6 (1987 Official Text) enthält, sind insofern bemerkenswert, als der Käufer einer Vermögensgesamtheit verpflichtet wird, Kosten auf sich zu nehmen, um die Interessen der Gläubiger des Verkäufers zu schützen, zu denen der Käufer in der Regel keinerlei Verbindung oder Beziehung hat.[62] Da geschäftliche Transaktionen, die

---

59 Vgl. z.B. Martin Marietta Corp. v. New Jersey Nat'l Bank, 653 F.2d 779, 782 (3d Cir. 1981); Wikelund Wholesale Co. v. Tile World Factory Tile Warehouse, 372 N.E.2d 1022, 1023 (Ill. App. Ct. 1978).

60 Vgl. U.C.C. §§ 6-104, 6-105, 6-106 (1987 Official Text).

61 Siehe. z.B. Maryland: Md. Ann. Code § 6-106 (1997); Tennessee: Tenn. Code Ann. § 47-6-106 (1996); U.C.C. § 6-106 (1987 Official Text) stellt es den Einzelstaaten frei, diese Regelung zu übernehmen.

62 Kritisch hierzu U.C.C. Article 6 prefatory note (1990).

in den meisten Fällen auch den Gläubigern des Verkäufers zu Gute kommen, hierdurch beeinträchtigt werden, ist Article 6 zum Gegenstand heftiger Kritik geworden.[63] Die Beachtung der Pflichten des Article 6 kann so kostspielig und zeitintensiv werden, dass Kaufinteressenten von ihrem Vorhaben abgeschreckt werden oder bewußt auf Einhaltung der Anforderungen des Article 6 verzichten und das Risiko eingehen, eventuell von Gläubigern des Verkäufers in Anspruch genommen zu werden.[64]

Viele der Gründe, die zur Verabschiedung der *bulk sales acts* geführt haben, bestehen heute nicht mehr: Für Gläubiger ist es wesentlich einfacher geworden, Ansprüche gegen einen säumigen Schuldner durchzusetzen. U.C.C. Article 9 bietet Lieferanten mittlerweile eine einfache und preiswerte Möglichkeit, ihre Ansprüche zu sichern.[65] Schließlich sind betrügerische Veräußerungen von Gesamtvermögen im modernen Wirtschaftsverkehr nicht mehr häufig genug, um die Belastung sämtlicher Gesamtvermögensveräußerungen mit den Pflichten und Haftungsrisiken der *bulk sales acts* zu rechtfertigen.[66] Die Herausgeber des U.C.C., die *National Conference of Commissioners on Uniform State Laws* und das *American Law Institute*, haben daher 1990 ihre Unterstützung für Article 6 aufgegeben und empfehlen den Einzelstaaten die Abschaffung der *bulk sales acts*.[67] Diese Empfehlung wurde in U.C.C. Article 6 (Alternative A 1990) umgesetzt. Die meisten Gliedstaaten haben in den letzten Jahren diesen Vorschlag übernommen und ihre Article 6 entsprechenden Vorschriften abgeschafft.[68]

---

63 Siehe. z.B. *Johnson*, 1995 Det. C.L. Rev. 903; *Meland*, 27 U.C.C. L.J. 42, 69-80; *Rapson*, 38 Bus Law. 1753; *Whaley*, Commercial Law, S. 1014-15.

64 Hierzu *Rapson*, 38 Bus. Law. 1755-56; ebenso *Hull*, 41 Ala. L. Rev. 701, 710.

65 Hierauf verweist *Clontz*, 4 U.C.C. L.J. 214, 220: „*If a secured creditor has a perfected security interest in inventory that is transferred in bulk, his security interest clearly would follow the goods into the hands of the transferee.... Thus a secured creditor can exercise all of his rights under Article 9 of the Uniform Commercial Code, including the right to go after the 'proceeds'.*" Den Zusammenhang zwischen dinglichen Sicherungsrechten und *bulk sales acts* erkennen auch *King/Kuenzel/Bradfod*, Commercial Transactions, S. 428.

66 Vgl. U.C.C. Article 6 prefatory note (1990): „*Finally, there is no evidence that, in today's economy, fraudulent bulk sales are frequent enough, or engender credit losses significant enough, to require regulation of all bulk sales, including the vast majority that are conducted in good faith.*" Siehe hierzu auch *Johnson*, 1995 Det. C.L. Rev. 903, 904-905.

67 U.C.C. Article 6 prefatory note (1990).

68 Die folgenden 34 Staaten haben sich Alternative A angeschlossen und den früheren Article 6 abgeschafft: Alabama, Alaska, Arkansas, Colorado, Connecticut, Delaware, Florida,

c) *Article 6 (Alternative B 1990)*

Für Staaten, die an *bulk sales*-Vorschriften festhalten wollen, schlägt U.C.C. Article 6 (Alternative B 1990) eine revidierte Fassung vor, welche die dem Erwerber auferlegten Lasten und Risiken abmildern soll.[69] Hierbei sind folgende wichtige Änderungen vorgesehen:

Die Anwendung von Article 6 setzt voraus, dass der Erwerber wusste oder nach angemessener Nachforschung hätte wissen müssen, dass der Verkäufer nach Durchführung des Verkaufs sein Geschäft aufgibt (U.C.C. § 6-102(1)(c)). Article 6 ist nicht mehr anwendbar auf Fälle, in denen der Wert des übertragenen Vermögens geringer als $ 10.000 oder höher als $ 25.000.000 ist (U.C.C. § 6-103(3)(l)). Sofern der Verkäufer eine Vielzahl von Gläubigern hat, kann er, anstatt jeden einzelnen Gläubiger zu informieren, den *bulk sale* bei der zuständigen Registerbehörde anmelden (U.C.C. §§ 6-105(2), 6-104(2)). Der Käufer haftet nicht für Nichtbefolgung des Article 6, wenn er einen redlichen Versuch unternommen hat, den Vorschriften des Article 6 zu entsprechen oder redlicherweise davon ausging, Article 6 sei auf die beabsichtige Transaktion nicht anwendbar (U.C.C. § 6-107(3)). Die Frist, innerhalb derer die Gläubiger über den bevorstehenden *bulk sale* zu informieren sind, wird von zehn auf 45 Tage verlängert (U.C.C. § 6-105(5)); und der Zeitraum, während dessen die Gläubiger ihre Ansprüche gegen den Erwerber geltend machen können, wird von 6 Monaten auf ein Jahr ausgedehnt (U.C.C. § 6-110).

Die wichtigsten Änderungen betreffen den Umfang in dem der Erwerber für die Verbindlichkeiten des Verkäufers haftet. Anlass und Zweck der *bulk sales*-Regelungen war es, die Benachteiligung der Gläubiger durch unredlichen Entzug der Haftungsgrundlage zu verhindern.[70] Anders als gemäß Article 6 (1987

Idaho, Illinois, Iowa, Kansas, Kentucky, Louisiana, Maine, Massachusetts, Minnesota, Mississippi, Montana, Nebraska, Nevada, New Hampshire, New Jersey, New Mexico, North Dakota, Ohio, Oregon, Pennsylvania, South Dakota, Texas, Utah, Vermont, Washington, West Virginia, Wyoming (Stand Oktober 1998).

[69] Siehe U.C.C. Article 6 (Alternative B 1990) § 6-101, Official Comment: „*This revision is designed to reduce the burdens and risks imposed upon good faith buyers of business assets while increasing the protection afforded to creditors.*" Alternative B wurde von den folgenden Staaten übernommen: Arizona, California, Hawaii, Oklahoma (Stand Oktober 1998).

[70] Hierzu z.B. Lee Tire & Rubber Co. v. Snow Hudson Co., 157 A. 710, 711-12; Middle Tennessee Mills v. Rocky River Coal & Lumber Co., 145 S.W.2d 787, 788.

Official Text) haftet der Erwerber gemäß Article 6 (Alternative B 1990) nur dann, wenn der Gläubiger tatsächlich einen Schaden erlitten hat und auch nur in dem Umfang, in dem der Gläubiger einen Schaden erlitten hat. Die ungerechtfertigte Besserstellung der Gläubiger auf Kosten des Erwerbers wird durch den revidierten Article 6 (Alternative B 1990) beendet.[71] Der Status Quo der Gläubiger soll geschützt werden, mehr nicht. Werden nicht alle Vorschriften des Article 6 eingehalten, so folgt hieraus nicht mehr die Unwirksamkeit der Übertragung gegenüber den Gläubigern des Verkäufers. Vielmehr haftet der Erwerber den Gläubigern nur für die Schäden, welche durch Nichterfüllung der Anforderungen des Article 6 entstanden sind (U.C.C. § 6-107(1), (8)).

Dies wirkt sich vor allem auf Fälle aus, in denen die Nichtbeachtung des Article 6 durch den Erwerber nicht für den Schaden des Gläubigers kausal war, d.h., der Gläubiger auch bei Beachtung von Article 6 durch den Erwerber keine Befriedigung seiner Ansprüche erreicht hätte. Wusste der Gläubiger etwa trotz ausgebliebener Bekanntmachung durch den Erwerber frühzeitig von dem beabsichtigten Verkauf, so besteht kein Grund, ihm aufgrund der fehlenden Information durch den Erwerber einen weiteren Schuldner zu geben. In dieser Situation ist der Gläubiger durch die Unterlassung der Bekanntmachung nicht geschädigt worden, da er auch so Gelegenheit hatte, sich um die Sicherung seiner Ansprüche zu kümmern.

Auch in dem Fall, dass der Verkäufer bereits vor Durchführung des *bulk sales* insolvent ist, führt die Neuregelung durch Article 6 (Alternative B 1990) zu einer Korrektur der alten Rechtslage. Gemäß Article 6 (1987 Official Text) können die Gläubiger ihre Ansprüche zusätzlich gegen den Erwerber in Höhe des übertragenen Vermögens durchsetzen, obwohl sie bei Einhaltung des in Article 6 vorgeschriebenen Verfahrens allein auf den Verkäufer angewiesen wären. Die Haftungsmasse, auf die der Gläubiger bei Nichtbeachtung des Article 6 zurückgreifen kann, wird daher faktisch um den für die übertragenen Gegenstände gezahlten Kaufpreis erweitert. Der Gläubiger wird durch den *bulk sale* im Ergebnis besser gestellt. Ist der Verkäufer bereits vor Durchführung des *bulk sale* zahlungsunfähig, so verschlechtert die unterlassene Benachrichtigung der Gläubiger

---

[71] Vgl. U.C.C. Article 6 (Alternative B 1990) § 6-107, Official Comment 4.: „*Each creditor's damages are measured by the injury that the particular creditor sustained as a consequence of the buyer's failure to comply. This measure is stated as the amount of the debt reduced by any amount that the person would not have realized if the buyer had complied.*“

durch den Käufer deren Situation nicht. Denn auch bei rechtzeitiger Benachrichtigung hätten die Gläubiger nicht mit der vollständigen Befriedigung ihrer Ansprüche rechnen können.

3. Fazit

Die von den *bulk sales acts* ausgehenden Haftungsrisiken haben sich in den letzten Jahren erheblich reduziert. Viele Staaten haben ihre *bulk sales*-Regelungen bereits abgeschafft und es ist damit zu rechnen, dass sich dieser Trend fortsetzen wird. Da die bestehenden *bulk sales acts* noch immer eine recht strenge Haftung des Erwerbers hervorrufen können, ist eine aufmerksame Überprüfung des im Einzelfall anwendbaren Rechts und die Beachtung entsprechender Vorschriften weiterhin geboten.

§ 3 Traditionelle Nachfolgehaftung

I. Grundsatz der Haftungsfreiheit

Für Unternehmenskäufe in den USA gilt im allgemeinen, dass eine Gesellschaft, die das Vermögen einer anderen Gesellschaft erwirbt, nicht ohne weiteres die Verbindlichkeiten der Verkäuferin übernimmt.[72]

> „*Under the well-settled rule of corporate law, where one corporation sells or transfers all of its assets to another, the second entity does not become liable for the debts and liabilities, including torts, of the transferor.*"[73]

Auch die Fortführung des Geschäftes der Verkäuferin durch die Käuferin bedingt nicht automatisch den Übergang der Haftung.[74] Nicht das Unternehmen ist Träger der Verbindlichkeiten, sondern die dahinter stehende Gesellschaft.[75] Die Gesellschaft ist eine eigenständige Rechtspersönlichkeit, die sich von der ihrer Gesellschafter und deren Vermögenswerten unterscheidet.[76] Da Käuferin und Verkäuferin voneinander verschiedene Rechtssubjekte sind, haftet grundsätzlich nur die Verkäuferin für die bis zum Übergang des Unternehmens verursachten Verbindlichkeiten.

Die Interessen der Gläubiger sind normalerweise ausreichend dadurch geschützt, dass sie Befriedigung ihrer Ansprüche aus dem Kaufpreis suchen kön-

---

[72] Vgl. mit umfangreichem Nachweis der Rechtsprechung 63 Am. Jur. 2d, Products Liability § 116; Am. Law. Prod. Liab. 3d § 7:1; *Fletcher*, Law of Private Corporations, § 7122; *Henn/Alexander*, Laws of Corporations, S. 967-68.

[73] Polius v. Clark Equipment Co., 802 F.2d 75, 77 (3d Cir. 1986).

[74] Vgl. McKee v. Harris-Seybold Co., Div. of Harris-Intertype Corp., 264 A.2d 98, 106 (N.J. Super. Ct. Law Div. 1970); Commercial National Bank v. Nextson, 349 N.E.2d, 138, 140 (Ill. App. Ct. 1976).

[75] Vgl. z.B. Polius, 802 F.2d at 78: „*The doctrine reflects the general policy that liabilities adhere to an follow the corporate entity.*" Deutlich auch Bud Antle, Inc. v. Eastern Foods, Inc., 758 F.2d 1451, 1458 (11th Cir. 1985): „*[C]orporate liability adheres not to the nature of the business enterprise but to the corporate entity itself.*"

[76] Siehe *Girard*, 3 Vill. L.J. 205; *Laseter/Long*, 41 Mercer L. Rev. 1027, 1031; *Squire/Ingram/Frost*, 43 S.W. L.J. 887, 889. Hierzu auch *H. Neumann*, Haftung für Altlasten im Unternehmen, S. 147.

nen.[77] Es besteht kein Grund dafür, ihnen mit der Käuferin eine zusätzliche Schuldnerin bereit zu stellen.

Die allgemeine Regel der Haftungsfreiheit ist darüber hinaus Ausdruck fundamentaler Rechtsprinzipien des *common law*. Nach allgemeinem Vertragsrecht soll niemand an eine Vereinbarung gebunden sein, der er nicht zugestimmt hat.[78] Deliktsrechtliche Verantwortung setzt zumindest Verursachung des Schadens voraus.[79] Nach Recht und Billigkeit findet Haftung grundsätzlich nur für eigenes Handeln statt und nicht für völlig unabhängige Handlungen Dritter.[80] Auch die *bona fide purchaser doctrine*[81], wonach der gutgläubige Erwerber, der gegen Entgelt erworben hat, Schutz genießt, lässtlässt die Erwerberin nur für die Verbindlichkeiten haften, die sie ausdrücklich übernommen hat.[82]

Der Grundsatz der Haftungsfreiheit soll sicherstellen, dass das Vermögen einer Gesellschaft frei verfügbar ist. Müsste die Käuferin eines Unternehmens damit rechnen, grundsätzlich auch die Verbindlichkeiten zu übernehmen, so wäre der Verkauf von Unternehmen erheblich erschwert.[83] Aus wirtschaftspolitischer Sicht ist die freie Veräußerbarkeit von Unternehmen wünschenswert. Unter perfekten Marktbedingungen wird eine Gesellschaft den Kauf eines Unternehmens dann in Erwägung ziehen, wenn sie damit rechnet, die erworbenen Produktionsmittel besser nutzen zu können als die momentane Eigentümerin. Der Verkauf eines Unternehmens führt insofern häufig zur Ablösung eines inef-

---

[77] Vgl. hierzu z.B. National Gypsum Co. v. Continental Brands Corp., 895 F.Supp. 328, 333 (D.Mass. 1995)

[78] Hierauf verweist *Cloud*, 11 Del. J. Corp. L., 791, 801.

[79] Hierzu *Lenard*, 58 Ind. L.J. 677, 692-93.

[80] Vgl. Leannais v. Cincinnati, Inc., 565 F.2d 437, 439 (7th Cir. 1977): „*[T]he general rule accords with the fundamental principle of justice and fairness, under which the law imposes responsibility for one's own act and not for the totally independent acts of others.*"

[81] Grundlegend zur *bona fide purchaser doctrine* im US-amerikanischen Handelsrecht *Gilmore*, 63 Yale L.J. 1057.

[82] So auch. *Lenard*, 58 Ind. L.J. 677, 684-687; *Renner*, 62 Neb. L. Rev. 408, 411.

[83] *C. Neumann*, 27 Envtl L. 1373, 1391-92 weist darauf hin, dass wegen der hohen Kosten eines Rechtsstreites bereits das Risiko eines „übernommenen" Prozesses die Käuferin abschrecken könne: „*The traditional rule of nonliability for asset purchasers was created to prevent a situation where it would be difficult to sell assets for fear of potential lawsuits that might accompany those assets.*" Auch in der Rechtsprechung wird diese Gefahr gesehen. Vgl. hierzu Chaveriat v. Williams Pipe Line Co., 11 F.3d 1420, 1424 (7th Cir. 1993).

fektiven Managements.[84] Unternehmenskäufe sind daher sozial erstrebenswerte Geschäfte, die in der Regel zu einer Steigerung von Effizienz und Produktivität führen.[85] Die Gewißheit, keine unvorhersehbaren Haftungsrisiken einzugehen, fördert die Bereitschaft einer Gesellschaft, ein anderes Unternehmen zu übernehmen.[86] Die grundsätzliche Haftungsfreiheit beim Erwerb von Vermögensgegenständen dient der freien Übertragbarkeit von Gütern und sorgt damit letztendlich dafür, dass Produktionsmittel ihrer sinnvollsten Verwendung zugeführt werden.[87]

II. Die Fallgruppen der traditionellen Nachfolgehaftung

Die Käuferin eines Unternehmens kann sich aber nicht in jedem Fall darauf verlassen, mit den Verbindlichkeiten der Verkäuferin nichts zu tun zu haben. Die Anwendung der *successor liability doctrine* kann dazu führen, dass die übernehmende Gesellschaft für die Verbindlichkeiten der Vorgängerin aufkommen muss. Die folgenden vier Fallgruppen sind in fast allen Gliedstaaten der USA anerkannt:[88]

---

84 Vgl. *Levenstam/Lynch*, 26 Tort & Ins. L.J. 27, 44 n. 110.

85 Vgl. *Lenard*, 58 Ind. L.J. 685. Siehe auch *Green*, 72 Cornell L. Rev. 17, 47: „*Because some owners can put assets to more productive use than others, asset transfers are economically desirable.*"

86 Vgl. *Yamin*, 7 Harv. J.L. & Pub. Pol'y 185, 207. Siehe hierzu auch *H. Neumann*, Haftung für Altlasten im Unternehmen, S. 147.

87 Vgl. *Fierman*, 55 B.U. L. Rev. 86, 91. Siehe hierzu aus der Rechtsprechung Ray v. Alad, 560 P.2d 3, 5 (Cal. 1977); National Gypsum Co. v. Continental Brands Corp., 895 F.Supp. 328, 333 (D. Mass. 1995): „*By permitting firms to freely dispose of their assets without encumbrance, the rule, at least in theory, insures that those assets will be allocated to their most efficient use, thus benefiting the economy as a whole.*"

88 Eine typische Formulierung dieser Ausnahmen findet sich in Bud Antle, Inc. v. Eastern Foods, Inc., 758 F.2d 1451, 1456 (11th Cir. 1985): „*Most jurisdictions recognize four exceptions to this rule, however, and will hold the buying corporation liable for the seller's debts if (1) the buyer expressly or impliedly agreed to assume such debts; or (2) the transaction amounts to a de facto merger of the buyer and the seller; or (3) the buying corporation is a 'mere continuation' of the selling corporation; or (4) the transaction is entered into fraudulently in order to escape liability for such debts.*" Siehe auch Am. Law. Prod. Liab. 3d § 7:1 mit weiteren Rechtsprechungsnachweisen.

In Texas sind die *de facto merger* und die *mere continuation* Ausnahme durch Tex. Business Corp. Act, art. 5.10, § B ausgeschlossen. Die *de facto merger doctrine* wird in Maine und

- *expressed or implied assumption*: Die Unternehmenskäuferin hat ausdrücklich oder konkludent die Verbindlichkeiten der Verkäuferin übernommen.
- *de facto merger*: Der Unternehmenskauf entspricht einer Verschmelzung der Trägergesellschaften.
- *mere continuation*: Die Unternehmenskäuferin ist eine bloße Fortsetzung der Verkäuferin, d.h. die Käufergesellschaft ist in ihrer Zusammensetzung im wesentlichen mit der Verkäufergesellschaft identisch.
- *fraudulent transfer*: Der Unternehmensverkauf ist ein betrügerischer Versuch der Verkäuferin, sich ihrer Verbindlichkeiten gegenüber ihren Gläubigern zu entziehen.

Teile der Rechtsprechung nennen eine fünfte traditionelle Ausnahme vom Grundsatz der Haftungsfreiheit.[89] Sie ordnen den Fall, dass die Käuferin keine angemessene Gegenleistung erbringt, einer eigenen Kategorie zu. Es ist jedoch sinnvoller, diese Konstellation unter der vierten Ausnahme als *fraudulent transfer* zu erfassen. Auch im *fraudulent conveyance* Recht ist die unangemessene Gegenleistung als ein Element des *constructive fraud* ein hinreichendes Indiz für die Absicht des Schuldners, seine Gläubiger zu benachteiligen.[90] Zu Recht behandelt die überwiegende Mehrheit der Rechtsprechung den Fall der unangemessenen Gegenleistung daher auch im Rahmen der *successor liability* als *fraudulent transfer*.[91]

Die traditionellen Ausnahmen vom allgemeinen Grundsatz der Haftungsfreiheit finden in eng umschriebenen Situationen Anwendung, in denen die Interessen der Gläubiger der Verkäuferin stärker wiegen als die Tatsache, dass es sich bei Käuferin und Verkäuferin um verschiedene Rechtspersönlichkeiten handelt.[92] Die vier Fallgruppen der Nachfolgehaftung haben unterschiedliche Recht-

---

Delaware nicht anerkannt. Siehe Hariton v. Arco Elecs. Inc., 188 A.2d 123 (Del. 1963); Saco River, Tel. & Tel. Co. v. Shooshan & Jackson, Inc. 826 F.Supp. 580 (D. Me. 1993).

89 Vgl. z.B. Man v. Raymark Indus., 728 F.Supp. 1461 (D.C. Haw. 1989); weitere Beispiele aus der Rechtsprechung in 63 Am. Jur. 2d, Products Liability § 116; *Fletcher*, Law of Private Corporations, § 7122 n. 15.

90 Siehe hierzu oben § 2II.2.

91 Vgl. *Fletcher*, Law of Private Corporations, § 7122 m.w.N..

92 Siehe hierzu Jackson v. Diamond T. Trucking Co., 241 A.2d 471, 477 (N.J. Super. Ct. Law Div. 1968): „*Many facts must be weighed in the balance, most importantly, the policy*

fertigungen für das Abweichen von dem Grundsatz der Haftungsfreiheit. Sie lassen sich in zwei Kategorien unterteilen:[93]

- Ausnahmen, die auf dem Verhalten der Unternehmenskäuferin beruhen; hierzu gehören die vertragliche Haftungsübernahme und die Teilnahme an einem *fraudulent transfer*.
- Ausnahmen, in denen die faktische Identität von Käuferin und Verkäuferin die Haftung der Käuferin rechtfertigt; hierzu zählen die *de facto merger* und die *mere continuation exception*. Handelt es sich bei Käuferin und Verkäuferin nur der Form nach um verschiedene Rechtspersönlichkeiten, missachtet die Rechtsprechung diese rein formelle Veränderung und behandelt beide Gesellschaften gleich.[94] Gesellschaften sollen keine Gelegenheit dazu haben, sich durch bloße Formveränderungen ihren Verbindlichkeiten zu entziehen.[95]

Im folgenden soll zunächst dargestellt werden, für welche Arten von Ansprüchen die Unternehmenskäuferin als *successor* corporation haften muss. Insbesondere ist der Frage nachzugehen, ob auch die Strafschadensersatzansprüche (*punitive damages*) gegen die Verkäuferin Gegenstand der *successor liability* sein können. Bevor sich die Untersuchung dann den Besonderheiten der einzelnen Fallgruppen widmet, ist auf die allgemeinen Anwendungsvoraussetzungen der traditionellen Nachfolgehaftung einzugehen. Setzt die *traditional successor liability* tatsächlich die Übertragung des gesamten Vermögens voraus, welche Rolle spielt die Rechtsform der beteiligten Parteien und lässt sich die Nachfol-

---

protecting corporate creditors must be weighed against the equally important policy respecting corporate entities."

93 So auch Restatement (Third) of Torts: Products Liability § 12 cmt. a (Proposed Final Draft 1997).

94 Vgl. z.B. Wilson v. Fare Well Corp., 356 A.2d 458, 463 (N.J. Super. Ct. Law. Div. 1976): „*Courts consider substance over form, and look to the nature of the transaction as a whole as reflected in the sale agreement and its actual consequences.*" Polius v. Clark Equipment Company, 802 F.2d 75, 78 (3rd Cir. 1986): „*[W]hen the form of the transfer does not accurately portray the substance, the courts will not refrain from deciding that the new organization is simply the older one in another guise.*"

95 Vgl. Restatement (Third) of Torts: Products Liability § 12 cmt. b (Proposed Final Draft 1997): „*If mere changes in form were allowed to control substance, corporations intending to continue operations could periodically wash themselves clean of potential liability at practically zero cost ... .*"

gehaftung durch eine vertragliche Vereinbarung zwischen Verkäuferin und Käuferin des Unternehmens ausschließen?

1. Umfang der übernommenen Verbindlichkeiten

Gegenstand der Nachfolgehaftung können sämtliche Verbindlichkeiten der Verkäuferin sein. Es genügt, wenn die Verbindlichkeiten der Verkäuferin zum Zeitpunkt des Unternehmenskaufes angelegt sind, jedoch noch nicht alle Anspruchsvoraussetzungen vorliegen. Unter derartige Eventualverbindlichkeiten (*contingent liabilities*) fallen etwa bedingte vertragliche Ansprüche gegen die Verkäuferin, bei denen die aufschiebende Bedingung noch nicht eingetreten ist, oder die Haftung für fehlerhafte Produkte der Verkäuferin, die erst nach Durchführung des Unternehmenskaufes zu einem Schaden führen.[96]

Ursprünglich entstanden die vier traditionellen Fallgruppen der *successor liability*, um Kreditgeber und Minderheitsgesellschafter der Verkäuferin zu schützen.[97] Die Nachfolgehaftung war daher zunächst auf die vertraglichen Verbindlichkeiten der Verkäuferin zugeschnitten. Es ist mittlerweile jedoch in der Rechtsprechung völlig unbestritten, dassdass auch die deliktischen Verbindlichkeiten der Verkäuferin Gegenstand der *successor liability* sein können.[98] Insbesondere die Produkt- und die Altlastenhaftung der Verkäuferin sind zu den Hauptanwendungsfällen der *successor liability* geworden.[99] Dies hat sich auch im abschließenden Entwurf des *Restatement (Third) of Torts: Products Liability* vom 1. April 1997 niedergeschlagen. In § 12 findet sich die folgende Regel, welche den allgemeinen Grundsatz und seine vier traditionellen Ausnahmen im Produkthaftungsrecht wiedergibt:[100]

---

[96] In re Lexington Sur. & Indem. Co., 5 N.E.2d 204, 205 (N.Y. 1936) definiert eine *contingent liability* als „*one which has not accrued and which is dependent on the happening of some future event ... which may or may not happen.*" Dass *contingent liabilities* Gegenstand der Nachfolgehaftung sein können, ist mittlerweile auch durch das Restatement (Third) of Torts: Products Liability § 12 cmt. a (Proposed Final Draft 1997) anerkannt.

[97] Hierzu Polius, 803 F.2d at 78.

[98] Vgl. z.B. Kloberdanz v. Joy Mfg. Co., 288 F.Supp. 817 (D. Colo. 1968).

[99] Siehe hierzu unten § 4 und § 5.

[100] Vgl. Restatement (Third) of Torts: Products Liability § 12 (Proposed Final Draft 1997). Siehe allgemein zu diesem Restatement *Shapo*, 26 Hofstra L. Rev. 761.

§ 12. Liability of Successor for Harm Caused by Defective Products Sold Commercially by Predecessor
A successor corporation or other business entity that acquires assets of a predecessor corporation or other business entity is subject to liability for harm to persons or property caused by a defective product sold or otherwise distributed commercially by the predecessor if the acquisition: (a) is accompanied by an agreement for the successor to assume such liability; or (b) results from a fraudulent conveyance to escape liability for the debts or liabilities of the predecessor; or (c) constitutes a consolidation or merger with the predecessor; or (d) results in the successor's becoming a continuation of the predecessor.

2. Strafschadensersatz

Höchst umstritten ist die Frage, ob eine *successor corporation* auch für Strafschadensersatzansprüche gegen die *predecessor corporation* haftet.[101] Einigkeit besteht in dem Grundsatz, dass die Nachfolgehaftung der Unternehmenskäuferin für *punitive damages*, die auf dem Verhalten der Verkäuferin beruhen, nur dann in Betracht kommen kann, wenn die mit der Verhängung des Strafschadensersatzes verfolgten Ziele hierdurch erreicht werden können.[102]

Punitive damages werden ausgesprochen, um den Schädiger für besonders rücksichtsloses und mutwilliges Verhalten zu bestrafen und ihn zugleich vor ähnlichem Verhalten in der Zukunft abzuschrecken.[103] Im Produkthaftungsrecht soll Strafschadensersatz die Hersteller davor abschrecken, gefährliche Produkte im Vertrauen darauf auf den Markt zu bringen, dass nur ein Bruchteil der Verbraucher Schadensersatz verlangen wird und daher die fortgesetzte Herstellung des gefährlichen Produktes günstiger sein wird als die Verbesserung der

---

[101] Hierzu *Bielicke*, 68 Wash. U. L.Q. 339; *Levenstam /Lynch*, 26 Tort & Ins. L.J. 27; *McCarthy*, 1986 Ariz. St. L.J. 101; *Schuster*, 42 Ohio St. L.J 771.

[102] Vgl. Brotherton v. Celotex Corp., 493 A2d 1337, 1340-41 (N.J. Super.L. 1985); Martin v. Johns-Mansville Corp., 469 A2d 655, 666-67 (Pa. Super. 1983): „*[I]n some circumstances a successor should be held accountable for the recklessness of its predecessor. This will be so when the goals that underlie the imposition of punitive damages – punishment and deterrence – will be advanced.*"

[103] Vgl. Restatement (Second) of Torts, § 908 (1) (1979). Erläuternd hierzu *Mc Carthy*, 1986 Ariz. St. L.J. 105-108.

Produktsicherheit.[104] Obwohl übereinstimmend festgestellt wird, dass auch die Nachfolgehaftung für Strafschadensersatz diesen Zwecken dienen muss, wird ein heftiger Streit darüber geführt, unter welchen Voraussetzungen dies der Fall ist.

a) Identität von Käuferin und Verkäuferin

Teile der Rechtsprechung gehen davon aus, dass die Zwecke Bestrafung und Abschreckung nur dann erreicht werden, wenn Gesellschafter und Geschäftsführer von Käuferin und Verkäuferin weitgehend identisch sind.[105] Nur in diesem Falle führe die Bestrafung der Käuferin zugleich auch zu einer Bestrafung der Verkäuferin. *Punitive damages* gegen eine Unternehmenskäuferin können entsprechend dieser Auffassung hauptsächlich in den Fällen der *mere continuation* und des *de facto merger* verhängt werden.

Andere Gerichte vertreten die Ansicht, dass selbst wenn keine Identität zwischen Gesellschaftern und Geschäftsführung von Käuferin und Verkäuferin besteht, die Haftung der Käuferin für *punitive damages* im öffentlichen Interesse liegen kann.[106] Die Bestrafung der Verkäuferin erfolge dadurch, dass sie mit einer entsprechenden Reduzierung des Kaufpreises rechnen müsse, wenn die Käuferin auch für Strafschadensersatz haften müsse. Die mit *punitive damages* verfolgte Abschreckung wirke indirekt, indem eine am Verkauf ihres Vermögens interessierte Gesellschaft erkennen müsse, dass aufgrund der eventuellen Haftung der Käuferin für Strafschadensersatz nur ein geringerer Kaufpreis erzielt werden könne. Diese Erkenntnis könne die Gesellschaft dazu veranlassen, ihr

---

[104] So ausdrücklich die Begründung in Martin v. Johns-Mansville Corp., 469 A.2d 655, 663 (Pa.Super. 1983).

[105] Vgl. In re Related Asbestos Cases, 566 F. Supp 818, 822-23 (N.D. Cal. 1983): Brotherton v. Celotex Corp., 493 A.2d 1337, 1340-41 (N.J. Super. L. 1985); Martin v. Johns-Mansville Corp., 469 A.2d 655, 667 (Pa. Super. 1983): „*[P]unitive damages are recoverable against a successor corporation when plaintiff has shown such a degree of identity of the successor with the predecessor as to justify the conclusion that those responsible for the reckless conduct of the predecessor will be punished, and the successor will be deterred from similar conduct.*“

[106] Vgl. Man v. Raymark Ind., 728 F.Supp. 1461, 1469-71 (D. Hawaii 1989); Celotex Corp. v. Pickett, 490 So.2d 35 (Fla. 1986); Hanlon v. Johns-Manville-Sales Corp., 599 F.Supp. 376, 377-79 (N.D. Iowa 1984); Thomas v. E.J. Korvette, Inc., 329 F.Supp 1163, 1169-70 (E.D. Penn. 1971).

Verhalten zu verändern und sich verstärkt um die Sicherheit ihres Geschäftsbetriebes und ihrer Produkte zu bemühen.[107]

b) Vertragliche Haftungsübernahme

Umstritten ist zudem die Frage, ob eine vertragliche Haftungsübernahme durch die Unternehmenskäuferin auch Strafschadensersatz umfasst. Nach Ansicht einiger Gerichte haftet eine Unternehmenskäuferin auch für *punitive damages*, wenn sie ausdrücklich sämtliche Verbindlichkeiten der Verkäuferin übernommen hat, selbst wenn die Parteien bei Abschluss des Unternehmenskaufvertrages nicht an *punitive damages* dachten.[108] Hierfür spreche der eindeutige Wortlaut der Haftungsvereinbarung.

Dieses Ergebnis ist jedoch nicht zwingend. Andere Gerichte haben trotz ausdrücklicher Haftungsübernahme sämtlicher Verbindlichkeiten die Unternehmenskäuferin nur für Kompensation des tatsächlichen Schadens und darüber hinaus nicht für Strafschadensersatz haften lassen.[109] Diese Auffassung stützt sich auf den Ausnahmecharakter und die Zwecke des Strafschadensersatzes, wonach es näher liege, die Unternehmensnachfolgerin nur dann mit der Haftung für *punitive damages* zu belasten, wenn sie ihrer Übernahme ausdrücklich zugestimmt habe. Die Annahme einer konkludenten Übernahme der *punitive damages* verbiete sich insbesondere dann, wenn die Parteien gar nicht mit Strafschadensersatzansprüchen gegen die Verkäuferin rechneten. Sie entspreche in dieser Situation nicht dem Willen der Käuferin. Das Schweigen des Kaufvertrages zur Frage des Strafschadensersatzes dürfe nicht dazu führen, dass eine unschuldige Partei, nämlich die Käuferin, für das Fehlverhalten der Verkäuferin bestraft werde.[110]

---

107 Hierzu Celotex Corp. v. Pickett, 490 So.2d 35, 38: „*[A]llowing punitive damages in this instance may well deter other corporations from seeking to merge with other companies which have engaged in reckless conduct detrimental to the public health and thereby have the potential for the imposition of punitive damages. ... Were we to hold that the potential for punitive damages disappears at merger, this may well encourage reckless conduct. ... Realization that their companies will sell for less, or not at all, if the engage in reckless behavior provides an incentive for acquisition candidates to conform their behavior to socially acceptable norms.*“ Siehe mit ähnlicher Begründung auch Man v. Raymark Ind., 728 F.Supp. 1461, 1471.

108 So etwa Glasscock v. Armstrong Cork Co., 946 F.2d 1085, 1095 (5th Cir. 1991).

109 Vgl. z.B. Bowen v. W.R. Grace & Co. 781 F.Supp 682, 683 (D. Mont. 1991).

110 Hierzu *Levenstam/Lynch*, 26 Tort & Ins. L.J. 27, 32-33.

c) Fazit

Ist die Käuferin im Hinblick auf Gesellschafter und Geschäftsführung im wesentlichen mit der Verkäuferin identisch, so ist die Haftung der Nachfolgerin auch für Strafschadensersatz nicht zu beanstanden. Die Haftung einer von der Verkäuferin verschiedenen Unternehmenskäuferin für *punitive damages*, die grundsätzlich an das Verhalten der Verkäuferin anknüpfen, ist hingegen kaum zu rechtfertigen. Hat sich die Unternehmenskäuferin nicht selbst rücksichtslos und mutwillig verhalten, besteht kein Grund, sie zu bestrafen.[111] Die Argumentation, eine eventuelle Haftung der Unternehmenskäuferin für *punitive damages* schrecke bereits die Verkäuferin von entsprechendem Verhalten ab, vernachlässigt, dass hierfür die Kenntnis der Käuferin vom rücksichtslosen und mutwilligen Verhalten der Verkäuferin bei Abschluss des Kaufvertrages vorliegen muss. Häufig hat die Käuferin jedoch keine entsprechende Kenntnis und damit auch keine Möglichkeit, den Kaufpreis angemessen zu reduzieren.[112] Die Haftung der Unternehmenskäuferin für *punitive damages* erfüllt daher weder den Zweck der Bestrafung noch denjenigen der Abschreckung, wenn nicht Gesellschafter und Geschäftsführung von Käuferin und Verkäuferin identisch sind. Die fehlende Möglichkeit der Käuferin, sich auf die mit der Übernahme der *punitive damages* verbundene Belastung einzustellen, spricht auch dafür, *punitive damages* aus einer vertraglichen Haftungsübernahme auszuklammern, sofern die Parteien bei Abschluss der Vereinbarung nicht an Strafschadensersatzansprüche gegen die Verkäuferin dachten.

Entscheidungen, welche auch ohne die Identität von Käuferin und Verkäuferin die Nachfolgehaftung für *punitive damages* bejahen, lassen den Eindruck entstehen, dass Strafschadensersatz grundsätzlich auch gegen Nachfolgeunternehmen ausgesprochen werden kann.[113] Diesen Entscheidungen liegen jedoch nicht Un-

---

[111] In diesem Sinne auch *Mc Carthy*, 1986 Ariz. St. L.J. 101, 123; ausdrücklich gegen eine weitergehende Haftung der Unternehmensnachfolgerin auch *Levenstam/Lynch*, 26 Tort & Ins. L.J. 27, 40-44.

[112] Im Hinblick auf Strafschadensersatz verweist auch *Mc Carthy*, 1986 Ariz. St. L.J. 101, 124, n. 173 auf dieses Argument. Zum grundsätzlichen Problem der Vorhersehbarkeit des Haftungsumfangs im Zusammenhang mit der erweiterten Nachfolgehaftung siehe unten § 8II.1.b).

[113] Vgl. Man v. Raymark Ind., 728 F.Supp. 1461, 1469-71 (D. Hawaii 1989); Celotex Corp. v. Pickett, 490 So.2d 35 (Fla. 1986); Hanlon v. Johns-Manville-Sales Corp., 599 F.Supp. 376, 377-79 (N.D. Iowa 1984); Thomas v. E.J. Korvette, Inc., 329 F.Supp 1163, 1169-70 (E.D. Penn. 1971).

ternehmensverkäufe durch Übertragung der Vermögensgegenstände zugrunde, sondern gesetzliche Verschmelzungen (*mergers*). Es ist daher fraglich, ob Strafschadensersatz mit dieser Begründung auch in einem Fall der traditionellen Nachfolgehaftung ohne Identität von Vorgänger und Nachfolgeunternehmen ausgesprochen würde. Trotz grundsätzlicher Bedenken besteht im Hinblick auf die *de facto merger* Theorie und die hierdurch erreichte Gleichbehandlung von *merger* und *asset deal* aber dennoch die Gefahr, dass ein Gericht die *successor liability* auch in dieser Situation auf Strafschadensersatz anwenden wird.[114]

Obwohl die Rechtsprechung zur Nachfolgehaftung für Strafschadensersatz uneinheitlich ist, lässt sich dennoch feststellen, dass die Gerichte hierbei zurückhaltender sind, als bei der Nachfolgehaftung für kompensatorischen Schadensersatz.[115] Grundsätzlich muss jedoch auch die *asset*-Käuferin eines Unternehmens damit rechnen, für *punitive damages* gegen die Verkäuferin haften zu müssen. Diese Gefahr ist um so größer, je stärker die Personenidentität zwischen Gesellschaftern und Geschäftsführung von Käuferin und Verkäuferin ist.

3. Übertragung des gesamten Vermögens

Den meisten gerichtlichen Entscheidungen zur Nachfolgehaftung liegt der Fall zugrunde, dass eine Gesellschaft ihr gesamtes oder annähernd ihr gesamtes Vermögen auf eine andere Gesellschaft überträgt und die übertragende Gesellschaft sich daraufhin auflöst. Es ist jedoch fraglich, ob die Anwendung der *successor liability* grundsätzlich die Übertragung des gesamten Vermögens von der Verkäuferin auf die Käuferin voraussetzt.

a) Übertragung des gesamten Vermögens der Verkäuferin

Die erste Fallgruppe der Nachfolgehaftung, die vertragliche Übernahme der Verbindlichkeiten der Verkäuferin, betrifft Sachverhalte, die zwar häufig im Zusammenhang mit der Übertragung des gesamten Vermögens stehen, jedoch auch unabhängig davon denkbar sind. Ebenso ist die vierte Fallgruppe, *fraudulent transfer*, prinzipiell auch bei Übertragung von weniger als dem gesamten Ver-

---

114 Siehe zur *de facto merger exception* unten § 3IV.

115 Vgl. Martin v. Johns-Mansville Corp., 469 A.2d 655, 666 (Pa. Super. 1983): „*[I]n some circumstances it may make sense to permit only compensatory, and not punitive, damages to be awarded against a successor corporation. ... [I]t does not follow from the propriety of a compensatory award against a successor that punitive damages may also be imposed, even if the predecessor was reckless.*"

mögen der Verkäuferin denkbar. Für die Gläubiger der Verkäuferin besteht zwar gerade bei Übertragung des gesamten Vermögens der Verkäuferin eine erhöhte Gefahr der Benachteiligung. Der Verkauf des gesamten Vermögens durch einen Kaufmann, der sich danach absetzt, ohne seine Gläubiger befriedigt zu haben, gilt aus diesem Grund auch im traditionellen *fraudulent conveyance law* als ein Indiz für betrügerisches Verhalten des Schuldners.[116] Obwohl daher auch in vielen Fällen der *fraudulent transfer exception* eine Übertragung des gesamten Vermögens vorliegt, ist dies keine zwingende Voraussetzung.

Sowohl die *mere continuation* als auch die *de facto merger exception* kommen hingegen herkömmlicherweise nur dann in Betracht, wenn die Verkäuferin ihr gesamtes Vermögen auf die Käuferin übertragen hat und anschließend aufgelöst worden ist. Die Rechtsprechung fordert in diesem Zusammenhang automatisch, dass die Übertragung *„all, or substantially all, of the assets"*[117] der Verkäuferin umfasst, nennt aber keinen fixen Prozentsatz, ab dem von einer Übertragung des gesamten Vermögens auszugehen ist. Meistens widmen sich die Gerichte unmittelbar der Untersuchung, ob die Voraussetzungen einer Kategorie der *successor liability* erfüllt sind, ohne zu problematisieren, ob eine Übertragung des gesamten Vermögens der Verkäuferin stattgefunden hat. Dieses Tatbestandsmerkmal wird lediglich inzident geprüft.

Anhaltspunkte dafür, unter welchen Voraussetzungen eine Übertragung des gesamten Vermögens der Verkäuferin vorliegt, lassen sich dem Gesellschaftsrecht entnehmen. Im Zusammenhang mit den Mitbestimmungsrechten der Gesellschafter richtet sich die Feststellung, ob *„all or substantially all of the corporate assets"* verkauft werden, nicht nur nach der bloßen Menge des zu übertragenden Vermögens, sondern nach den Konsequenzen des beabsichtigten Geschäfts.[118] Hat die angestrebte Übertragung zur Folge, dass die Gesellschaft ihren bestimmungsgemäßen Zweck nicht mehr erfüllen kann, gilt dies als Verkauf sämtlicher Vermögensgegenstände.[119] Der Verkauf verschiedener Geschäftsbe-

---

116 Siehe *Glenn*, Fraudulent Conveyances and Preferences, § 309.

117 So etwa Budd Tire Corp. v. Pierce Tire Co., Inc., 370 S.E.2d 267, 269 (N.C. Ct. App. 1988).

118 Vgl. Jeppi v. Brockman Holding Co., 206 P.2d 847 (Cal. 1949); Eisen v. Post, 146 N.E.2d 779 (N.Y. 1957).

119 Vgl. Gimbel v. Signal Companies, Inc., 316 A.2d 599 (Del. Ch. 1974): *„If the sale is of assets quantitatively vital to the operation of the corporation and is out of the ordinary and*

reiche einer Gesellschaft macht noch nicht sämtliche Vermögensgegenstände dieses Unternehmens aus, sofern andere Bereiche, mit denen die Gesellschaft ihr Geschäft dauerhaft fortführen kann, behalten werden. Daher ist beispielsweise der bloße Verkauf des Fabrikgeländes unter Beibehaltung der anderen Produktionsmittel, der ausstehenden Forderungen, und des Goodwill mit der Absicht, die Produktion an einem anderen Ort fortzusetzen, kein „*sale of all or substantially all of the assets*", selbst wenn das Fabrikgelände einen großen Teil des Vermögens der Verkäuferin ausmacht.[120]

Es ist schwierig, eine genaue prozentuale Grenze zu bestimmen, ab der ein Verkauf sämtlicher Vermögensgegenstände gegeben ist. Unter gewissen Voraussetzungen kann ein Verkauf von Gegenständen, die 75% des Gesamtvermögens ausmachen, bereits als ein Verkauf sämtlicher Vermögensgegenstände behandelt werden.[121] In *Budd Tire Corp. v. Pierce Tire Co.* wurde allein der Verkauf des Goodwill einer insolvenzreifen Gesellschaft als der Verkauf des gesamten Vermögens dieser Gesellschaft beurteilt.[122]

Die Übertragung des gesamten Vermögens verliert jedoch auch im Hinblick auf *de facto merger* und *mere continuation exception* zunehmend an Bedeutung. Das *Restatement (Third) of Torts* stellt fest, dass auch der Verkauf eines einzelnen Betriebsteils eines großen Unternehmens trotz fortgesetzter Existenz der Verkäuferin zur Nachfolgehaftung aufgrund *de facto merger* oder *mere continuation exception* führen kann.[123] Es ist daher davon auszugehen, dass die Übertragung des gesamten Vermögens keine generelle Voraussetzung für die Anwendung der *successor liability* ist. Obwohl die Rechtsprechung reflexartig von der Übertragung des gesamten Vermögens spricht, kommt es vielmehr allein auf das Vorliegen der jeweiligen Voraussetzungen der einzelnen Fallgruppen an.

---

substantially affects the existence and purpose of the corporation, then it is beyond the power of the Board of Directors." Siehe auch Whittaker Corp. v. Edgar, 535 F.Supp. 933, 951 (N.D. Ill. 1982).

120 Hierzu Model Bus. Corp. Act § 12.01, Official Comment.

121 So etwa Philadelphia National Bank v. B.S.F. Co., 199 A.2d 557 (Del. Ch. 1964), rev'd on other grounds, 204 A.2d 746 (Del. 1964).

122 Budd Tire Corp. v. Pierce Tire Corp., 370 S.E.2d 267, 269 (N.C. Ct. App. 1988).

123 Siehe Restatement (Third) of Torts: Products Liability § 12 cmt. h (Proposed Final Draft 1997).

b) Übertragung durch die Verkäuferin

Eine wichtige, eigentlich jedoch selbstverständliche Bedingung der Nachfolgehaftung ist die Übertragung der Vermögensgegenständen von der Vorgänger- auf die Nachfolgegesellschaft. In *Meisel v. M & N Modern Hydraulic Press Co.* war der alleinige Gesellschafter der Vorgängerin zugleich Eigentümer des Betriebsvermögens, das er an die Vorgängerin vermietete.[124] Nach Verkauf seiner Anteile an der Vorgängerin gründete er eine neue Gesellschaft, kündigte die Mietverträge mit der Vorgängerin und nahm mit der neuen Gesellschaft die Herstellung derselben Produktlinie unter Verwendung derselben Betriebsmittel und eines ähnlichen Namens auf. Der *Supreme Court of Washington* lehnte den Haftungsübergang auf die neue Gesellschaft ab und begründete seine Entscheidung damit, dass keine Vermögensübertragung von der Vorgängerin auf die neue Gesellschaft vorlag.[125] Zwischen der Vorgänger- und der Nachfolgegesellschaft kam es zu keinem Rechtsgeschäft, an das eine Fallgruppe der Nachfolgehaftung hätte anknüpfen können.

4. Rechtsform der Parteien

Die traditionellen Regeln der Nachfolgehaftung wurden von den Gerichten ursprünglich für *corporations*, d.h. Kapitalgesellschaften entwickelt. Die Rechtsform der Unternehmenskäuferin und der Verkäuferin hat jedoch grundsätzlich keinen Einfluss auf die Anwendbarkeit der traditionellen *successor liability* Regeln.[126] Auch wenn die meisten Gerichte bei Formulierung der allgemeinen Regeln die Begriffe *successor corporation* und *predecessor corporation* verwenden, so ist dieser Wortlaut nicht zwingend.[127]

---

[124] Meisel v. M & N Modern Hydraulic Press Co., 645 P.2d 689 (Wash. 1982).

[125] Meisel, 645 P.2d 689.

[126] Siehe hierzu 63 Am. Jur. 2d Products Liability, § 117. Vgl. aus der Rechtsprechung Tift v. Forrage King Indus., Inc., 322 N.W.2d 14, 16 (Wis. 1982): „*We hold as a matter of law that the rule and its exceptions are applicable, irrespective of whether a prior organization was a corporation or a different form of business organization.*"

[127] So Tift v. Forrage King Indus., Inc., 322 N.W.2d 14, 16: „*[W]e conclude that the responsibility of a subsequent business organization, irrespective of the nature of either the predecessor or successor, proprietorship, partnership, or corporation ,cannot be facilely dismissed on the basis of the semantics of the rule.*"

Die allgemeinen Grundsätze haben Anwendung auf Fälle gefunden, in denen die Verkäuferin eine *corporation* und die Käuferin eine *limited partnership* war,[128] der Verkäufer ein Einzelkaufmann und die Käuferin eine *corporation*,[129] die Verkäuferin eine *partnership* und Käuferin eine *corporation*,[130] und die Verkäuferin eine *corporation* und die Käufer Einzelkaufleute waren.[131] Es ist im jeweiligen Einzelfall festzustellen, ob eine der Fallgruppen der Nachfolgehaftung auf den Unternehmenskauf anwendbar ist. Die vertragliche Haftungsübernahme und die *fraudulent transfer exception* sind grundsätzlich unabhängig von der Rechtsform der beteiligten Parteien anwendbar. Anders sieht es für die *de facto merger* und die *mere continuation exception* aus. Die besonderen Anforderungen an die Rechtsform der am Unternehmenskauf beteiligten Parteien, ergeben sich hier aus den jeweiligen Voraussetzungen dieser Fallgruppen.[132] Hat eine Ausnahme die Kontinuität der Eigentümer, bzw. Gesellschafter, zur Voraussetzung, so kann sie auf ein Geschäft zwischen zwei natürlichen Personen nicht anwendbar sein. Ist die Auflösung der Verkäuferin Bedingung, so muss die Verkäuferin eine juristische Person sein. In einem Fall, in dem ein Einzelkaufmann das Unternehmen eines anderen Einzelkaufmannes übernahm und weder eine vertragliche Haftungsübernahme vereinbart worden war noch Anzeichen eines *fraudulent transfers* zu finden waren, wurde die Anwendung der *successor liability* daher abgelehnt.[133]

5. Abdingbarkeit der Nachfolgehaftung

Sofern die Voraussetzungen einer Fallgruppe der *successor liability* erfüllt sind, folgt hieraus die zwingende Haftung der Unternehmenskäuferin. Eine Klausel im Unternehmenskaufvertrag, die ausdrücklich klarstellt, dass die Käu-

---

[128] Siehe R.J. Enstrom Corp. v. Interceptor Corp, 555 F.2d 277 (10th Cir.).

[129] Siehe Tift v. Forrage King Indus., Inc., 322 N.W.2d 14.

[130] Siehe Stratton v. Garvey Int'l, Inc., 676 P.2d 1290 (Kan. App. 1984).

[131] Siehe Lundell v. Sidney Machine Tool Co., 236 Cal. Rptr. 70 (Cal. Ct. App. 1987).

[132] Siehe zu den Voraussetzungen von *de facto merger* und *mere continuation exception* unten § 3IV. und § 3V..

[133] Siehe Lemire v. Garrard Drugs, 291 N.W.2d 103, 105 (Mich. Ct. App. 1980): „*The sale of a sole proprietorship ... does not involve a situation where the selling entity is immediately dissolved, or where the management and control have remained the same, with only the form of the business entity altered to avoid liability.*“

ferin die Verbindlichkeiten der Verkäuferin nicht übernimmt, wirkt lediglich dahingehend, dass die Annahme einer vertraglichen Haftungsübernahme hierdurch ausgeschlossen wird.[134] Die Nachfolgehaftung insgesamt steht nicht zur Disposition der Parteien. Es steht ihnen jedoch frei, untereinander zu vereinbaren, wer letztendlich die Kosten der Haftung tragen soll.[135] Die Haftung der Käuferin als Nachfolgerin der Verkäuferin tritt nicht an die Stelle der Haftung der Verkäuferin, sondern neben sie. Der Gläubiger hat die Wahl, ob er gegen seinen ursprünglichen Schuldner oder gegen die Nachfolgegesellschaft vorgehen möchte. Die Parteien des Unternehmenskaufes können dieses Recht des Gläubigers nicht beeinträchtigen.[136]

III. Vertragliche Haftungsübernahme

Es ist allgemein anerkannt, dass die Unternehmenskäuferin die Verbindlichkeiten der Verkäuferin per Vertrag übernehmen kann.[137] Ob eine derartige Vereinbarung vorliegt sowie Gegenstand und Reichweite der Verpflichtung sind durch Auslegung zu ermitteln.

1. Haftungsübernahme vs. Haftungsfreistellung

Die Rechtsprechung unterscheidet nach der Außenwirkung der Vereinbarung zwischen Haftungsübernahme und Haftungsfreistellung.[138] Es kommt darauf an, ob die Unternehmenskäuferin sich verpflichtet hat, die Verbindlichkeiten der Verkäuferin gegenüber deren Gläubigern zu übernehmen oder lediglich die Verkäuferin im Innenverhältnis schadlos zu halten. Im Falle einer Haftungsübernahme durch die Käuferin können die Gläubiger der Verkäuferin ihre Ansprüche unmittelbar gegen die Käuferin geltend machen. Durch Haftungsfreistellungsvereinbarungen übernimmt die Unternehmenskäuferin keine unmittelbare Ver-

---

134 Hierzu 63 Am. Jur. 2d, Products Liability § 118.

135 Vgl. Grant-Howard Associates v. General Housewares Corp., 472 N.E.2d 1, 2 (N.Y.1984).

136 Vgl. Grant-Howard Associates v. General Housewares Corp., 472 N.E.2d 1, 3.

137 Grundlegend hierzu Bouton v. Litton Ind., Inc., 423 F.2d 643 (3d Cir. 1970).

138 Vgl. Girard v. Allis Chalmers Corp., Inc., 787 F.Supp. 482, 488-90 (W.D. Pa. 1992); Philadelphia Electric Co. v. Hercules, Inc. 762 F.2d 303, 309 n.3 (3d Cir. 1985); Bouton v. Litton Ind., Inc., 423 F.2d 643, 650-51.

pflichtung gegenüber den Gläubigern der Verkäuferin.[139] Die Gläubiger müssen zunächst gegen ihre Schuldnerin, d.h. die Verkäuferin vorgehen. Erst dann entsteht die Pflicht der Käuferin, die Verkäuferin schadlos zu stellen.[140]

In der Regel ist die Abgrenzung von Haftungsübernahme und Haftungsfreistellung unproblematisch, da sich der Wille der Parteien meistens bereits aus dem Wortlaut der Vereinbarung ergibt. Mit der Formulierung „*the buyer assumes and agrees to pay or discharge*" übernimmt die Unternehmenskäuferin die Haftung für die jeweils genannten Verbindlichkeiten der Verkäuferin.[141]

2. Reichweite der Haftungsübernahme

Schwierigkeiten können mit der Feststellung verbunden sein, welche Verbindlichkeiten von einer Haftungsübernahme erfasst werden sollen. Insbesondere die Frage, ob Produkthaftungsansprüche Gegenstand einer entsprechender Vereinbarung waren, hat Anlass zu zahlreichen Gerichtsentscheidungen gegeben.

Erwähnt eine weit gefasste ausdrückliche Haftungsübernahmevereinbarung Verbindlichkeiten aus Produkthaftungsansprüchen nicht, so schließt das eine konkludente Vereinbarung der Übernahme dieser Verbindlichkeiten nicht aus.[142] Je allgemeiner die Vereinbarung formuliert ist, um so höher ist die Wahrscheinlichkeit, dass auch ohne ausdrückliche Erwähnung die Haftung für fehlerhafte Produkte der Verkäuferin übernommen werden soll. Demgegenüber lässt eine vertragliche Regelung, die die übernommenen Verbindlichkeiten mit großer Genauigkeit aufzählt, darauf schließen, dass die Parteien keine weitergehende Haftungsübernahme durch die Käuferin beabsichtigt haben.[143] Beschränkt sich etwa eine ausdrückliche Haftungsübernahme auf die vertraglichen Verbindlichkeiten der Verkäuferin oder auf die in der Bilanz der Verkäuferin wiedergegebenen

---

[139] Vgl. Reed v. Armstrong Cork Co., 577 F.Supp. 246, 251 (E.D. Ark. 1983)

[140] Vgl. F.I. Schindler Equipment Corp. v. The Raymond Co., 418 A.2d 533, 534 (Pa. Super. Ct. 1980)

[141] Vgl. Bouton v. Litton Ind., Inc., 423 F.2d 643, 651; Girard v. Allis Chalmers Corp., Inc., 787 F.Supp. 482, 488.

[142] Vgl. Bouton v. Litton Ind., Inc. 423 F.2d 643, 652; Grugan v. BBC Brown Boveri, Inc. 729 F. Supp. 1080 (E.D. Pa. 1990)

[143] Vgl. Shane v. Hobam, Inc. 332 F.Supp. 526 (E.D. Penn. 1971); Kloberdanz v. Joy Mfg. Co., 288 F.Supp. 817 (D. Colo. 1968).

Verbindlichkeiten, so liegt hierin keine konkludente Übernahme der Produkthaftung der Verkäuferin.[144]

Als weitere Kriterien zur Bestimmung der Reichweite der Haftungsübernahme können die Übernahme von Produkthaftpflichtversicherungen oder Garantiezusagen der Verkäuferin durch die Käuferin Berücksichtigung finden. Der Erwerb einer Versicherung zugunsten der Unternehmensverkäuferin durch die Unternehmenskäuferin reicht allerdings alleine nicht aus, um eine Haftungsübernahme der Käuferin anzunehmen, kann jedoch als eines von mehreren Indizien für die entsprechende Absicht der Parteien herangezogen werden.[145] Hat die Unternehmenskäuferin eine Garantie der Verkäuferin gegenüber ihren Kunden übernommen, welche die Fehlerfreiheit von Material und Verarbeitung des Produktes für ein Jahr zusichert, so lässt sich dieser Vereinbarung nicht entnehmen, dass die Käuferin auch für Verletzungen haften soll, die später aus einem defekten Produkt der Verkäuferin resultieren.[146] Die Risiken, die sich aus einer vertraglichen Haftungsübernahme ergeben können, sollen anhand der folgenden Beispiele aus der Rechtsprechung veranschaulicht werden.

a) Bouton v. Litton Industries, Inc.

In *Bouton v. Litton Industries, Inc.*[147] hatte sich die Beklagte Litton vertraglich verpflichtet, sämtliche Verbindlichkeiten zu übernehmen, die aus Verträgen und Verpflichtungen stammten, welche die Vorgängerin im Rahmen ihrer gewöhnlichen Geschäftstätigkeit eingegangen war. Außerdem hatte die Vorgängerin in dem Unternehmenskaufvertrag sämtliche Versicherungen, inklusive der Produkthaftpflichtversicherung, an Litton abgetreten. Trotz des Fehlens einer ausdrücklichen Bestimmung für Produkthaftungsansprüche ging das Gericht davon aus, dass auch diese Verbindlichkeiten von der weiten Formulierung der Haftungsübernahme erfasst seien. Eine Klausel in der Haftungsvereinbarung, wonach der Gesamtwert der übernommenen Verbindlichkeiten auf nicht mehr als

[144] Siehe hinsichtlich der Übernahme vertraglicher Verbindlichkeiten: Harris v. T.I. Inc., 413 S.E.2d 605, 609 (Va. 1992); im Hinblick auf Bilanz-Verbindlichkeiten: Travis v. Harris, 565 F.2d 443, 446 (7th Cir. 1977).

[145] Vgl. Girard v. Allis Chalmers Corp., Inc., 787 F.Supp. 482, 490; LaFountain v. Webb Industries Corporation, 951 F.2d 544, 548 (3d Cir. 1991); Green v. Firestone Tire & Rubber Co., Inc., 460 N.E.2d 895, 899 (Ill. App. Ct. 1984).

[146] Vgl. Schwartz v. McGraw-Edison Co., 92 Cal. Rptr. 776, 781 (Cal. Ct. App. 1971).

[147] 423 F.2d 643 (3d Cir. 1970).

$150.000 geschätzt wurde, war nicht bestimmt genug, um die Haftung zu begrenzen.

b) *Philadelphia Electric Co. v. Hercules, Inc.*

Auch in *Philadelphia Electric Co. v. Hercules, Inc.*[148] führte eine weit gefasste vertragliche Haftungsübernahme zu einer für die Unternehmenskäuferin unerwarteten Inanspruchnahme. Hercules hatte sich verpflichtet, vorbehaltlich einiger genau umschriebener Ausnahmen sämtliche Verbindlichkeiten der Verkäuferin zu übernehmen. Das Gericht entschied, dass diese umfassende Haftungsübernahme auch diejenigen Verbindlichkeiten beinhalte, welche zum Zeitpunkt des Vertragsschlusses noch nicht entstanden oder bekannt waren. Als Begründung hierfür führte das Gericht an, dass die unbekannten Verbindlichkeiten von keiner Ausnahme erfasst seien und eine Beschränkung der Haftung auf bekannte Verbindlichkeiten ausdrücklich vorbehalten werden müsse.

c) *Valenta Enterprises, Inc. v. Columbia Gas of New York, Inc.*

In *Valenta Enterprises, Inc. v. Columbia Gas of New York, Inc.*[149] entstanden Auslegungsprobleme, da die Erwerberin die Haftung für Produkte der Verkäuferin nur soweit übernommen hatte, als diese Haftung sich aus bestimmten Produkthaftungstatbeständen ergab. Die Vereinbarung sah vor, dass die Unternehmenskäuferin nur die aus „*express and implied warranties*" entstehenden Verbindlichkeiten der Verkäuferin übernehmen sollte. Das Gericht lehnte daher eine konkludente Übernahme der Haftung für Fahrlässigkeit der Verkäuferin ab. Erfolglos blieb hingegen das Argument der Unternehmenskäuferin, dass auch die Gefährdungshaftung der Verkäuferin nicht übernommen worden sei, da zum Zeitpunkt des Vertragsschlusses die Theorie der verschuldensfreien Haftung für fehlerhafte Produkte noch nicht existierte. Das Gericht bejahte die konkludente Übernahme dieser Haftung mit der Begründung, dass die *warranty*-Haftung und die strikte Produkthaftung einander ähnlich seien und zwischen ihnen eine ausreichende Verbindung bestehe.[150]

---

148 762 F.2d 303 (3d Cir. 1985).

149 455 N.Y.S.2d 996 (N.Y. Sup. Ct. 1982).

150 455 N.Y.S.2d 996, 998.

d) Girard v. Allis Chalmers Corp., Inc.

In *Girard v. Allis Chalmers Corp., Inc.*[151] musste das Gericht eine Vereinbarung auslegen, die vorsah, dass der Erwerber zur Deckung von Verbindlichkeiten beitragen sollte, die aus dem Betrieb einer übernommenen Anlage stammten. Obwohl der von den Parteien verwendete Begriff „*obligation*" im Gegensatz zu dem weiteren Begriff „*liability*" normalerweise nur vertragliche Pflichten der Verkäuferin umfasst, schloss das Gericht nicht aus, dass der Abschluss einer Produkthaftpflichtversicherung durch die Käuferin für Ansprüche gegen die Verkäuferin in diesem Zusammenhang darauf hindeute, dass die Parteien eine Übernahme der Produkthaftpflicht durch die Käuferin beabsichtigt hatten.[152]

e) Mobay Corp. v. Allied-Signal, Inc.

In *Mobay Corp. v. Allied-Signal, Inc.*[153] hatte das Gericht zu entscheiden, ob die kaufvertragliche Verpflichtung der Unternehmenskäuferin, die Verkäuferin von allen Schadensersatzverpflichtungen aus Körper- und Sachschäden freizustellen, auch die Haftung nach dem *Comprehensive Environmental Response, Compensation and Liability Act* (CERCLA)[154] umfasste. Da der Kaufvertrag vor Inkrafttreten des Gesetzes abgeschlossen worden war, entschied das Gericht, dass in dieser Vereinbarung ohne die ausdrückliche Erwähnung von Umweltschäden keine Übernahme der erst später entstandenen Haftung nach CERCLA gesehen werden könne.[155]

f) Fazit

Ob die Käuferin wegen vertraglicher Haftungsübernahme als *successor corporation* für die alten Verbindlichkeiten der Verkäuferin haftet, ist eine im Einzelfall zu entscheidende Frage der Vertragsauslegung.[156] Wie die oben aufgeführten Beispiele zeigen, tendiert die Rechtsprechung dazu, die Haftungsübernahmeklauseln weit auszulegen. Im Interesse der Geschädigten geht sie hierbei bisweilen über die Intention der Vertragsparteien hinaus. Um unangenehme Überra-

---

[151] 787 F. Supp. 482 (W.D. Pa. 1992).

[152] 787 F. Supp. 482, 490.

[153] 761 F. Supp. 345 (D.N.J. 1991).

[154] Siehe hierzu unten § 5II.

[155] Hierzu *H. Neumann*, Haftung für Altlasten im Unternehmen, S. 148.

[156] So auch *Oswald/Schipani,* 86 Nw. U. L. Rev. 259, 320-21.

schungen zu vermeiden, empfiehlt es sich daher für die Unternehmenskäuferin, bei der Bestimmung der übernommenen Verbindlichkeiten sehr präzise und detailliert vorzugehen.

IV. De Facto Merger

Die *de facto merger doctrine* wurde von der Rechtsprechung in Analogie zu der gesetzlich geregelten Verschmelzung (*statutory merger*) zweier Gesellschaften entwickelt. Ursprünglich wurde die Rechtsfigur des *de facto merger* im Gesellschaftsrecht entwickelt, um die Umgehung von Rechten der Minderheitsgesellschafter zu verhindern. In fast allen Gliedstaaten wird die *de facto merger doctrine* mittlerweile als Fallgruppe der Nachfolgehaftung zum Schutz der Gläubiger einer Gesellschaft herangezogen. Im Ergebnis führt die *de facto merger doctrine* dazu, dass die Rechtsfolgen einer Verschmelzung eintreten, obwohl lediglich ein Fall der Vermögensübertragung vorliegt.

1. Begriffsbestimmung

Black's Law Dictionary definiert *merger* als die Verschmelzung zweier Gesellschaften gemäß gesetzlicher Regelungen, wobei die eine Gesellschaft überlebt und die andere in der überlebenden Gesellschaft aufgeht.[157] Die verbleibende Gesellschaft übernimmt die Verbindlichkeiten der aufgenommenen Gesellschaft kraft Gesetz.[158] Dogmatisch erklärt sich dieser Haftungsübergang damit, dass die neue Gesellschaft eine Fortsetzung der in ihr aufgegangenen Gesellschaft ist und mit deren Vermögen auch deren Verbindlichkeiten übernommen hat. Voraussetzungen und Rechtsfolgen eines *mergers* sind in den gesellschaftsrechtlichen Gesetzen der Einzelstaaten geregelt. Die gesetzlichen Regelungen unterscheiden zwischen *merger* und *consolidation*. Ein *merger* ist ein Unternehmenszusammenschluss, bei dem eine Gesellschaft in einer anderen aufgeht und Teil derselben wird, indem sie ihre eigene Identität verliert.[159] Eine *consoli-*

---

[157] Siehe Black's Law Dictionary, Sixth Edition 1990.

[158] Vgl. Model Bus. Corp. Act § 11.06.(a)(3).

[159] Vgl. Applestein v. United Board & Carton Corp., 159 A.2d 146, 151 (N.J. Super. Ct. Ch. Div. 1960): „*A merger of corporations is the absorption by one corporation of one or more usually smaller corporations, which lose their identity by becoming part of the large enterprise.... A merger of two corporations contemplates that one will be absorbed by the other and go out of existence, but the absorbing corporation will remain.*“

dation ist eine Form des *merger*, bei der beide Gesellschaften in einer neu geschaffenen Gesellschaft aufgehen.[160] Die Rechtsfolgen bezüglich der Haftung für Altverbindlichkeiten sind dieselben wie beim *merger*.

2. Merger und Sale of Assets

Jeder *merger* enthält Elemente eines *sale of assets*, insoweit als das Vermögen der sich auflösenden Gesellschaft auf die absorbierende Gesellschaft übergeht.[161] Dennoch handelt es sich dogmatisch um streng voneinander zu unterscheidende Formen eines Unternehmenszusammenschlusses. Wird der Unternehmenserwerb als *merger* durchgeführt, so übernimmt die Erwerberin den gesamten Rechtsträger des Unternehmens und zahlt die Gegenleistung, welche normalerweise aus Anteilen der Käuferin besteht, unmittelbar an die Gesellschafter der übernommenen Gesellschaft. Beim *sale of assets* werden die Vermögensgegenstände der Verkäufergesellschaft übernommen; die üblicherweise als Geldzahlung zu erbringende Gegenleistung wird nicht an deren Gesellschafter, sondern an die fortbestehende Gesellschaft erbracht. Nach einem *merger* wird das übertragene Unternehmen in der Regel fortgesetzt und deren Gesellschafter sind über ihre Anteile an der Erwerberin weiter an dem Unternehmen beteiligt. Bei einem *sale of assets* löst die Verkäufergesellschaft sich normalerweise nach Durchführung des Verkaufes auf und die Gesellschafter beenden ihre Beteiligung an dem Unternehmen.[162] Ein Barverkauf verändert die Beziehungen der Gesellschafter zu ihrer Gesellschaft nicht und löst deshalb normalerweise nicht dieselben Rechtsfolgen wie ein *merger* aus.[163] Wird jedoch ein Teil des Kaufpreises in Gesellschaftsanteilen der Käuferin gezahlt und gelangen diese Anteile nach Auflö-

---

160 Vgl. Applestein v. United Board & Carton Corp., 159 A.2d 146, 151: „*In a consolidation, the two corporations unite and both go out of existence, and a new amalgamated corporate enterprise takes the place of the former corporations.*"

161 Vgl. Marks v. Autocar Company, 153 F.Supp. 768, 770: „*[E]very merger has in it the elements of a transfer for consideration.*"

162 Erläuternd hierzu Sterling v. Mayflower Hotel Corp., 93 A.2d 107, 112 (Del. 1952): „*A merger may be said to „involve" a sale of assets, in the sense that the title to the assets is by operation of law transferred from the constituent corporation to the surviving corporation; but it is not the same thing. ... A merger ordinarily contemplates the continuance of the enterprise and of the stockholders' investment therein, though in altered form; a sale of all assets ... ordinarily contemplates the liquidation of the enterprise.*"

163 Vgl. z.B. Dayton v. Peck, Stow & Wilcox Co., 739 F.2d 690, 693 (1st Cir. 1984).

sung der Verkäuferin an deren Gesellschafter, stellt sich die Frage, ob das wirtschaftliche Ergebnis nicht so sehr einem *merger* entspricht, dass die entsprechende Anwendung der Rechtsfolgen eines *merger* geboten ist.

3. Entstehung der De Facto Merger Doctrine

Nach der *de facto merger doctrine* kann eine Unternehmensübertragung, obwohl der Form nach ein *sale of assets*, als *merger* behandelt werden.[164] Bei der Entscheidung, ob die Rechtsfolgen eines *sale of assets* oder eines *merger* anzuwenden sind, kommt es neben den vertraglichen Vereinbarungen maßgeblich auf die Konsequenzen und Zwecke der Transaktion an.[165] Die *de facto merger doctrine* ist ein richterrechtlich entwickeltes Institut, das offensichtliche Ungerechtigkeiten verhindern soll, die daraus resultieren, dass ein *merger* formell als *asset sale* durchgeführt werden kann. Sie kommt insbesondere dann in Betracht, wenn ein Teil des Kaufpreises in Gesellschaftsanteilen der Käuferin gezahlt wird, die Verkäuferin sich unmittelbar nach dem Verkauf ihrer Vermögensgegenstände auflöst und die Gesellschafter der Verkäuferin somit Gesellschafter der Käuferin werden.

a) Schutz der Gesellschafterrechte

Die *de facto merger* Theorie wurde ursprünglich entwickelt, um eine Umgehung der gesetzlichen *merger*-Regelungen zu verhindern und die Rechte der Minderheitsgesellschafter zu schützen. *Merger* und *sale of assets* erfordern unterschiedliche Mitwirkung der Gesellschafter und gewähren Gesellschaftern unterschiedliche Rechte.

(aa) Gesellschafterrechte beim Sale of Assets

Die gesellschaftsrechtlichen Gesetze der Einzelstaaten regeln die Voraussetzungen für den Verkauf sämtlicher oder nahezu sämtlicher Vermögensgegenstände einer Gesellschaft. Hierfür ist die Zustimmung der Gesellschafter der Verkäuferin erforderlich, jedoch nicht die der Gesellschafter der Käuferin.[166] Zweck

---

164 Ausführlich zur *de facto merger* Fallgruppe, *Winthrop*, 6 Sec. Reg. L.J. 195, 199-212.

165 Vgl. Farris v. Glenn Alden Corp., 143 A.2d 25, 28 (Penn. 1958): „*[T]o determine properly the nature of a corporate transaction, we must refer not only to all the provisions of the agreement , but also to the consequences of the transaction and to the purposes of the provisions of the corporation law said to be applicable.*"

166 Vgl. z.B.: Cal Corp. Code § 1001(a)(2); NY Bus Corp. L § 909(a)(3).

dieser Mitbestimmungsrechte ist es, die Gesellschafter vor grundlegenden Veränderungen des Gesellschaftsvermögens zu schützen, die in der Regel die Zwecke der Gesellschaft gefährden.[167]

Grundsätzlich gibt es zwei verschiedene Regelungsmodelle: Einige Staaten verlangen die Zustimmung der Gesellschafter für jeden Fall der Veräußerung sämtlicher Vermögensgegenstände.[168] Andere Staaten unterscheiden danach, ob der Verkauf sämtlicher Vermögensgegenstände im gewöhnlichen Geschäftsverlauf der Gesellschaft stattfindet und erfordern in diesem Fall keine Zustimmung der Gesellschafter.[169] Der Verkauf außerhalb des gewöhnlichen Geschäftsverlaufs hingegen benötigt die Zustimmung der Gesellschafter, da er regelmäßig die Beendigung einer langfristigen Investition der Gesellschafter bedeutet und deren Interessen somit besonders stark betroffen sind. Der *Model Business Corporation Act* regelt das Verfahren für den Verkauf sämtlicher Vermögensgegenstände außerhalb des gewöhnlichen Geschäftsverlaufs in § 12.02, wonach die Zustimmung der Mehrheit der stimmberechtigten Gesellschafter auf Empfehlung des Vorstands erforderlich ist.[170]

(bb) Gesellschafterrechte beim Merger

Im Gegensatz zum *sale of assets* setzt ein *merger* die Zustimmung der Mehrheit der stimmberechtigten Gesellschafter beider Gesellschaften voraus, also auch der Käuferin.[171] Aus dem Mitbestimmungsrecht der Gesellschafter der Unternehmenskäuferin folgt, dass diejenigen Gesellschafter, die ihre Zustimmung verweigert haben, unter Zahlung einer angemessenen Barabfindung aus der Gesellschaft ausscheiden können.[172] Um diese Rechtsfolge zu vermeiden, kann eine Käufergesellschaft versuchen, die Transaktion als *sale of assets* und nicht als

---

[167] Siehe hierzu *Fletcher*, § 2949.2: „*The purpose of the consent statutes is to protect shareholders from fundamental change, or more specifically to protect the shareholder from the destruction of the means to accomplish the purposes or objects for which the corporation was incorporated and actually performs.*"

[168] Vgl. z.B. Del. Code Ann. Title 8, § 271 (a); Mass. Gen. Laws Ann. Ch. 32, § 75.

[169] Vgl. z.B. Model Bus. Corp. Act § 12.01.; N.Y. Bus. Corp. L. § 99(a); Ohio Rev. Code Ann. § 1701.76(A).

[170] Vgl. Model Bus. Corp. Act § 12.02.(a).

[171] Vgl. Model Bus. Corp. Act § 11.03.

[172] Vgl. Model Bus. Corp. Act § 13.02.

merger zu strukturieren.[173] Die *de facto merger doctrine* soll eine derartige Umgehung der Gesellschafterrechte verhindern, indem sie unter gewissen Voraussetzungen den Verkauf der Vermögensgegenstände einer Gesellschaft an eine andere wie eine Verschmelzung dieser beiden Gesellschaften behandelt.[174]

b) Schutz der Gläubiger

Merger und *sale of assets* haben auch unterschiedliche Auswirkungen auf die Rechte der Gläubiger. Die Käuferin von Vermögensgegenständen haftet grundsätzlich nicht für die Verbindlichkeiten der Verkäuferin.[175] Im Rahmen eines *merger* übernimmt die Erwerberin des Unternehmens hingegen auch die Verbindlichkeiten der übernommenen Gesellschaft. Um zu verhindern, dass Manipulationen der Form des Unternehmenskaufes die Rechte der Gläubiger unangemessen beeinträchtigen, wendet die Rechtsprechung auch im Verhältnis zu den Gläubigern die *de facto merger doctrine* an, wenn das Wesen der Transaktion einem *merger* entspricht.[176]

4. Voraussetzungen der De Facto Merger Doctrine

Unter Anwendung der *de facto merger doctrine* haftet die Unternehmenskäuferin für Verbindlichkeiten der Verkäuferin bei gleichzeitigem Vorliegen der folgenden vier Bedingungen:[177]

---

[173] Hierzu *Henn/Alexander*, Laws of Corporations, S. 963-965.

[174] Grundlegend hierzu Farris v. Glenn Alden Corp., 143 A.2d 25, 28 (Penn. 1958); Applestein v. United Board & Carton Corp., 159 A.2d 146, 152, (N.J. Super. Ct. Law Div. 1970): „*If consolidation or merger is permitted through a pretended sale of assets or dissolution, minority stockholders may be frozen out of their legal rights of appraisal. If the court is obliged to consider only the device employed, or the mere form of the transaction, a corporate merger in fact can be achieved without any compliance with the statutory requirements for a valid merger, and without any regard for the statutory rights of dissenting shareholders.*"

[175] Siehe oben § 3I.

[176] Vgl. Wilson v. Fare Well Corp., 356 A.2d 458, 464-66 (N.J. Super. Ct. Law. Div. 1976): „*[T]o permit complete evasion of liability by 'shuffling papers and manipulating corporate entities' goes against basic public policy.*" Kritisch hierzu *Gilson/Black*, The Law and Finance of Corporate Acquisitions, S. 1508, die darauf hinweisen, dass die Überlegungen zum Schutze der Gesellschafter nicht ohne weiteres auf die Gläubiger übertragbar sind.

[177] Vgl. grundlegend hierzu Applestein v. United Board & Carton Corp., 159 A.2d 146. Im Hinblick auf die Haftung der *successor corporation* siehe Shannon v. Samuel Langston Co., 379 F.Supp. 797, 801(W.D. Mich. 1974): „*(1) There is a continuation of the enterprise of*

- Unternehmenskontinuität: Das Unternehmen der Verkäuferin wird von der Käuferin in gleicher Weise wie bisher unter Beibehaltung der Geschäftsleitung, der Angestellten, des Geschäftsfeldes, der Firma der Betriebsstätte und der Betriebsmittel fortgeführt.
- Die Unternehmensverkäuferin stellt ihre Geschäftstätigkeit ein, wird liquidiert und löst sich so schnell wie rechtlich und praktisch möglich auf. Die Unternehmenskäuferin haftet nicht nach der *de facto merger* Ausnahme, wenn die Verkäuferin nach dem Verkauf des Unternehmens weiterhin besteht und genügend Vermögen zur Befriedigung der Ansprüche ihrer Gläubiger hat. Das rein formelle Fortbestehen der Verkäuferin als eine leere Hülle reicht jedoch nicht aus, um die Annahme eines *de facto merger* auszuschließen.[178]
- Die Unternehmenskäuferin übernimmt diejenigen Verbindlichkeiten der Verkäuferin, die zur ununterbrochenen Fortsetzung des Geschäfts der Verkäuferin notwendig sind.
- Kontinuität der Gesellschafter: Die Käuferin zahlt für das erworbene Unternehmen mit eigenen Gesellschaftsanteilen, die schließlich in die Hände der Gesellschafter der Verkäuferin gelangen, so dass diese Gesellschafter der Käuferin werden. Das wichtigste Merkmal eines *de facto merger* ist die Bezahlung der erworbenen Vermögensgegenstände mit Gesellschaftsanteilen der Käufergesellschaft.[179] Hierdurch entsteht die Kontinuität der Eigentümer der Gesellschaft. Wird das Unternehmen für Bargeld verkauft, ändert

---

the seller corporation, so that there is a continuity of management, personnel, physical location, assets, and general business operations. (2) There is a continuity of shareholders which results from the purchasing corporation paying for the acquired assets with shares of its own stock, this stock ultimately coming to be held by the shareholders of the seller corporation so that they become a constituent part of the purchasing corporation. (3) The seller corporation ceases its ordinary business operations, liquidates and dissolves as soon as legally and practically possible. (4) The purchasing corporation assumes those liabilities and obligations of the seller ordinarily necessary for the uninterrupted continuation of normal business operations of the seller corporation."

178 Vgl. Knapp v. North American Rockwell Corp., 506 F.2d 361 (3d Cir.), cert. den. 421 U.S. 965.

179 Vgl. aus der Rechtsprechung Blizzard v. National R.R. Passenger Corp., 831 F.Supp. 544, 547 (E.D. Va. 1993). Siehe hierzu auch Yamin, 7 Harv. J.L. & Pub. Pol'y 185, 231: „*The essential characteristic of a de facto merger is the succession of the selling corporation's stockholders to stockholder status in the purchasing corporation.*"

sich die Beziehung der Gesellschafter von Käuferin und Verkäuferin zu ihren jeweiligen Gesellschaften nicht und die beiden Gesellschaften bleiben hinsichtlich ihrer Gesellschafter voneinander getrennt.[180] Im Falle eines Barverkaufes ist die Haftung der Unternehmenskäuferin nach der *de facto merger* Theorie daher ausgeschlossen.[181]

Unklar ist hingegen, wieviel Prozent des Kaufpreises in Gesellschaftsanteilen gezahlt werden muss, damit Kontinuität der Gesellschafter besteht, wenn der Kaufpreis teilweise aus Bargeld und teilweise aus Gesellschaftsanteilen der Käuferin besteht. Reicht bereits die Barzahlung eines geringen Teils des Kaufpreises aus, um die Annahme eines *de facto merger* auszuschließen, ergeben sich Manipulationsgefahren.[182] Die Rechtsprechung ist daher dazu übergegangen, auch dann von Gesellschafterkontinuität auszugehen, wenn nicht der gesamte, sondern nur ein erheblicher Teil des Kaufpreises aus Gesellschaftsanteilen der Käuferin besteht. Aufgrund der Schwierigkeit vorherzusagen, welchen Anteil Gerichte für erheblich halten werden, ist die *de facto merger doctrine* mit gewissen Unsicherheiten behaftet.[183] Die hierzu ergangenen Entscheidungen geben nur bedingt Orientierung.

In einem Fall, in dem die Hälfte des Kaufpreises in Gesellschaftsanteilen der Käuferin bestand, wurde die *de facto merger*-Ausnahme angewandt.[184] Hingegen war in *McKee v. Harris-Seybold Co., Div. of Harris Intertype Corp.* die Bezahlung in Form von 5.500 Anteilen an der Käuferin und $2.000.000 in bar nicht ausreichend, um Kontinuität der Gesellschafter anzunehmen, da der Wert der übertragenen Gesellschaftsanteile nur einen zu

---

180 Vgl. Applestein v. United Board & Carton Corp., 159 A.2d 146.

181 In Diaz v. South Bend Lathe, 707 F.Supp 97 (E.D.N.Y. 1989) stützt das Gericht die Haftung der Unternehmenskäuferin auf die *de facto merger* Ausnahme, obwohl die Gegenleistung in Bargeld und nicht in Gesellschaftsanteilen der Käuferin geleistet worden war. Die Begründung in Diaz wird jedoch einhellig als fehlerhaft bezeichnet. Der Sache nach beruht die Haftung in Diaz auf der *continuity of enterprise exception*. Siehe hierzu National Gypsum Co. v. Continental Brands Corp., 895 F.Supp 328 (D. Mass. 1995).

182 Siehe hierzu *J. Phillips*, 58 N.Y.U. L. Rev. 906, 913.

183 So auch *J. Phillips*, 58 N.Y.U. L. Rev. 906, 913 n.25.

184 Siehe Wilson v. Fare Well Corp., 356 A.2d 458 (N.J. Super. Ct. Law. Div. 1976).

vernachlässigenden Teil des gesamten Kaufpreises ausmachte.[185] Obwohl ein genauer Grenzwert nicht bestimmbar ist, lässt sich doch feststellen, dass die Haftung der Käuferin nach der *de facto merger doctrine* ausscheidet, wenn der überwiegende Teil des Kaufpreises, d.h. mehr als die Hälfte, in bar gezahlt wird.

Die Kontinuität der Gesellschafter hängt nicht nur davon ab, wieviel Prozent des Kaufpreises in Anteilen der Käuferin gezahlt worden sind, sondern auch davon, wie hoch nach Durchführung des Geschäfts die Beteiligung der Gesellschafter der Verkäuferin an der Käuferin ist. Das Gericht in *V.C. Video, Inc. v. National Video, Inc.* begründete die Ablehnung der *de facto merger exception* daher ebenfalls mit der fehlenden Gesellschafterkontinuität.[186] Die Käuferin hatte insgesamt 1.918.420 Stammaktien. Neben der Übertragung von 60 Franchise Lizenzen bestand der Kaufpreis aus 155.000 Stammaktien der Käuferin, die jedoch zu keinem Zeitpunkt an die Gesellschafter der Verkäuferin verteilt wurden. Inwieweit die unterbliebene Verteilung der Aktien der Käuferin an die Gesellschafter der Verkäuferin das Ergebnis des Gerichtes beeinflusst hat, geht aus der Entscheidung nicht hervor. Das Urteil zeigt jedoch, dass die Rechtsprechung nicht nur auf die Zusammensetzung des Kaufpreises achtet, sondern auch die Anzahl der übertragenen Anteile der Käuferin im Verhältnis zur Gesamtzahl der ausstehenden Anteile berücksichtigt. Führen die als Kaufpreis übertragenen Aktien der Käuferin nur zu einem geringen Gesamtanteil der Gesellschafter der Verkäuferin an der Käuferin, so ist die Identität zwischen den Gesellschaftern für die Annahme eines *de facto merger* zu gering. Auch in diesem Zusammenhang nennt die Rechtsprechung jedoch keine genauen Anhaltspunkte dafür, wie hoch der Anteil der Gesellschafter der Verkäuferin an der Käuferin sein muss, um einen Fall des *de facto merger* annehmen zu können.

---

185 McKee v. Harris-Seybold Co., Div. of Harris Intertype Corp., 264 A.2d 98, 103 (N.J. Super. Ct. Law Div. 1970): „*The shares paid as consideration amounted, in fact, to only a negligible part of the total purchase price. Since the overwhelming portion of the consideration was cash, there was little, if any, continuity of stockholder interest in the purchasing corporation.*"

186 755 F.Supp. 962, 969 (D. Kan. 1990).

Grundsätzlich muss der Kaufpreis in Anteilen der Käuferin gezahlt werden, um Kontinuität der Gesellschafter zu erreichen. In der Entscheidung *In re Acushnet River & New Bedford Harbor* stützte das Gericht die Annahme eines *de facto merger* darauf, dass der Kaufpreis in Anteilen der Muttergesellschaft gezahlt wurde.[187] Die Gesellschafter der Verkäuferin wurden Gesellschafter der Muttergesellschaft und konnten dadurch Einfluss auf die Käuferin nehmen, die eine 100 prozentige Tochtergesellschaft war. Das Gericht begründete seine Entscheidung damit, dass eine Gesellschaft anderenfalls problemlos eine eventuelle Haftung unter der *de facto merger doctrine* durch Gründung einer Tochtergesellschaft und Durchführung des Unternehmenskaufes durch die Tochter umgehen könne.[188] Umgehungsmöglichkeiten sollen jedoch gerade durch die *de facto merger exception* ausgeschlossen werden.

V. Mere Continuation

1. Rechtsgedanke der Mere Continuation Doctrine

Die *mere continuation*-Ausnahme findet Anwendung, wenn die Käufergesellschaft eine tatsächliche Fortsetzung der Verkäufergesellschaft und nicht bloß des Unternehmens der Verkäufergesellschaft ist.[189] Sie beruht auf Prinzipien des *equity*-Rechts, wonach ein Scheingeschäft keinen Einfluss auf die Rechtspflichten der Beteiligten haben soll.[190] Auch wenn formell ein Unternehmenskauf durchgeführt worden ist und nunmehr eine neue Gesellschaft Eigentümerin des Unternehmens ist, kann die Käuferin als *mere continuation* für die Verbindlichkeiten der Verkäuferin haften. Rein formelle Veränderungen sollen nicht dazu missbraucht werden, die Rechte Dritter zu beeinträchtigen.[191] Gerichte sprechen

---

187 712 F.Supp. 1010 (D.Mass. 1989).

188 712 F.Supp. 1010, 1017.

189 Vgl. Travis v. Harris, 565 F.2d 443, 447 (7th Cir. 1977).

190 Hierzu *Blumberg*, 10 Fla. J. Int'l L. 365, 371.

191 Vgl. *Blumberg*, 10 Fla. J. Int'l L. 365, 371: „*Although in form a transfer from one corporation to another has occured, the transaction is little more than a shuffling of corporate forms, lacking any fundamental change with independent significance.*“ Siehe aus der Rechtsprechung Baltimore Luggage v. Holtzman, 562 A.2d 1286, 1293 (Md. App. 1989): „*Thus, the underlying theory of the exception is that, if a corporation goes through a mere*

in diesem Zusammenhang häufig davon, dass die Käuferin lediglich ein „neuer Hut“ der Verkäuferin sei und die Verkäuferin sich durch den bloßen Wechsel ihres „Hutes“ nicht ihren Verbindlichkeiten entziehen dürfe.[192]

2. Voraussetzungen der Mere Continuation

Die *mere continuation doctrine* kommt bei gleichzeitigem Vorliegen der folgenden drei Voraussetzungen in Betracht:[193]

- Das Geschäft der Verkäuferin wird von der Käuferin unter Verwendung derselben Produktionsanlagen, Angestellten und derselben Firma fortgeführt.
- Die Verkäuferin hat sich aufgelöst.
- Gesellschafter und Management von Käuferin und Verkäuferin sind identisch. Die Kontinuität der Gesellschafter und der Geschäftsführung ist wie schon bei der *de facto merger doctrine* auch bezüglich der *mere continuation doctrine* die wichtigste Voraussetzung. Im Unterschied zur *de facto merger*-Ausnahme entsteht die Kontinuität der Gesellschafter hier jedoch nicht dadurch, dass der Kaufpreis in Gesellschaftsanteilen der Käuferin bezahlt wird, die nach Auflösung der Verkäuferin an deren Gesellschafter verteilt werden, sondern dadurch, dass die Gesellschafter der Verkäuferin eine Käufergesellschaft gründen, um den Unternehmenskauf durchzuführen. Dem lediglich formellen Wechsel der Gesellschafter wird von der Rechtsprechung als Scheingeschäft die Anerkennung versagt. Insbesondere wenn die Gesellschafter der Käuferin Familienangehörige der Gesellschafter der Verkäuferin sind, haben Gerichte eine *mere continuation* angenom-

---

change in form without a significant change in substance, it should not be allowed to escape liability.“

192 So etwa Bud Antle, Inc. v. Eastern Foods, Inc., 758 F.2d 1451, 1458 (11th Cir. 1985): „*[T]he purchasing corporation is merely a 'new hat' for the seller, with the same or similar management and ownership.*“

193 Vgl. Leannais v. Cincinnati, Inc., 565 F.2d 437, 440 (7th Cir. 1977).

men.[194] Wirtschaftlich betrachtet bleiben die Eigentümer des Unternehmens identisch.[195]

VI. Fraudulent Transfer

1. Rechtsgedanke der Fraudulent Transfer Exception

Die Erwerbergesellschaft haftet, wenn die Übertragung des Betriebsvermögens nur dem Zweck dienen soll, es dem Gläubigerzugriff zu entziehen. Diese Ausnahme von der grundsätzlichen Haftungsfreiheit des Erwerbers von Vermögensgegenständen entspricht dem Rechtsgedanken des *fraudulent conveyance law*.[196] Hauptzweck dieser Regelungen ist es, die Übertragung von Vermögensgegenständen zu verhindern, die zur Beeinträchtigung der Rechte der Gläubiger führt, indem der Übertragende keinen angemessenen Gegenwert für die übertragenen Gegenstände erhält. Unzureichende Gegenleistung und Bösgläubigkeit können ausreichen, um einen *fraudulent transfer* anzunehmen.[197]

2. Anwendungen der Fraudulent Transfer Exception

Die folgenden Beispiele aus der Rechtsprechung sollen verdeutlichen, unter welchen Umständen die *fraudulent transfer exception* zur Haftung der Nachfolgegesellschaft führen kann.

In *Blanc v. Paymaster Mining Co.* wurde eine *corporation*, die von den Geschäftsführern und Gesellschaftern einer früheren Gesellschaft zu dem Zwecke gegründet worden war, das Eigentum der früheren Gesellschaft zu halten, für

---

194 Vgl. Mac Chambers Co. v. Iowa Tae Kwon Do Academy, Inc., 412 N.W. 2d 593, 597 (Iowa 1987); L.J. Best Furniture Distribs., Inc., v. Capital Delivery Serv., Inc., 432 S.E.2d 437, 440-41 (N.C. Ct. App. 1993)

195 Vgl. *Yamin*, 7 Harv. J.L. & Pub. Pol'y 185, 226: „*[T]he mere continuation exception requires not merely that the successor continue in the same business as its predecessor, but that the legal and economic ownership be essentially the same both before and after the transaction.*"

196 *Gilson/Black*, The Law and Finance of Corporate Acquisitions, S. 1507-08, bezeichnen die *fraudulent transfer exception* daher zu Recht als „*corporate law restatements of the traditional prohibitions on fraudulent conveyances reflected in the Uniform Fraudulent Conveyance Act.*" Siehe hierzu auch *Clark*, 90 Harv. L. Rev. 505.

197 Welco Indus., Inc. V. Applied Cos., 617 N.E. 2d 1129, 1134 (Ohio 1993). Siehe ausführlich hierzu oben § 2II.

deren Verbindlichkeiten in dem Maße verantwortlich gehalten, in dem sie das Eigentum ohne Gegenleistung erhalten hatte.[198] Das Gericht sah in der Übertragung des Vermögens einen betrügerischen Plan, Gesellschafter und Gläubiger der früheren Gesellschaft zu benachteiligen. Mit der selben Begründung wurde in *Lamb v. Leroy Corp.* die Käuferin haftbar gemacht, nachdem sie den Kaufpreis nicht an die Verkäuferin, sondern unmittelbar an deren Gesellschafter gezahlt hatte.[199]

In *Wolf v. Shreveport Gas, Elec. Light & Power Co.* wurde die Übertragung des gesamten Vermögens der für eine Explosion verantwortlichen Gesellschaft auf eine neue Gesellschaft außer Kraft gesetzt. [200] Grund hierfür war, dass die Verschiebung des Vermögens allein zu dem Zweck durchgeführt worden war, die zu erwartenden Schadensersatzklagen zu umgehen. Ein derartiges Vorgehen wurde als treuwidrig beurteilt. Ähnlich argumentierte das Gericht in *Schmoll v. Acands, Inc.*:[201] Eine entsprechende betrügerische Absicht wurde allein daraus geschlossen, dass die Vorgängerin ihre Vermögenswerte auf eine Nachfolgerin übertragen hatte, um selbst die zukünftige Haftung für asbesthaltige Produkte zu vermeiden.

VII. Gemeinsamkeiten der traditionellen Fallgruppen

Die traditionellen Ausnahmen vom Grundsatz der Haftungsfreiheit beim Erwerb von Vermögensgegenständen sollen nicht dazu führen, dass eine völlig fremde und von der Verkäuferin verschiedene Käuferin mit den Verbindlichkeiten der Verkäuferin belastet werden. Sie sollen lediglich verhindern, dass die Verkäuferin sich der Verantwortung für ihre Verbindlichkeiten entzieht.[202] Trotz der Haftung der *successor corporation* soll wirtschaftlich allein die *predecessor*

---

198 30 P. 765, 767 (Cal. 1892).

199 454 P.2d 24, 27 (Nev. 1969.)

200 70 So. 789 (La. 1916).

201 703 F.Supp. 868, 872 (D.Or. 1988).

202 Vgl. *Green*, 87 Nw. U. L. Rev. 897, 916: „*The point is that none of these so called exceptions to the general rule of successor nonliability truly impose an obligation of one entity on another. Rather they simply reflect means by which the liability is transferred back to the entity incurring it, the predecessor.*"

corporation für ihre Verbindlichkeiten einstehen. Wie die jeweiligen Fallgruppen dieses Ziel erreichen, soll im folgenden kurz beschrieben werden.

1. Vertragliche Haftungsübernahme

Im Falle der vertraglichen Haftungsübernahme hat es die Käuferin in der Hand, ob und in welchem Umfang sie für Altverbindlichkeiten der Verkäuferin haftet. Übernimmt die Käuferin die Verbindlichkeiten der Verkäuferin per Vertrag, so hat sie die Möglichkeit, den Kaufpreis entsprechend zu reduzieren. Wirtschaftlich gesehen trägt die Verkäuferin in dieser Konstellation die Kosten der von ihr verursachten Verbindlichkeiten.

2. De Facto Merger Doctrine

Die *de facto merger doctrine* findet auf den Verkauf von Vermögensgegenständen Anwendung, der einem *merger* entspricht. Die einzige Beziehung zwischen Unternehmenskäuferin und -verkäuferin im Rahmen eines *asset deals* besteht in der Regel darin, dass diese beiden Rechtssubjekte einen Kaufvertrag über bestimmte Vermögensgegenstände geschlossen haben. Im Falle eines *merger* hingegen verschmelzen die beiden Gesellschaften miteinander zu einer neuen Gesellschaft. Die neue Gesellschaft haftet für die Verbindlichkeiten der alten Gesellschaften kraft Gesetz.[203] Diese Haftungsübernahme ist keine Haftung für fremde Verbindlichkeiten, sondern eine logische Konsequenz der Tatsache, dass die alten Gesellschaften in der neuen Gesellschaft aufgegangen sind. Aufgrund der zumindest teilweisen Identität der alten und der neuen Gesellschaft verbleibt die Haftung bei der ursprünglich verantwortlichen Partei.[204]

Entsprechendes gilt auch im Falle eines *de facto merger*. Das entscheidende Merkmal ist die Bezahlung des Kaufpreises mit Gesellschaftsanteilen der Käuferin. Die Gesellschafter der Verkäuferin werden Gesellschafter der Käuferin. In diesem Fall rechtfertigt also die Teilidentität von Käuferin und Verkäuferin den Übergang der Haftung. Diese Argumentation stößt jedoch an ihre Grenzen, wenn die als Kaufpreis übertragenen Gesellschaftsanteile den Gesellschaftern der Verkäuferin nur einen verschwindend geringen Anteil an der Käuferin ver-

---

[203] Vgl. Mod. Bus. Corp. Act § 11.06(a)(3).

[204] Vgl. *Green*, 72 Cornell L. Rev. 17, 22-23.

schaffen.[205] In dieser Konstellation würden die übrigen Gesellschafter der Käuferin wirtschaftlich den Großteil der Verbindlichkeiten tragen. Einige Gerichte berücksichtigen daher die Größe der Käuferin und die Anzahl der übertragenen Anteile der Verkäuferin, wenn sie über die *de facto merger exception* entscheiden.[206] Trotz dieser Einwände bleibt festzuhalten, dass die *de facto merger doctrine* ihrer Konzeption nach nicht zur Haftung einer vollkommen „fremden" Käuferin führen soll.

3. Mere Continuation Doctrine

Auch die *mere continuation doctrine* setzt voraus, dass die Gesellschafter der Käuferin und diejenigen der Verkäuferin identisch sind. Das Unternehmen wird infolge des Verkaufes lediglich formell von einer neuen Rechtsträgerin fortgeführt. Wirtschaftlich haften daher auch bei Inanspruchnahme der Käuferin diejenigen, die für die alten Verbindlichkeiten verantwortlich sind.[207]

4. Fraudulent Transfer Exception

Das wichtigste objektive Merkmal eines *fraudulent transfer* ist die Zahlung eines unangemessenen Kaufpreises für die übernommenen Werte. Die Inanspruchnahme der Käuferin für die Verbindlichkeiten der Verkäuferin gleicht den Vorteil aus, der anderenfalls durch den niedrigen Kaufpreis entstehen würde. Die Differenz zwischen einem angemessenen und einem unangemessenen Kaufpreis lässt sich als Gegenleistung der Verkäuferin an die Käuferin für deren – daher gerichtlich angeordnete – Haftungsübernahme verstehen.[208] In diesem Fall trägt die Verkäuferin die Kosten ihrer Altverbindlichkeiten, indem sie einen niedrigeren Kaufpreis erhält. Unter Berücksichtigung der successor liability is dieser niedrigere Kaufpreis auch nicht mehr unangemessen, da die Käuferin die Altschulden der Verkäuferin übernimmt.

---

205 Siehe zu diesem Problem *Green*, 87 Nw. U. L. Rev 897, 915.

206 Vgl. V.C. Video, Inc. v. National Video, Inc., 755 F.Supp. 962, 969 (D. Kan. 1990).

207 Vgl. *Green*, 72 Cornell L. Rev. 17, 23-24.

208 Vgl. *Green*, 72 Cornell L. Rev. 17, 24.

5. Fazit

Die traditionellen Fallgruppen der Nachfolgehaftung haben gemeinsam zum Ziel, die eigentlich verantwortliche Partei mit den Kosten der Haftung zu belasten. Die Käuferin eines Unternehmens soll nicht für Altverbindlichkeiten haften, die ihr vollkommen fremd sind. Vielmehr beruht ihre Haftung entweder auf einer freiwilligen Entscheidung oder auf Anzeichen, die für sprechen, dass der Unternehmenskauf im wesentlichen den Zweck der Gläubigerbenachteiligung verfolgt. Sind die Verbindlichkeiten der Verkäuferin zum Zeitpunkt des Unternehmenskaufes jedoch nicht abschließend bestimmbar, so stößt dieses gemeinsame Ziel der Nachfolgehaftung an seine Grenzen.

§ 4 Erweiterte Nachfolgehaftung im Produkthaftungsrecht

I. Besonderheiten des Produkthaftungsrechts

Im Zusammenhang mit Produkthaftungsansprüchen können sich die traditionellen Regeln der *successor liability* aus der Sicht des Geschädigten als zu eng erweisen. Gerichte, die sich aus diesem Grund für eine Erweiterung der Nachfolgehaftung aussprechen, legen ihrer Analyse die praktischen Auswirkungen eines Unternehmenskaufs auf die Geschädigten zugrunde.[209] Kern des Problems ist hierbei, dass die Lebensdauer eines Produktes länger sein kann als diejenige einer Gesellschaft. Führt ein defektes Produkt erst nach Auflösung der Herstellergesellschaft zu einem Schaden, so steht der Geschädigte vor der Frage, gegen wen er Ersatzansprüche geltend machen kann. Jede Herstellerin, die aufgelöst wird, hinterlässt die Frage, was mit den Ersatzansprüchen der erst nach Auflösung Geschädigten geschehen soll.[210]

Teile der Rechtsprechung gehen davon aus, dass diese Ersatzansprüche unter gewissen Umständen auf die Erwerberin des Vermögens der Herstellerin übergehen können.[211] Zwei Theorien sind entwickelt worden, die unter bestimmten Voraussetzungen die traditionellen Ausnahmen der *successor liability* erweitern: die *continuity of enterprise exception* und die *product line exception*. Beide Theorien stützen sich ganz wesentlich auf die Grundsätze der *strict products liability*.

Zwar sind die meisten Gerichte den Erweiterungen der Nachfolgehaftung im Produkthaftungsrecht nicht gefolgt und halten an den traditionellen Kriterien fest; die landesweite Verbreitung der meisten Konsumgüter führt jedoch dazu, dass sich aus der erweiterten Nachfolgehaftung für die Käuferin eines Unternehmens erheblich größere Risiken ergeben als es die geringe Anzahl der Bundesstaaten vermuten lässt, in denen diese Erweiterungen Anwendung finden. Darüber hinaus kann die Unternehmenskäuferin in allen Jurisdiktionen wegen

---

[209] Grundlegend hierzu Turner v. Bitumious Casualty Co., 244 N.W.2d 873 (Mich. 1976); Ray v. Alad Corp., 560 P.2d 3 (Cal. 1977).

[210] Siehe hierzu *Green*, 72 Cornell L. Rev. 17, 19.

[211] Vgl. Turner v. Bitumious Casualty Co., 244 N.W.2d 873 (Mich. 1976); Ray v. Alad Corp., 560 P.2d 3 (Cal. 1977).

der Verletzung von Warnpflichten hinsichtlich fehlerhafter Produkte der Verkäuferin für entsprechende Schäden haften.

1. Strict Products Liability

a) *Inhalt der strict products liability*

Aufgrund der Schwierigkeiten für den Kläger, in einem Produkthaftungsprozess das Verschulden des Herstellers nachzuweisen, entwickelten die US-amerikanischen Gerichte in den sechziger Jahren die Theorie der *strict products liability*, wonach der Hersteller auch ohne den Nachweis seines Verschuldens haftet.[212] Die verschuldensfreie Haftung des Herstellers für seine fehlerhaften Produkte und des Händlers für seine fehlerhaften Waren gilt heute in den meisten Staaten.[213] § 402A *Restatement* (Second) of Torts (1965) enthält eine klassische Formulierung dieses Grundsatzes:

One who sells any product in a defective condition unreasonably dangerous to the user or consumer or to his property is subject to liability for physical harm thereby caused to the ultimate user or consumer, or to his property, if (a) the seller is engaged in the business of selling such a product, and (b) it is expected to and does reach the user or consumer without substantial change in the condition in which it is sold.

The rule stated in (1) applies although (a) the seller has exercised all possible care in the preparation and sale of his product, and (b) the user or consumer has not bought the product from or entered into any contractual relation with the seller.

b) *Rechtfertigung der Strict Products Liability*

Strikte Produkthaftung soll dem Hersteller die Kosten der durch fehlerhafte Produkte verursachten Schäden auferlegen.[214] Nicht der Geschädigte, sondern

212 Grundlegend hierzu Greenman v. Yuba Power Products, Inc., 377 P.2d 897 (Cal. 1963).

213 Vgl. 63 Am. Jur. 2d Products Liability, § 517.

214 Vgl. Greenman v. Yuba Power Prod., Inc., 377 P.2d 897, 901 (Cal. 1963): „*The purpose of such liability is to insure that the costs of injuries resulting from defective products are borne by the manufacturers that put such products on the market rather than by the injured persons who are powerless to protect themselves.*“

der Hersteller soll die Kosten fehlerhafter Produkte tragen. Diese Haftung des Herstellers stützt sich auf einander ergänzende Begründungen.

(aa) Inanspruchnahme von Vertrauen

Die Verbraucher sind bei modernen Massenprodukten häufig nicht mehr in der Lage zu erkennen, ob ein Produkt fehlerhaft ist oder nicht. Sie verlassen sich daher zwangsläufig auf die überlegene Kenntnis des Herstellers. Der Hersteller gewährleistet die Sicherheit eines Produktes schon dadurch, dass er es auf den Markt bringt.[215] Indem er sein Produkt auf den Markt bringt, übernimmt der Hersteller automatisch die Verantwortung, wenn Verbraucher aufgrund eines Fehlers des Produktes verletzt werden.[216] Die Verbraucher verlassen sich auf die Fehlerfreiheit des Produktes. Führt ein fehlerhaftes Produkt zu einem Schaden, haftet der Hersteller für diese Inanspruchnahme des Vertrauens der Verbraucher.

(bb) Verbesserung der Produktsicherheit

Der Hersteller soll durch strenge Haftung dazu veranlasst werden, die Sicherheit seiner Produkte zu verbessern.[217] Die verschuldensfreie Haftung für fehlerhafte Produkte soll von der Herstellung unsicherer Produkte abschrecken. Muss der Hersteller damit rechnen, für die durch seine fehlerhaften Produkte verursachten Schäden unabhängig von seinem Verschulden zu haften, so wird er sich verstärkt darum bemühen, keine fehlerhaften Produkte auf den Markt zu bringen.

---

215 Vgl. Restatement (Second) of Torts § 402A cmt. c. Siehe aus der Rechtsprechung z.B. Cyr v. B. Offen & Co., Inc., 501 F.2d 1145, 1154 (1st Cir. 1974): „*[I]t is the manufacturer which has violated the representation of safety implicit in putting the product into the stream of commerce.*“

216 Ausführlich zu dieser Begründung *Shapo*, 60 Va. L. Rev. 1113 (1974). Siehe auch *Shapo*, The Law of Products Liability, § 7.05[1]; *Connolly*, 38 Syracuse L. Rev. 1293; *Schuhalter*, 10 Hofstra L. Rev. 834.

217 Siehe hierzu z.B. Cyr v. B. Offen & Co., Inc., 501 F.2d 1145, 1154: „*[T]he manufacturer is the instrumentality to look to for improvement of the product's quality.*“ Ähnlich auch Hoven v. Kelbe, 256 N.W.2d 379, 391 (Wis. 1977): „*Strict Liability is an effective deterrent; it deters the creation of unnecessary risks, or to put it positively, strict liability is an incentive to safety.*“

(cc) Minimierung der Unfallkosten

Ein wichtiges Ziel des Deliktsrechts ist es, die „Summe der Unfallkosten und der Unfallvermeidekosten“[218] zu minimieren. Daher soll grundsätzlich derjenige haften, der am besten in der Lage ist, die Kosten-Nutzen-Analyse zwischen Unfallkosten und Unfallvermeidekosten durchzuführen und sein Verhalten entsprechend auszurichten.[219] Der Hersteller kann das von fehlerhaften Produkten ausgehende Risiko am kostengünstigsten vermeiden.[220] Bei verschuldensfreier Haftung für seine fehlerhaften Produkte wird der Hersteller alle kosteneffektiven Produktverbesserungen umsetzen. Kosteneffektivität besteht, solange der Hersteller durch Reduzierung der Unfälle und damit seiner Haftungsverbindlichkeiten mehr einspart als er für die Verbesserung der Produktsicherheit ausgibt.[221] Die verschuldensfreie Produkthaftung führt damit zur Minimierung der Summe der Unfall- und der Unfallvermeidekosten.

(dd) Risikoverteilung

Der Hersteller ist in der Lage, den Umfang seiner Produkthaftung abzuschätzen, sich hiergegen zu versichern und die Kosten hierfür auf den Preis seiner Produkte umzulegen.[222] Entscheidend ist, dass durch die Risikoverteilung die Unfallkosten gefährlicher Produkte von allen Benutzern gleichmäßig getragen werden und nicht nur von dem Einzelnen, den der konkrete Schadensfall unglücklicherweise trifft.[223] Außerdem führt die Umlage der Unfallkosten dazu, dass der Preis die Kosten der mit dem Produkt verbundenen Unfälle reflektiert.

---

218 Vgl. *Calabresi*, The Cost of Accidents, S. 26 (Original in Englisch).

219 Nach *Calabresi/Hirschoff*, 81 Yale L.J. 1060 soll sich die Haftung danach richten „*which of the parties to the accident is in the best position to make the cost-benefit analysis between accident costs and accident avoidance cost and to act on that decision once it is made.*“

220 Vgl. *Calabresi*, The Cost of Accidents, S. 135

221 Vgl. *Calabresi*, The Cost of Accidents S. 73-75.

222 Ausführlich hierzu *Calabresi*, 70 Yale L.J. 517-519. Siehe aus der Rechtsprechung z.B. Henningsen v. Bloomfield Motors, 161 A.2d 69, 81 (N.J. 1960): „*[T]he burden of losses consequent upon use of defective articles is borne by those who are in a position to either control the danger or make an equitable distribution of the losses when they do occur.*“

223 Vgl. z.B. Price v. Shell Oil Co., 466 P.2d 722 (Cal. 1970): „*Essentially, the paramount policy to be promoted by the rule is the protection of otherwise defenseless victims of manufacturing defects and the spreading throughout society of the cost of compensating them.*“

Gefährliche Produkte werden teurer. Der Absatz dieser Produkte geht zurück, was auch zu einer Reduzierung der hiermit verbundenen Unfälle führt.[224]

(ee) Kompensation

Die Entwicklung verschiedener Handelsstufen und komplizierter Produktionsprozesse macht es dem Verbraucher schwer, dem Hersteller Verschulden nachzuweisen. Die *strict liability* erleichtert es dem Geschädigten, Ersatzansprüche durchzusetzen.[225] Die Kompensation des Geschädigten ist insbesondere deshalb geboten, weil der Schadensfall für den Einzelnen ein überwältigender Unglücksfall sein kann, für den Hersteller jedoch nur ein Kostenposten ist, der auf die Allgemeinheit umgelegt werden kann.[226] Das Argument der Risikoverteilung verschmilzt hier mit demjenigen der Kompensation.

2. Schutzlücke bei Auflösung der Herstellergesellschaft

Nach Verkauf eines Unternehmens kommt es häufig zur Auflösung der Verkäuferin. Die Gläubiger der Gesellschaft sollen durch diese Auflösung ihrer Schuldnerin keine Nachteile erleiden. Die gesellschaftsrechtlichen Gesetze der einzelnen Bundesstaaten enthalten daher für den Fall der Auflösung einer Gesellschaft Vorschriften, die dem Schutz der Gläubiger dienen sollen. Fraglich ist jedoch, ob diese Gläubigerschutzregelungen auch die Inhaber von Produkthaftungsansprüchen ausreichend berücksichtigen, deren Ansprüche erst nach Auflösung der Herstellerin entstehen.

a) Schutz vertraglicher Ansprüche

Vertragliche Gläubiger, für deren Ansprüche die traditionellen Ausnahmen der Nachfolgehaftung ursprünglich entwickelt worden sind, haben die Möglichkeit, ihre Ansprüche durch dingliche Sicherungsmittel zu schützen. Weiteren Schutz genießen sie dadurch, dass eine Gesellschaft sich nur dann auflösen kann, wenn sie ihre Verbindlichkeiten beglichen hat.[227] *Model Bus. Corp. Act* § 14.06.

---

[224] Vgl. *Calabresi*, The Cost of Accidents, S. 68-75 (1970).

[225] Vgl. z.B. Daly v. General Motors Corp., 575 P.2d 1162, 1168 (Cal. 1978): „*We imposed strict liability against the manufacturers and in favor of the user or consumer in order to relieve injured consumers 'from problems of proof inherent in pursuing negligence ... and warranty ... remedies ....*'"

[226] Vgl. Seely v. White Motors Co., 403 P.2d 145, 151 (Cal. 1965).

[227] Vgl. Model Bus. Corp. Act § 14.01 (4) (1984).

(1984) regelt die Abwicklung von Ansprüchen, die der Gesellschaft bekannt sind. Die bekannten Gläubiger müssen von der aufzulösenden Gesellschaft schriftlich dazu aufgefordert werden, ihre Ansprüche bis zu einem Stichtag bei der Gesellschaft anzumelden. Dieser Stichtag darf frühestens 120 Tage nach Empfang des Aufforderungsschreibens durch die Gläubiger liegen. Versäumt ein Gläubiger die rechtzeitige Anmeldung seines Anspruches, kann er ihn später nicht mehr durchsetzen. Dies gilt auch dann, wenn die Gesellschaft den angemeldeten Anspruch des Gläubigers zurückweist und der Gläubiger nicht innerhalb von 90 Tagen nach Zurückweisung Klage erhebt. Eventualverbindlichkeiten und Ansprüche, die auf einem Ereignis nach Auflösung der Gesellschaft beruhen, können von den Bestimmungen des *Model Bus. Corp. Act* §14.06. (1984) naturgemäß nicht erfasst werden und sind seinem Anwendungsbereich ausdrücklich entzogen.[228]

b) Schutz von Produkthaftungsansprüchen

Anders als bei vertraglichen Ansprüchen besteht bei Produkthaftungsansprüchen die Gefahr, dass sie dem Gläubiger zum Zeitpunkt der Auflösung der Herstellerin noch nicht bekannt sind. Ein fehlerhaftes Produkt kann erst lange Zeit nachdem der Hersteller es auf den Markt gebracht hat zu einem Schaden führen. Erst mit Schadenseintritt entsteht auch der Ersatzanspruch des Geschädigten.[229] Der Produkthaftungsanspruch ist zwar schon mit der Inverkehrgabe des fehlerhaften Produktes angelegt, das Ob und Wie eines Schadens sind jedoch oft erst viel später bestimmbar. Da der Geschädigte bis zum Schadenseintritt nichts von seinem Anspruch weiß, kann er vorher auch keine Maßnahmen zu dessen Schutz ergreifen. Es ist daher möglich, dass der Hersteller des fehlerhaften Produktes sich vor Eintritt des Schadens auflöst und damit der Anspruchsgegner des Geschädigten wegfällt.[230] In dieser Situation stellt sich die

---

228 Vgl. Model Bus. Corp. Act § 14.06.(d) (1984): „*For purposes of this section, 'claim' does not include a contingent liability of a claim based on an event occurring after the effective date of dissolution.*"

229 Hierzu z.B. *Sarlitto*, 87 Colum. L. Rev. 1050-51 n.17; *Nuhn*, 13 Pac. L.J. 1227.

230 Diese Konstellation liegt den meisten Entscheidungen zur erweiterten Nachfolgehaftung zugrunde. Auch das Restatement (Third) of Torts: Products Liability § 12 cmt. a (Proposed Final Draft 1997) erkennt die Bedrohung die von der Auflösung der Herstellergesellschaft ausgehen kann: „*When the transferor goes out of business at or shortly after a transfer of productive assets, the rights of plaintiffs injured by defective products sold earlier by the transferor may be adversely affected.*"

Frage, ob auch nach Auflösung einer Gesellschaft Ansprüche gegen die Gesellschaft oder ihre Gesellschafter geltend gemacht werden können, oder ob dem Geschädigten durch eine Erweiterung der Nachfolgehaftung zu helfen ist.[231]

(aa) Common Law

Nach traditionellem *common law* kann eine Gesellschaft nach Auflösung weder Beklagte noch Klägerin sein.[232] Mit ihrer Auflösung war die Gesellschaft rechtlich nicht mehr existent. Unter den Voraussetzungen der *trust fund theory* konnten die Gläubiger einer aufgelösten Gesellschaft jedoch Befriedigung ihrer Ansprüche von den Gesellschaftern verlangen.[233] Nach dieser von der *equity*-Rechtsprechung entwickelten Lehre haften die Gesellschafter mit den Vermögensgegenständen, die sie bei Auflösung der Gesellschaft erhalten haben.[234] Es ist unklar, inwieweit die *trust fund theory* anwendbar bleibt, nachdem die Auflösung einer Gesellschaft und deren Rechtsfolgen gesetzliche Regelungen gefunden haben.[235] Soweit ersichtlich, existiert keine Entscheidung, welche die Haf-

---

[231] Der Zusammenhang zwischen den Regelungen zur Abwicklung einer Gesellschaft und der erweiterten Nachfolgehaftung wird auch in der Rechtsprechung erkannt. Siehe etwa In re Rego Co., 623 A.2d 92, 96 (Del. Ch. 1992): „*If, in the context of corporate dissolution, the corporate law does not treat these possible contingencies responsibly, it can be expected that other legal doctrines, such as successor liability, will be stretched and shaped to address them.*" Ausführlich zu diesem Zusammenhang *Green*, 72 Cornell L. Rev. 18. Siehe auch *Nuhn*, 13 Pac: L.J. 1227.

[232] Vgl. Oklahoma Gas Co. v. Oklahoma, 273 U.S. 257, 259 (1927): „*It is well settled that at common law and in the federal jurisdiction a corporation which has been dissolved is as if it did not exist, and the result of the dissolution can not be distinguished from the death of a natural person in its effect. It follows therefore, that as the death of the natural person abates all pending litigation to which such a person is a party, dissolution of a corporation at common law abates all litigation in which the corporation is appearing either as plaintiff or defendant.*" Siehe hierzu auch *Aylward/Aylward*, 13 Stetson L. Rev. 583; *Wallach*, 41 Mo. L. Rev. 323.

[233] Grundlegend hierzu Wood v. Drummer, 30 F. Cas. 435 (No. 17,944) (C.C.D. Me. 1824). Einen guten Überblick über die Entwicklung der *trust fund theory* bietet *Norton*, 30 Bus. Law. 1061.

[234] Vgl. Koch v. United States, 138 F.2d 850, 852 (10th Cir. 1943): „*Where the assets of a dissolved corporation have been distributed among the stockholders, a creditor of the dissolved corporation may follow such assets as in the nature of a trust fund into the hands of stockholders. The creditors have the right to subject such assets to their debts and for that purpose the stockholders hold them as though they were trustees.*"

[235] Siehe hierzu *Friedlander/Lannie*, 31 Vand. L. Rev. 1363, 1366-69; *Henn/Alexander*, 56 Cornell L. Rev. 894-96; *Wallach*, 41 Mo. L. Rev. 327, 335; *Green*, 87 Nw. U. L. Rev. 906

tung von Gesellschaftern für fehlerhafte Produkte unter Anwendung der *trust fund theory* diskutiert. Einer der Gründe hierfür liegt in den praktischen Schwierigkeiten, viele Jahre nach Auflösung einer Gesellschaft die ehemaligen Gesellschafter ausfindig zu machen und festzustellen, wieviel sie bei Auflösung der Gesellschaft erhalten haben.[236]

(bb) Statutory Law

Mittlerweile lassen gesetzliche Regelungen auch Klagen gegen eine aufgelöste Gesellschaft in gewissem Umfang zu. *Model Bus. Corp. Act* § 105 (1979) gewährte Gläubigern, deren Ansprüche vor Auflösung der Gesellschaft entstanden sind, eine Frist von 2 Jahren, innerhalb derer sie gegen die aufgelöste Gesellschaft klagen konnten. Den Inhabern von Ansprüchen, welche sich erst nach Auflösung der Gesellschaft vollendeten, war mit dieser Regelung nicht geholfen.

Um insbesondere die Geltendmachung von Produkthaftungsansprüchen zu erleichtern, löst sich *Model Bus. Corp. Act* § 14.07 (1984) von der Unterscheidung in Ansprüche, die vor und die nach Auflösung der Gesellschaft entstanden sind, und lässt sämtliche Ansprüche gegen eine aufgelöste Gesellschaft zu, die innerhalb von 5 Jahren gerichtlich geltend gemacht werden.[237] Diese Ansprüche kön-

---

n.50. Die meisten gerichtlichen Entscheidungen der letzten Jahre gehen davon aus, dass die *trust fund doctrine* mit Verabschiedung der gesetzlichen Regelungen zur Auflösung von Gesellschaften nicht mehr anwendbar ist. Siehe hierzu z.B. Smith v. Halliburton Co., 879 P.2d 1198, 1207 (N.M. App. 1994): „*[T]he adoption of corporate dissolution statutes has supplanted the equitable trust theory in most jurisdictions.*"

236 Eine kritische Analyse dieser Probleme bietet *Green*, 72 Cornell L. Rev. 17, 49: „*The trust fund theory, however, provides little practical relief to the long tail products claimant. In all but the most closely held corporations, the difficulties and expense of identifying shareholders and prosecuting multiple suits against them present insuperable barriers to utilizing this remedy.*"

237 Vgl. Model Bus. Corp. Act § 14.07 (c): „*If the dissolved corporation publishes a newspaper notice in accordance with subsection (b), the claim of each of the following claimants is barred unless the claimant commences a proceeding to enforce the claim against the dissolved corporation within five years after the publication date of the newspaper notice: ... (3) a claimant whose claim is contingent or based on an event occurring after the effective dare of dissolution.*"

Siehe zur Begründung dieser Neuregelung Model Bus. Corp. Act § 14.07 official comment: „*Earlier versions of the Model Act did not recognize the serious problem created by possible claims that might arise long after the dissolution process was completed and the corporate assets distributed to shareholders Most of these claims were based on personal injuries oc-*

nen gegen die aufgelöste Gesellschaft vollstreckt werden, soweit das Gesellschaftsvermögen noch nicht verteilt worden ist. Ansonsten haften die Gesellschafter in Höhe des empfangenen Vermögens.

Die Frist wurde auf fünf Jahre festgesetzt, um das Kompensationsinteresse der Geschädigten und das Interesse der Gesellschafter, das Gesellschaftsvermögen nach einer gewissen Zeit frei von Belastungen verteilen und nutzen zu können, in Einklang zu bringen. Die Redakteure des *Model Business Corporation Act* gingen davon aus, dass sich die meisten Ansprüche innerhalb von fünf Jahren erledigt hätten.[238] Da fehlerhafte Produkte auch nach Ablauf der fünfjährigen Frist Schäden verursachen können, kann das Problem bestehen bleiben, dass dem Geschädigten der Anspruchsgegner fehlt.[239]

c) Ergebnis

Der Schutz zukünftiger Produkthaftungsansprüche durch die gesellschaftsrechtlichen Gläubigerschutzbestimmungen ist nicht lückenlos. Ein erst nach Auflösung der Herstellerin Geschädigter darf nicht anders behandelt werden als die übrigen Gläubiger.[240] *Michael Green* weist darauf hin, dass die Inhaber von Produkthaftungsansprüchen in besonderer Weise schutzbedürftig sind, da sie anders als vertragliche Gläubiger nicht freiwillig zu Gläubigern der Herstellerin geworden sind und folglich auch keine Möglichkeit hatten, Sicherungsvereinbarungen mit ihrer Schuldnerin auszuhandeln.[241] Für die Schlechterstellung von Produkthaftungsansprüchen, die sich erst nach Auflösung der Herstellerin vollenden, besteht keine Rechtfertigung. Die Erweiterungen der Nachfolgehaftung im Produkthaftungsrecht versuchen deshalb der Schutzbedürftigkeit der verzögerten Inhaber von Produkthaftungsansprüchen Rechnung zu tragen.

---

curring after dissolution but caused by allegedly defective products sold before dissolution …"

238 Vgl. Model Bus. Corp. Act § 14.07 official comment: „*It is recognized that a five year cut-off is itself arbitrary, but it is believed that the great bulk of post-dissolution claims will arise during this period.*"

239 So auch *Green*, 87 Nw. U. L. Rev. 905-06. Ebenso *Murphy*, 71 Marq. L. Rev. 815, 826.

240 Vgl. *Green*, 72 Cornell L. Rev. 17, 21.

241 Vgl. *Green*, 72 Cornell L. Rev. 24.

II. Continuity of Enterprise

Ein Ansatz zur Erweiterung der Haftung der Unternehmenskäuferin konzentriert sich auf das Prinzip der Unternehmenskontinuität. Leitentscheidung und Lehrbuchbeispiel zu dieser Theorie ist *Turner v. Bituminous Casualty Co.* Der *Supreme Court of Michigan* entwickelte 1976 in dieser Entscheidung die Voraussetzungen der *continuity of enterprise doctrine* unter denen die Käuferin eines Unternehmens für fehlerhafte Produkte der Verkäuferin haftet.

1. Turner v. Bituminous Casualty Co., 244 N.W.2d 873 (Mich. 1976)

Der Entscheidung lag folgender vereinfachter Sachverhalt zugrunde: Am 26. Juli 1969 erlitt der Kläger, Charles Turner, bei der Arbeit an einer defekten Druckpresse Verletzungen, die zur Amputation beider Hände führten. Hersteller der Druckpresse war T.W. & C.B. Sheridan Company (Sheridan), eine 1903 gegründete *corporation*. 1964 verkaufte Sheridan ihr gesamtes Vermögen, inklusive Firma und Goodwill, für $ 6,38 Millionen an die Harris Intertype Corporation (Harris) und löste sich nach Verteilung des Kaufpreises an ihre Gesellschafter auf. Harris führte das Geschäft von Sheridan unter derselben Firma fort. Da der ursprüngliche Hersteller nicht mehr existierte, machte der Kläger Produkthaftungsansprüche gegen Harris geltend.[242]

Nach den traditionellen Regeln der *successor liability* war Harris nicht für die Verbindlichkeiten von Sheridan verantwortlich. Insbesondere die *de facto merger exception* und die *mere continuation exception* waren nicht anwendbar, da der Kaufpreis vollständig in Geld und nicht in Beteiligungen an Harris gezahlt worden war und die ehemaligen Gesellschafter von Sheridan keine Gesellschafter von Harris waren. Nach Ansicht des *Supreme Court of Michigan* waren die traditionellen Fallgruppen der *successor liability*, die entwickelt worden waren, um vertragliche Gläubiger und Minderheitsgesellschafter zu schützen, nicht geeignet, um die im Zusammenhang mit dem Produkthaftungsrecht entstehenden Probleme zu lösen.[243] Aus der Perspektive des Geschädigten mache es nämlich keinen Unterschied, ob der Hersteller aufgrund eines *merger*, eines *de facto merger* oder des Verkaufs sämtlicher Vermögensgegenstände gegen Geldzah-

[242] Siehe 244 N.W.2d at 875-876.

[243] Siehe 244 N.W.2d at 878.

lung und anschließender Auflösung nicht mehr bestehe.[244] In jedem Falle bleibe nur die Erwerbergesellschaft als geeignete Beklagte für Schadensersatzansprüche.[245]

Im Bereich der Produkthaftung bestehe daher keine Rechtfertigung für eine Unterscheidung zwischen *de facto merger* und *sale of assets*.[246] Es sei unlogisch, die Erwerberin im Falle eines *merger* oder *de facto merger* für fehlerhafte Produkte der Verkäuferin haften zu lassen, während im Falle eines „*sale of assets for cash*" keine Haftung eintrete. Die Absicht, Produkthaftungsansprüchen durch entsprechende Wahl der Transaktionsform auszuweichen, dürfe durch die Rechtsprechung nicht anerkannt werden. Zahlung des Kaufpreises mit Gesellschaftsanteilen der Erwerbergesellschaft sei nur ein Element im Rahmen der Feststellung, ob die Verbindung zwischen Verkäuferin und Käuferin stark genug sei, um die Käuferin als *successor* haften zu lassen. Die fehlende Übertragung von Gesellschaftsanteilen führe nicht zwingend zur Ablehnung der *successor liability*.[247] Das Gericht hielt es unter den folgenden vier Bedingungen für angebracht, die Erwerbergesellschaft (Harris) für die fehlerhaften Produkte der Verkäuferin (Sheridan) einstehen zu lassen:[248]

- Unternehmenskontinuität: Das Unternehmen der Verkäuferin wird in gleicher Weise unter Beibehaltung der Geschäftsleitung, der Angestellten, des Geschäftsfeldes, der Firma der Betriebsstätte und der Betriebsmittel fortgeführt.

---

244 Siehe 244 N.W.2d at 878: „*... as to the injured person, distinctions between types of corporate transfers are wholly unmeaningful.*"

245 Siehe 244 N.W.2d at 878.

246 Siehe 244 N.W.2d at 878: „*... logically and teleologically, there is no basis for treating a purchase of corporate assets different from a de facto merger. ... It would make better sense if the law had a common result and allowed liability recovery in each case.*"

247 Siehe 244 N.W.2d at 880.

248 Siehe 244 N.W.2d at 883-884: „*(1) There was basic continuity of the enterprise of the seller corporation, including, apparently, a retention of key personnel, assets, general business operations and even the ... name. (2) The seller corporation ceased ordinary business operations, liquidated and dissolved soon after distribution received from buying corporation. (3) The purchasing corporation assumed those liabilities and obligations of the seller ordinarily necessary for the continuation of the normal business operations of the seller corporation. (4) The purchasing corporation held itself out to the world as the effective continuation of the seller corporation.*"

- Die Verkäufergesellschaft stellt ihre Geschäftstätigkeit ein, wird liquidiert, und löst sich kurz nach Empfang des Kaufpreises von der Käufergesellschaft auf.
- Die Käufergesellschaft übernimmt von der Verkäufergesellschaft diejenigen Verbindlichkeiten, die zur ununterbrochenen Fortsetzung des erworbenen Unternehmens erforderlich sind.
- Die Käufergesellschaft tritt nach außen als tatsächliche Fortsetzung des Unternehmens der Verkäuferin auf.

Harris unter diesen Voraussetzungen nicht für die Verletzungen von Turner haftbar zu machen, hätte nach Ansicht des Gerichts die Form des Unternehmenskaufes höher bewerten als dessen tatsächlichen Gehalt.[249]

In seiner weiteren Argumentation stützte sich der *Supreme Court of Michigan* auf eine 1974 ergangene Entscheidung des First Circuit Court of Appeals.[250] In *Cyr v. B. Offen & Co., Inc.* hatte der First Circuit in einem ähnlichen Fall festgestellt, dass die strikte Produkthaftung auf der grundsätzlichen Überlegung beruhe, dass die Risiken eines fehlerhaften Produkts vom Hersteller und nicht vom Verbraucher zu tragen seien.[251] Der Erwerber eines Unternehmens kenne dessen Produkte; er sei ebenso wie der Verkäufer in der Lage, die Risiken fehlerhafter Produkte einzuschätzen, sich gegebenenfalls gegen entsprechende Haftungsansprüche Dritter zu versichern und die Kosten der zu erwartenden Produkthaftungsansprüche in der Verhandlung des Kaufpreises mit dem Verkäufer zu berücksichtigen. Nur der Erwerber könne die zukünftige Qualität der Produkte verbessern.[252]

Die Haftung des Erwerbers eines Unternehmens für fehlerhafte Produkte, die vor dem Unternehmenskauf hergestellt und auf den Markt gebracht worden sind, sei gerechtfertigt, da er vom Goodwill des Unternehmens profitiere, indem er mit der Herstellung der gleichen Produkte fortfahre und somit nach außen den Eindruck der Kontinuität erwecke.[253] Eine Gesellschaft, die zum Zwecke des

---

249 Siehe 244 N.W.2d at 882.

250 Siehe 244 N.W.2d at 881; Cyr v. B. Offen & Co., Inc., 501 F.2d 1145 (1st Cir.1974).

251 Siehe 501 F.2d at 1154; Turner, 244 N.W.2d at 881.

252 Siehe 501 F.2d at 1154; Turner, 244 N.W.2d at 881.

253 Siehe 501 F.2d at 1154; Turner, 244 N.W.2d at 881.

verbesserten Absatzes ihrer Produkte unter einer bekannten Firma auftrete, müsse auch für Produkte haften, die von der Verkäuferin des Unternehmens unter der selben Firma vermarktet worden waren.[254]

Der *Supreme Court of Michigan* erkannte, das seine Entscheidung eine erhebliche Ausdehnung der traditionellen *successor liability* war, die den Unternehmenserwerber mit einer nicht zu erwartenden Verbindlichkeit konfrontierte, die dieser in Kauf nehmen müsse. Die Entwicklung eines neuen oder die Ausdehnung eines bestehende Rechtsinstituts führe in einem *case law*-System bei seiner ersten Anwendung häufig zu einer nicht erwarteten Belastung. Sobald den Beteiligten eines Unternehmenskaufes jedoch klar sei, dass der Erwerber für fehlerhafte Produkte des Verkäufers einstehen müsse, könnten sie entsprechende Vorkehrungen treffen, wie durch den Abschluss von Produkthaftpflichtversicherungen, Haftungsfreistellungsvereinbarungen, die Zahlung des Kaufpreises auf ein Treuhandkonto oder die Reduzierung des Kaufpreises des Unternehmens.[255]

2. Stand der Continuity of Enterprise Exception

Neben Michigan hat nur Alabama die *continuity of enterprise exception* ausdrücklich übernommen.[256]. Ihre Geltung in Ohio ist umstritten.[257] Im Gegensatz zu der *mere continuation* und der *de facto merger doctrine* konzentriert sich die *continuity of enterprise exception* nicht mehr auf die Identität von Gesellschaftern und Geschäftsführung sondern auf die tatsächliche Fortführung des Unternehmens der Verkäuferin. Die Haftung für fehlerhafte Produkte gehört untrenn-

---

[254] Siehe Turner, 244 N.W.2d at 882: „*Justice would be offended if a corporation which holds itself out as a particular company for the purpose of sales, would not be estopped from denying that it is that company for the purpose of determining products liability.*“

[255] Siehe Turner, 244 N.W.2d at 883.

[256] Vgl. Andrews v. John E. Smith's Sons Co., 369 So.2d 781 (Ala. 1979); Asher v. KCS International, Inc., 659 So.2d 598 (Ala. 1995).

[257] *Blumberg*, 10 Fla. J. Int'l L. 376 geht davon aus, dass die *continuity of enterprise exception* auch in Ohio gilt. Hiergegen wendet sich jedoch überzeugend *Shaffer*, 23 Cap. U. L. Rev. 1003, 1016-27, der nachweist, dass die Entscheidungen aus Ohio, welche die *continuity of enterprise exception* zustimmend erwähnen, keinen sicheren Rückschluss auf die Geltung dieser Theorie in Ohio erlauben.

bar zu dem Unternehmen, selbst wenn es von einer völlig neuen und unabhängigen Gesellschaft betrieben wird.[258]

Nach Ansicht von *Phillip Blumberg* ist die *continuity of enterprise doctrine* Ausdruck der zunehmenden Bedeutung des Unternehmens als Rechtsbegriff im US-amerikanischen Recht.[259] Sie steht damit jedoch im krassen Widerspruch zu einem fundamentalen Prinzip des Gesellschaftsrechts, wonach die Haftung an die gesellschaftsrechtliche Form gebunden ist.[260] Wegen des revolutionären Charakters der *continuity of enterprise doctrine* versuchen auch diejenigen Gerichte, welche sich der Turner-Entscheidung des *Supreme Court of Michigan* anschließen, ihren Anwendungsbereich eng auszulegen. Eine auf Unternehmenskontinuität beruhende Haftung der Käuferin für Verbindlichkeiten der Verkäuferin kommt nur in Extremfällen in Betracht, in denen anderenfalls eine unschuldige Partei leer ausgehen würde.[261] Anders als die traditionellen Fallgruppen der Nachfolgehaftung gilt die *continuity of enterprise exception* nur für die Produkthaftung der Vorgängerin und nicht für deren vertragliche Verbindlichkeiten.[262] Erklärung hierfür ist, dass vertragliche Gläubiger die Möglichkeit haben, ihre Ansprüche durch Vereinbarung mit dem Schuldner abzusichern, und daher in

---

258 Vgl. *Blumberg*, 10 Fla. J. Int'l L. 365, 377-78: „*[T]he liabilities of the business run along with the business even when the business is conducted by a successor juridicial entity that lacks any ownership or management links to the predecessor. ... It is a unique development of enterprise liability in which the legal obligations of one juridicial entity are imposed on a completely independent juridicial entity, linked only by their successive roles in conducting the same economic enterprise.*" Einer besonders bildlichen Sprache bedient sich das Gericht in Korzetz v. Amsted, Inc., 472 F.Supp. 136, 145 (E.D. Mich. 1979): „*The liability attaches to the business like flees to a dog, where it remains imbedded regardless of changes in ownership of the business.*"

259 Vgl. *Blumberg*, Enterprise Liability, S. 746-47.

260 Vgl. Polius v. Clark Equip. Co., 802 F.2d 75, 78 (3d Cir. 1986); Bud Antle, Inc. v. Eastern Foods, Inc., 758 F.2d 1451, 1458 (11th Cir. 1985).

261 *Blumberg*, Enterprise Liability, S. 751-52 bedient sich einer deutlichen Sprache: „*In a manner of speaking, the doctrine is strong medicine to be used only in extremis when the law would otherwise be unable to provide any remedy to an innocent victim.*"

262 Vgl. Grand Laboratories; Inc. v. Midcon Labs of Iowa., 32 F.3d 1277, 1283 (8th Cir. 1994). Neben dem Produkthaftungsrecht findet die *continuity of enterprise exception* auch im Umwelthaftungsrecht Anwendung. Im Zusammenhang mit der Haftung für Altlasten wird die auf Unternehmenskontinuität beruhende Haftung, obwohl inhaltlich weitgehend mit der *continuity of enterprise doctrine* identisch, in der Regel als *substantial continuity doctrine* bezeichnet. Siehe hierzu unten § 5.

der Regel weniger schutzbedürftig sind als die Inhaber von Produkthaftungsansprüchen.[263] Zugleich sind sie auch weniger schutzwürdig, da sie sich ihren Schuldner anders als deliktische Gläubiger, frei auswählen konnten. Innerhalb der Produkthaftungsansprüche wird jedoch nicht zwischen geschädigten Käufern und geschädigten Dritten unterschieden.

3. Voraussetzungen der Continuity of Enterprise Exception

Entscheidendes Merkmal für die Haftung der Unternehmenskäuferin ist die Fortsetzung des Unternehmens der Verkäuferin. In Alabama müssen alle vier in der Turner-Entscheidung genannten Voraussetzungen erfüllt sein, um die Käuferin unter der *continuity of enterprise exception* haften zu lassen.[264] Nach Ansicht der Gerichte in Michigan ist das gleichzeitige Vorliegen der vier in der Turner-Entscheidung entwickelten Kriterien jedoch nicht zwingend.[265] Ob Unternehmenskontinuität zwischen Verkäuferin und Käuferin besteht, richtet sich nach einer Gesamtschau aller maßgeblichen Umstände. Selbst wenn eines der in Turner genannten Merkmale nicht vorliegt, kann es zur Haftung der Käuferin nach der *continuity of enterprise doctrine* kommen. Die Vorhersage gerichtlicher Entscheidungen wird insbesondere dadurch erschwert, dass die Gerichte den Turner-Kriterien im Rahmen dieser Gesamtschau unterschiedliche Bedeutung zumessen.

a) Unternehmenskontinuität

Entscheidendes Merkmal für die Haftung der Käuferin ist die Kontinuität des erworbenen Unternehmens, wie sie in Geschäftsführung, Angestellten, Betriebsstätten, Fabrik- und Produktionsanlagen sowie Gegenstand des Unternehmens zum Ausdruck kommt. Wenn auch die Umstände, unter denen Unternehmenskontinuität angenommen wird, nicht eindeutig bestimmbar sind, so lässt sich doch feststellen, dass die Übernahme der Firma und des Goodwill der Verkäuferin Schlüsselelemente sind.[266]

---

263 Vgl. *Blumberg*, Enterprise Liability, S. 763.

264 Vgl. Asher v. KCS International, Inc., 659 So.2d 598.

265 Vgl. Turner, 244 N.W.2d at 873: „*where the totality of transaction demonstrates a basic continuity*"; ebenso Korzetz v. Amsted, Inc., 472 F.Supp. 136, 144 (E.D. Mich. 1979).

266 Vgl. Korzetz v. Amsted, Inc., 472 F.Supp. 136, 144-45.

Weitere Indizien, die auf Unternehmenskontinuität hindeuten, sind z.B. die Vereinbarung eines Wettbewerbsverbots zwischen Käuferin und Verkäuferin, der Erwerb der Kundenverzeichnisse der Verkäuferin und die Verpflichtung der Käuferin, sich um die Übernahme der Angestellten der Verkäuferin zu bemühen und die erworbenen Fabrikanlagen für die Fortsetzung der Produktion zu verwenden.[267] Eine Käuferin, die beabsichtigt, von der Anknüpfung an das Unternehmen der Verkäuferin zu profitieren, muss damit rechnen, auch die Produkthaftpflicht der Verkäuferin zu übernehmen. Solange Charakter und Identität des Unternehmens nicht verändert werden und es in derselben Art und Weise wie vor dem Verkauf betrieben wird, ist die Haftung für fehlerhafte Produkte untrennbar mit dem Unternehmen verbunden.[268] Bei Fortführung des Unternehmens soll die Art des Erwerbs keinen Einfluss auf die Haftung der Erwerberin für Altverbindlichkeiten des Unternehmens haben.[269]

b) Auflösung der Verkäuferin

Anlass für die Entwicklung der *continuity of enterprise exception* war die Schutzbedürftigkeit des Geschädigten, wenn der Produkthaftungsanspruch erst nach Auflösung der Herstellerin entstanden war. Auch die beiden traditionellen Ausnahmen, auf die sich diese Erweiterung der Nachfolgehaftung stützte, die *de facto merger* und die *mere continuation doctrine*, verlangen die Auflösung der Verkäuferin, bevor die Haftung der Käuferin in Betracht kommt. Zahlreiche Entscheidungen zur *continuity of enterprise exception* haben diese Voraussetzungen mittlerweile jedoch aufgegeben.[270] Dies wird plausibel, wenn man sich vergegenwärtigt, dass die *continuity of enterprise doctrine* die Produkthaftung mit dem Unternehmen an sich verknüpft. Ist das Unternehmen selbst Träger von

---

267 Vgl. 63 Am. Jur. 2d, Products Liability § 123.

268 Vgl. Korzetz v. Amsted, Inc., 472 F.Supp. 136, 145.

269 In Anlehnung an Turner, 244 N.W.2d at 880 stellt das Gericht in Woodrick v. Jack J. Burke Real Estate, Inc., 703 A.2d 306, 313 (N.J. Super. Ct. App. Div. 1997): „*[I]t appears that a corporate successor can no longer avoid liability by simply structuring a cash-for-assets sale.*"

270 Vgl. z.B. Korzetz v. Amsted, Inc., 472 F.Supp. 136, 144-45; Trimper v. Bruno-Sherman Corp., 436 F.Supp. 349 (E.D. Mich. 1977); Haney v. Bendix Corp., 279 N.W.2d 544, 546 (Mich. Ct. App. 1979): „*[C]ontinuity alone is the test. Successor corporation liability was established for a larger purpose than to simply allow consumer recovery in the singular case where there is no alternative source.*" Ausführlich hierzu *Blumberg*, 10 Fla. J. Int'l L. 365, 382.

gewissen Verbindlichkeiten, so kann dies folgerichtig nicht von äußeren Umständen, wie der Auflösung der Verkäuferin, abhängen. Das Vorhandensein der Verkäuferin als Anspruchsgegnerin des Geschädigten bleibt zwar weiterhin ein Kriterium, das von den Gerichten beachtet wird.[271] Die Anwendung der *continuity of enterprise exception* kann jedoch auch ohne die Auflösung der Verkäuferin in Betracht kommen.

c) Übernahme von Verbindlichkeiten

Die Übernahme der Verbindlichkeiten, die für die ununterbrochene Fortführung des Unternehmens notwendig sind, ist eines der in der Turner-Entscheidung genannten Kriterien der Unternehmenskontinuität. Auch bei Nichterfüllung dieser Voraussetzung haben Gerichte die Käuferin unter der *continuity of enterprise exception* haften lassen.[272] Ergibt sich die Unternehmenskontinuität aus anderen Umständen, so scheitert der Übergang der Produkthaftung nicht an der fehlenden Übernahme der notwendigen Verbindlichkeiten.[273]

d) Auftreten der Käuferin als Fortsetzung der Verkäuferin

Besteht Unternehmenskontinuität, so tritt die Käuferin normalerweise als Fortsetzung der Verkäuferin auf. Insbesondere bei Übernahme von Firma und Goodwill der Verkäuferin erscheint die Käuferin als Fortsetzung der Verkäuferin. Das bloße Auftreten der Käuferin als Fortsetzung der Verkäuferin lässt jedoch für sich alleine genommen nicht automatisch auf Unternehmenskontinuität schließen.[274] Kein Gericht hat das Auftreten der Käuferin als Fortsetzung der Verkäuferin alleine ausreichen lassen, um einen Fall der *continuity of enterprise exception* anzunehmen.

III. Product Line Exception

Nach der *product line exception* kann die Unternehmenskäuferin für fehlerhafte Produkte der Verkäuferin haften, wenn sie die Produktreihe der Verkäuferin fortführt, zu der das Produkt gehört, welches den Schaden verursacht hat. *Der*

---

[271] Hierzu *Schnapf*, 4 Envtl. Law. 435, 453.

[272] Vgl. z.B. Trimper v. Bruno-Sherman Corp., 436 F.Supp. 349, 350 (E.D. Mich. 1977); Korzetz v. Amsted, Inc., 472 F.Supp. 136, 144.

[273] Hierzu *Blumberg*, 10 Fla. J. Int'l L. 384.

[274] Vgl. Pelc v. Bendix Machine Tool Corp., 314 N.W.2d 614, 619 (Mich. App. 1981).

Supreme Court of California entwickelte diese Erweiterung der *successor liability* 1977 in seiner aufsehenerregenden Entscheidung *Ray v. Alad.*

1. Ray v. Alad Corp., 560 P.2d 3 (Cal. 1977)

Folgender vereinfachter Sachverhalt lag der Entscheidung zugrunde: Der Kläger, Herbert Ray, hatte infolge eines Unfalls mit einer fehlerhafte Leiter Verletzungen erlitten und machte nunmehr einen Schadensersatzanspruch aus Produkthaftung gegen die Alad Corporation (Alad II) geltend. Alad II hatte die fehlerhafte Leiter weder hergestellt noch verkauft, jedoch vor der Verletzung des Klägers das Unternehmen der gleichnamigen Herstellerin Alad Corporation (Alad I) gekauft. Wie es der Unternehmenskaufvertrag vorsah, hatte Alad I sich aufgelöst, nachdem sie ihr gesamtes Vermögen, bestehend aus Betriebsgrundstücken, Fabrikgebäuden, Maschinen, Büroeinrichtung, Lagerbeständen, Firma und Goodwill, gegen einen angemessenen Barpreis an Alad II verkauft hatte. Alad II setzte die Herstellung derselben Produktlinie unter Verwendung derselben Produktionsmittel, Herstellungsmuster und Arbeitskräfte fort. Alad II führte das Geschäft mit den alten Kunden von Alad I durch dieselben Handelsvertreter und Verkäufer fort, ohne den Wechsel der Unternehmenseigentümerschaft nach außen hin anzuzeigen.[275]

Bei Anwendung der traditionellen *successor liability* Regeln war Alad II nicht für den Schaden von Ray verantwortlich.[276] Der *Supreme Court of California* würdigte eingangs die Vorzüge der herkömmlichen Haftungsregeln, die eine Gesellschaft beim Erwerb von Vermögenswerten eines anderen Unternehmens nicht für die Verbindlichkeiten der Verkäuferin haften lassen und damit die freie Verfügbarkeit und Übertragbarkeit von Produktionsmitteln fördern.[277] Im Interesse des Geschädigten könne jedoch ein Abweichen von der engen traditionellen Haftung geboten sein.

Bei der Frage, ob im Bereich der Produkthaftung eine Erweiterung der traditionellen Nachfolgehaftung erforderlich sei, beruft sich die Ray-Entscheidung ausdrücklich auf Urteile des *United States Supreme Court* aus dem Arbeitsrecht, in denen zu entscheiden war, ob eine Unternehmenskäuferin bei Fortführung des

---

[275] Siehe Ray, 560 P.2d at 4-5.

[276] Siehe Ray, 560 P.2d at 7-8.

[277] Siehe Ray, 560 P.2d at 5.

Unternehmens die durch *federal labor law* eingeführten Pflichten der Verkäuferin gegenüber den Angestellten und ihren Vertretern übernimmt.[278] Der *United States Supreme Court* erkannte in diesen Entscheidungen grundsätzlich an, dass die Rechtsform des Unternehmenskaufes ausschlaggebend für die Haftungsnachfolge sei. Jedoch dürfe die generelle Regel der Haftungsfreiheit beim *asset deal* dann nicht gelten, wenn die fehlende Haftung der Unternehmenskäuferin den Zielen des *federal labor law* zuwiderlaufe.[279] Die Unternehmenskäuferin hafte für Verbindlichkeiten der Verkäuferin, wenn anderenfalls die Ziele des einschlägigen Rechtsgebietes nicht erreicht werden könnten.

Entsprechend folgerte der *Supreme Court of California*, dass eine weitere Ausnahme erforderlich sei, wenn die generelle Haftungsfreiheit der Unternehmenskäuferin mit den Zwecken der *strict products liability* kollidiere.[280] Zweck der strengen Produkthaftung sei es sicherzustellen, dass die Hersteller, welche die fehlerhaften Produkte in den Verkehr gebracht haben, die Kosten der durch diese Produkte verursachten Schäden tragen und nicht der geschädigte Verbraucher, der nicht in der Lage sei, sich vor diesen Schäden zu schützen.[281] Der Schaden könne für den betroffenen Verbraucher ein überwältigender Unglücksfall sein, wohingegen sich der Hersteller versichern und die Kosten auf alle Kunden verteilen könne.[282] Wichtigstes Ziel der *strict products liability* sei daher der Schutz der anderenfalls hilflosen Opfer von Herstellungsfehlern und die Verteilung der Kosten dieser Unfälle auf die Allgemeinheit.[283] Die Produkthaf-

---

[278] Siehe Ray, 560 P.2d at 8; Howard Johnson Co. v. Hotel Employees, 417 U.S. 249, 247 (1974); Golden State Bottling Co. v. NLRB, 414 U.S. 168, 182 fn.5 (1973).

[279] Siehe Howard Johnson Co. v. Hotel Employees, 417 U.S. 249, 247 (1974); Golden State Bottling Co. v. NLRB, 414 U.S. 168, 182 fn.5.

[280] Siehe Ray, 560 P.2d at 8: „*Similarly we must decide whether the policies underlying strict tort liability for defective products call for a special exception to the rule that would otherwise insulate the present defendant from plaintiff's claim.*"

[281] Siehe Ray, 560 P.2d at 8 unter Verweis auf Greenman v. Yuba Power Products, Inc., 377 P.2d 897, 901 (Cal. 1963).

[282] Siehe Ray, 560 P.2d at 8 unter Verweis auf Escola v. Coca Cola Bottling Co., 150 P.2d 436 (Cal. 1944) (concurring opinion) und Seeley v. White Motor Co., 403 P.2d 145, 151 (Cal. 1965).

[283] Siehe Ray, 560 P.2d at 8. Ebenso Price v. Shell Oil Co. 466 P.2d 722, 725 (Cal. 1970): „*[T]he paramount policy to be promoted by the rule is the protection of otherwise defenseless victims of manufacturing defects and the spreading throughout society of the cost of compensating them.*"

tung könne diese Zwecke jedoch nicht erfüllen, wenn die Auflösung der Herstellerin den Geschädigten ohne Anspruchsgegner zurückließe. Der Grundsatz der Haftungsfreiheit der Unternehmenskäuferin müsse daher für Produkthaftungsansprüche außer Kraft gesetzt werden. Die Unternehmenskäuferin sei besser als der Geschädigte in der Lage, die Kosten von Unfällen auf die Allgemeinheit umzulegen. Wer vom Goodwill des Unternehmens und einer erfolgreichen Produktreihe profitieren wolle, müsse die Produkthaftung in Kauf nehmen. Unter den folgenden Umständen sei es daher gerechtfertigt, die Unternehmenskäuferin bei Fortsetzung einer Produktlinie für fehlerhafte Produkte der Unternehmensverkäuferin haften zu lassen:[284]

- Der Unternehmensverkauf hat die Möglichkeit des Geschädigten zerstört, Schadensersatz von der Herstellerin zu erhalten.
- Die Unternehmenskäuferin kann die Rolle der Herstellerin übernehmen und die Kosten der Produkthaftung auf alle Käufer dieses Produktes verteilen.
- Die Unternehmenskäuferin übernimmt den Goodwill der Verkäuferin, der untrennbar mit der Haftung für deren fehlerhafte Produkte verbunden ist.

Das Gericht hielt die Voraussetzungen der *product line exception* für erfüllt und entschied, dass Alad II für die fehlerhaften Leiter von Alad I einstehen müsse.[285]

2. Stand der Product Line Exception

Die *product line exception* gilt in Kalifornien,[286] New Jersey,[287] Pennsylvania,[288] Washington[289] und New Mexico[290]. Nachdem zwischen 1984 und 1997

---

[284] Siehe Ray, 560 P.2d at 8-9: „*Justification for imposing strict liability upon a Successor to a manufacturer under the circumstances here presented rests upon (1) the virtual destruction of the plaintiff's remedies against the original manufacturer caused by the successor's acquisition of the business, (2) the successor's ability to assume the original manufacturer's risk-spreading role, and (3) the fairness of requiring the successor to assume a responsibility for defective products that was a burden necessarily attached to the original manufacturer's good will being enjoyed by the successor in the continued operation of the business.*"

[285] Siehe Ray v. Alad, 560 P.2d 11: „*We therefore conclude that a party which acquires a manufacturing business and continues the output of its line of products under the circumstances here presented assumes strict tort liability for defects in units of the same product line previously manufactured and distributed by the entity from which the business was acquired.*"

keine weitere Jurisdiktion die *product line exception* übernommen hatte, ist zu vermuten, dass auch diese Erweiterung der Nachfolgehaftung sich auf eine Minderheit von Staaten beschränken wird.[291] Es ist unwahrscheinlich, dass sich hieran in der nächsten Zeit etwas ändern wird, trotz der Entscheidung des *Supreme Court of New Mexico* von 1997, in der er sich der *product line exception* anschließt.[292]

Die Begründungen für die Ausdehnung der traditionellen Nachfolgehaftung im Produkthaftungsrecht zeigen Gemeinsamkeiten auf. Wie schon die *continuity of enterprise exception* stützt sich auch die *product line exception* auf das Argument, dass nicht die Form des Unternehmenskaufes sondern seine Auswirkung auf die Produkthaftungsansprüche der Geschädigten über die Haftungsnachfolge entscheiden müsse.[293] Die Inanspruchnahme der Käuferin erkläre sich daraus, dass die Vorteile des Goodwill der Verkäuferin untrennbar mit der Last der Produkthaftung verbunden sei.[294] Während die *continuity of enterprise exception* jedoch noch auf die traditionellen Fallgruppen aufbaut und den Besonderheiten des Produkthaftungsrechts durch Aufgabe des *continuity of shareholders*-Kriteriums gerecht zu werden versucht, ist die *product line exception* ein neues, allein auf dem Gedanken der *strict products liability* beruhendes Konzept. Den Zwecken der *strict products liability* könne eine auf Fortsetzung der

---

286 Vgl. Ray v. Alad, 560 P.2d 3.

287 Vgl. Ramirez v. Amsted Indus., Inc., 431 A.2d 811 (N.J. 1981).

288 Vgl. Dawejko v. Jorgensen Steel Co., 434 A.2d 106 (Pa. Super. Ct. 1981); Hill v. Trailmobile, Inc., 603 A.2d 602 (Pa. Super. Ct. 1992).

289 Vgl. Martin v. Abbott Laboratories, 689 P.2d 368 (Wash. 1984).

290 Vgl. Garcia v. Coe Mfg. Co., 933 P.2d 243 (N.M. 1997).

291 So ausdrücklich *Green*, 87 Nw. U. L. Rev. 897, 909. Siehe hierzu auch *Blumberg*, Fla. 10 Int'l L. J. 374.

292 Vgl. Garcia v. Coe Mfg. Co., 933 P.2d 243.

293 Vgl. Ramirez v. Amsted Indus., Inc., 431 A.2d 811, 816-17.

294 Vgl. Ramirez v. Amsted Indus., Inc., 431 A.2d 811, 822: „*Public policy requires that having received the substantial benefits of the continuing manufacturing enterprise, the successor corporation should also be made to bear the burden of the operating costs that other established business operations must ordinarily bear.*"

Produktlinie ausgerichtete Theorie besser gerecht werden, als ein Ansatz, der sich auf die Kontinuität des gesamten Unternehmens konzentriere.[295]

3. Voraussetzungen der Product Line Exception

Die Rechtsprechung wendet die Voraussetzungen der *product line exception* nicht einheitlich an. Einige Entscheidungen haben die Kriterien der Ray-Entscheidung erheblich ausgedehnt, andere halten an einer engen Auslegung fest.

a) Fortsetzung der Produktlinie

Die *product line exception* kommt in Betracht, wenn die Unternehmenskäuferin die Produktlinie der Verkäuferin fortführt. Fraglich ist, ob diese Erweiterung der Nachfolgehaftung auch dann anwendbar ist, wenn die Käuferin die Produktlinie nicht fortsetzt. In *Pacius v. Thermtroll Corp.* haftete die Käuferin unter der *product line exception*, obwohl sie die Produktlinie nicht fortgeführt hatte.[296] Der *Superior Court of New Jersey, Law Division* stützte die Produkthaftung der Käuferin allein darauf, dass sie aus dem Kauf des Unternehmens Vorteile gezogen habe und daher auch die entsprechenden Nachteile tragen müsse.[297] Eine derartige Ausdehnung der *successor liability* überschreitet sogar die bereits weiten Grenzen der *product line exception.* In *Saez v. S & S Corrugated Paper* kritisierte der *Superior Court of New Jersey, Appellate Division* die Pacius-Entscheidung und hielt an dem Erfordernis der Fortsetzung der Produktreihe fest.[298] Die im Pacius-Fall vorgeschlagenen Kriterien für die Nachfolgehaftung der Unternehmenskäuferin seien viel zu weit und führten immer zu einer Haftung der Unternehmenskäuferin.[299] Es bleibt abzuwarten, welcher Auffassung sich der *New Jersey Supreme Court* anschließen wird. Die Pacius- und Saez-

---

295 Vgl. Ramirez v. Amsted Indus., Inc., 431 A.2d 811, 819.

296 Siehe Pacius v. Thermtroll Corp., 611 A.2d 153 (N.J. Super. Law Div. 1992).

297 Siehe Pacius v. Thermtroll Corp., 611 A.2d 153, 157: „*[T]he justification for the imposition of liability is the benefit the successor company receives when it acquires the assets of the predecessor. It is the acquisition of the assets which is determinative of liability not the fact that the product line is continued by the successor. Since the purchasing company benefits from the acquisition of the assets of the predecessor, it should properly be saddled with its burdens.*“

298 Siehe Saez v. S & S Corrugated Paper, 695 A2d 740 (N.J. Super App. Div. 1997).

299 Siehe Saez v. S & S Corrugated Paper, 695 A2d 740, 747.

Urteile verdeutlichen jedoch die Bandbreite gerichtlicher Entscheidungen bei Anwendung der *product line exception* und die damit verbundene Unsicherheit für die Käuferin eines Unternehmens.

Auch in Kalifornien kann die Unternehmenskäuferin für fehlerhafte Produkte der Verkäuferin haftbar gemacht werden, obwohl sie deren Produktlinie eingestellt hat. In *Rawlings v. D. M. Oliver, Inc.* wurde die Inanspruchnahme der Käuferin mit den Zwecken der *strict products liability* begründet.[300] Die Käuferin, die vom Erwerb des Unternehmens insbesondere des Goodwills profitiere, sei besser geeignet, die Verluste fehlerhafter Produkte zu tragen als die geschädigten Verwender dieser Produkte.[301] Indem das Gericht die bloße Fortführung des Unternehmens ausreichen lässt, nähert es sich der *continuity of enterprise exception* an.[302]

b) Übernahme von Goodwill

Wie auch für die *continuity of enterprise exception* ist die Übernahme und Verwendung der Firma und des Goodwill der Verkäuferin durch die Käuferin ein Schlüsselelement für die Anwendung der *product line exception.* Hat die Käuferin keinen Vorteil aus dem Goodwill der Verkäuferin gezogen, kommt eine Haftung für Verbindlichkeiten der Verkäuferin unter der *product line exception* nicht in Betracht.[303] Diejenigen Entscheidungen, welche die *product line exception* auch ohne Fortsetzung der Produktlinie annehmen, stützen die Haftung der Unternehmenskäuferin allein auf die Ausbeutung des Goodwill.[304]

c) Vereitelung der Schadensersatzansprüche gegen die Herstellerin

Die Unternehmenskäuferin soll nach der *product line exception* nur dann haften, wenn anderenfalls die Zwecke der *strict products liability*, d.h. in erster Linie die Kompensation des Geschädigten, nicht erreicht werden können. Die *product line exception* setzt daher voraus, dass die Herstellerin nicht mehr als An-

300 Siehe Rawlings v. D.M. Oliver, Inc., 159 Cal Rptr. 119 (Cal. Ct. App. 1979).

301 Siehe Rawlings v. D.M. Oliver, Inc., 159 Cal Rptr. 119, 124-25.

302 Siehe Rawlings v. D.M. Oliver, Inc., 159 Cal Rptr. 119, 124-25: „*The general business continued by the manufacturer and its ability to spread those costs must be considered and not merely whether a specific line of products was discontinued.*“

303 Vgl. Gee v. Tenneco, Inc., 615 F.2d 857, 864-65 (9th Cir. 1980).

304 Vgl. Pacius v. Thermtroll Corp., 611 A.2d 153, 157-58; Rawlings v. D.M. Oliver, Inc., 159 Cal Rptr. 119, 124-25.

spruchsgegnerin zur Verfügung steht.[305] Dies allein reicht nach Ansicht einiger Gerichte jedoch noch nicht aus, um die Unternehmenskäuferin für fehlerhafte Produkte der Verkäuferin haften zu lassen.[306] Die Inanspruchnahme der Käuferin sei nur dann fair, wenn eine kausale Verbindung zwischen dem Unternehmenskauf und der Zerstörung der Produkthaftungsansprüche des Geschädigten bestehe.[307] Die Voraussetzungen für diese kausale Verknüpfung sind jedoch nicht besonders hoch. Die Rechtsprechung lässt hierfür regelmäßig die Übertragung des gesamten Vermögens der Verkäuferin und deren anschließende Auflösung genügen.[308] Ist die Ersatzmöglichkeit des Geschädigten allerdings durch Insolvenzeröffnung über das Vermögen der Verkäuferin zerstört worden, so findet die *product line exception* keine Anwendung, da dieser Vorgang unabhängig vom Verhalten der Käuferin stattfindet.[309]

Wegfall der Ersatzmöglichkeit gegen die Herstellerin und Kausalität des Unternehmenskaufes werden nicht in allen Entscheidungen zur *product line exception* vorausgesetzt. Gerichte, die sich allein auf die Ziele der *strict products liability* konzentrieren, verlangen lediglich, dass die Herstellerin nicht mehr als geeignete Anspruchsgegnerin zur Verfügung steht, nicht jedoch, dass die Unternehmenskäuferin hierfür kausal war.[310] Trotz des Bestehens der Vorgängerin kann die *product line exception* gegen eine Unternehmenskäuferin angewendet

---

305 Vgl. Ray v. Alad Corp., 560 P.2d 8-9; Conway v. White Trucks, 885 F.2d 90, 95-97 (3rd Cir. 1989); LaFountain v. Webb Industries Corp., 951 F.2d 544, 547 (3rd Cir. 1991).

306 Vgl. Ray v. Alad Corp., 560 P.2d 8-9; Hall v. Armstrong Cork, Inc., 692 P.2d 787, 790-91 (Wash. 1984).

307 Hall v. Armstrong Cork, Inc., 692 P.2d 787, 790-91 erklärt die Zwecke dieser Voraussetzung wie folgt: „*Two compelling rationales are inherent in this requirement. First, in keeping with the social policies underlying strict product liability, the product line rule is one of necessity. Absent such a rule, the injured plaintiff is left without meaningful remedy. Second, elemental fairness demands that there be a causal connection between the successor's acquisition and the unavailability of the predecessor. Thus, the product line rule strikes a balance between the necessity of compensating the injured plaintiff and the fairness of requiring causation on the part of the defendant.*"

308 Vgl. Hall v. Armstrong Cork, Inc., 692 P.2d 787, 790-91.

309 Vgl. Kline v. Johns-Manville, 745 F.2d 1217, 1219-20 (9th Cir. 1984); Nelson v. Tiffany Indus., Inc., 778 F.2d 533, 537-38 (9th Cir. 1985).

310 Vgl. Pacius v. Thermtroll Corp., 611 A.2d 153, 155-156: „*It is the fact of nonviability that supports the imposition of liability. Any discussion with regard to the reasons for the demise of the predecessor is irrelevant.*"

werden, wenn die Vorgängerin nicht die ursprüngliche Herstellerin der fehlerhaften Produkte war und die ursprüngliche Herstellerin nicht mehr besteht.[311] Unter der *product line exception* kann nicht nur die Gesellschaft herangezogen werden, welche die Produktreihe des ursprünglichen Herstellers im Moment des Schadenseintrittes weiterführt, sondern auch alle vorherigen oder nachfolgenden Unternehmenskäuferinnen, welche die Produktreihe fortgeführt haben. In *Nieves v. Bruno Sherman Corp.* haftete die Unternehmenskäuferin unter der *product line exception*, obwohl sie die von der Herstellerin erworbenen Vermögensgegenstände mittlerweile an eine andere Gesellschaft verkauft hatte, die zum Zeitpunkt der gerichtlichen Entscheidung die Produktlinie der ursprünglichen Herstellerin fortsetzte.[312] Der Geschädigte hat in diesem Fall die Wahl, welche Gesellschaft er als Nachfolgerin in Anspruch nehmen möchte. Eine Vereinbarung zwischen den beiden Käuferinnen beschränkt dieses Recht des Geschädigten nicht.

IV. Ablehnung der Nachfolgehaftung im Produkthaftungsrecht

1. Stand der erweiterten Nachfolgehaftung

Anfang der 80er Jahre hatte es den Anschein, als ob die erweiterte Nachfolgehaftung im Produkthaftungsrecht ebenso wie zuvor die strikte Produkthaftung einen Siegeszug durch die USA antreten würde.[313] Entsprechende Erwartungen oder Befürchtungen haben sich jedoch nicht realisiert. In den meisten Staaten haben die Gerichte sowohl der *continuity of enterprise* als auch der *product line exception* die Gefolgschaft verweigert.[314] Auch das *Restatement (Third) of Torts:*

---

311 Vgl. Nieves v. Bruno Sherman Corp., 431 A.2d 826 (N.J. 1981). Ausführlich hierzu *Blumberg*, 10 Fla. J. Int'l L.382 n.64; *Shecter*, 51 U. Miami L. Rev. 733.

312 Siehe Nieves v. Bruno Sherman Corp., 431 A.2d 826, 831-32.

313 Vgl. *Shecter*, 51 U. Miami L. Rev. 719, 728. Auch *Hoechst*, US-amerikanische Produzentenhaftung, S. 29 ging 1984 noch davon aus, dass es sich bei der *product line exception* um eine „*im Vordringen befindliche Auffassung*" handle.

314 Vgl. Arkansas: Swayze v. A.O. Smith Corp., 694 F.Supp. 619, 623 (E.D. Ark. 1988); Colorado: Johnston v. Amsted Industries, Inc. 830 P.2d 1141 (Colo. Ct. App. 1992); Florida: Bernard v. Kee Mfg. Co., 409 So.2d 1047 (Fla. 1982); Georgia: Bullington v. Union Tool Corp., 328 S.E.2d 726 (Ga. 1985); Illinois: Gonzalez v. Rock Wool Engineering & Equip. Co., 453 N.E.2d 792 (Ill. App. Ct. 1983); Indiana: Travis v. Harris Corp., 565 F.2d 443 (7th Cir. 1977); Iowa: De Lapp v. Xtraman, Inc., 417 N.W.2d 219 (Iowa 1987); Kentucky: Conn. v. Fales Div. of Mathewson Corp., 835 F.2d 145 (6th Cir. 1987); Louisiana: Page v. Gulf Oil

Products Liability § 12 (Proposed Final Draft 1997) spricht sich ausdrücklich gegen die Erweiterungen der Nachfolgehaftung aus und hält die Haftung der Unternehmenskäuferin für fehlerhafte Produkte der Verkäuferin nur in den traditionellen Ausnahmen der *successor liability* für angemessen.[315]

Obwohl *continuity of enterprise* und *product line exception* nur in einer Minderheit der Staaten anerkannt werden, führen die gliedstaatlichen Kollisionsnormen dazu, dass die Risiken der erweiterten Nachfolgehaftung im Produkthaftungsrecht nicht unterschätzt werden dürfen.[316] Die Käuferin einer Unternehmens kann aufgrund desselben Vorganges in einigen Staaten für fehlerhafte Produkte der Verkäuferin haften, in anderen jedoch nicht. Je weiter die Verbreitung der Produkte der Verkäuferin, desto größer ist das Haftungsrisiko. Die Verwirrung und die Unsicherheit, die durch die unterschiedliche Anwendung der verschiedenen Ausnahmen und die gliedstaatlichen Kollisionsnormen entstehen, lassen sich anhand der Entscheidungen zur Produkthaftung für die von der Johnson Machine and Press Company („Johnson") hergestellten Druckpressen verdeutlichen:[317]

Co., 812 F.2d 249 (5th Cir. 1987); Maryland: Nissen Corp. v. Miller, 594 A.2d 564 (Md. 1991); Massachusetts: Guzman v. MRM/Elgin, 567 N.E.2d 929 (Mass. 1991); Minnesota: Niccum v. Hydra Tool Corp. 438 N.W.2d 96 (Minn. 1989); Missouri: Young v. Fulton Iron Works Co., 709 S.W.2d 927 (Mo. Ct. App. 1986); Nebraska: Jones v. Johnson Machine & Press Co., 320 N.W.2d 481 (Neb. 1982); New Hampshire: Simoneau v. South Bend Lathe, Inc., 543 A.2d 407 (N.H. 1988); North Dakota: Downtowner, Inc. v. Acrometal Products, Inc. 347 N.W.2d 118 (N.D. 1984); Ohio: Welco Industries, Inc. v. Applied Companies, 617 N.E.2d 1129 (Ohio 1993); Oklahoma: Goucher v. Pharmac, Inc., 694 P.2d 953 (Okla. Ct. App 1984); Oregon: Western Helicopter Sevices, Inc. v. Rogerson Aircraft Corp., 728 F.Supp. 1506 (D. Or. 1990); South Dakota: Hamaker v. Kenwel-Jackson Machine, Inc. 387 N.W.2d 515 (S.D. 1986); Texas: Griggs v. Capitol Machine Works, Inc., 690 S.W.2d 287 (Tex. Ct. App. 1985); Vermont: Ostrowski v. Hydra-Tool Corp., 479 A.2d 126 (Vt. 1984); West Virginia: Jordan v. Ravenswood Aluminum Corp., 455 S.E.2d 561 (W.Va. 1995); Wisconsin: Fish v. Amsted Indus., Inc., 376 N.W.2d 820 (Wis. 1985); Virgin Islands: Polius v. Clark Equipment Co., 802 F.2d 75 (3d Cir. 1986).

315 Siehe Restatement (Third) of Torts: Products Liability §12 cmt. c (Proposed Final Draft 1997): „*In the absence of the circumstances described in Subsections (a) through (d), a successor company that buys productive assets from another company is not liable for harm caused by a defective product sold or otherwise distributed by the predecessor prior to the successor's acquisition of assets.*"

316 Hierzu *Shecter*, 51 U. Miami L. Rev. 729-32.

317 Vgl. *Shecter*, 51 U. Miami L. Rev. 730-32; Verhein v. South Bend Lathe, Inc., 448 F.Supp. 259 (E.D. Wis. 1978); Diaz v. South Bend Lathe, Inc, 707 F.Supp. 97 (E.D.N.Y.

1956 übertrug Johnson ihr Vermögen und ihre Verbindlichkeiten an die Bontrager Corporation („Bontrager") im Austausch für Anteile an Bontrager. Bontrager setzte die Produktion der Druckpressen unter dem Firmennamen von Johnson fort. 1962 kaufte Amsted Industries, Inc. („Amsted") das gesamte Vermögen von Bontrager gegen Barpreis und setzte die Produktion der Druckpressen unter der Firma von Johnson fort. 1975 verkaufte Amsted den mit der Herstellung der Druckpressen befassten Betriebsteil an LWE, Inc., die ebenfalls die Produktion der Druckpressen fortsetzte.

Die Haftung von Amsted für fehlerhafte Produkte ihrer Vorgängerinnen war in der Folgezeit Gegenstand zahlreicher gerichtlicher Entscheidungen. 1975 entschied ein kalifornisches Gericht, dass Amsted nicht als Nachfolgerin hafte.[318] Ein Gericht in Wisconsin kam 1978 zu demselben Ergebnis.[319] In Michigan wurde Amsted 1979 unter der *continuity of enterprise exception* für fehlerhafte Druckpressen ihrer Vorgängerinnen haftbar gemacht.[320] Im selben Jahr sprach sich ein Gericht in Illinois gegen die Haftung Amsteds aus.[321] 1981 kam es zu einer Entscheidung in New Jersey, welche die *product line exception* anwendete und Amsted als Nachfolgerin haften ließ.[322] 1982 in Nebraska[323], 1985 in Wisconsin[324] und 1988 in New Hampshire[325] lehnten die jeweiligen Supreme Courts die erweiterte Nachfolgehaftung und damit die Haftung Amsteds ab. 1989 hielt ein Gericht in New York Amsted unter der *de facto merger doctrine* für fehler-

1989); Korzetz v. Amsted Indus., Inc., 472 F.Supp. 136 (E.D. Mich. 1979); Ortiz v. South Bend Lathe, 120 Cal. Rptr. 556 (Cal. Ct. App. 1975); Johnston v. Amsted Indus., Inc. 830 P.2d 1141 (Colo. Ct. App. 1992); Hernandez v. Johnson Press Corp., 388 N.E.2d 778 (Ill. App. Ct. 1979); Jones v. Johnson Mach. and Press Co., 320 N.W.2d 481 (Neb. 1982); Simoneau v. South Bend Lathe, Inc., 543 A.2d 407 (N.H. 1988); Ramirez v. Amsted Indus., Inc. 431 A.2d 811 (N.J. 1981); Fish v. Amsted Indus., Inc., 376 N.W.2d 820 (Wis. 1985).

318 Ortiz v. South Bend Lathe, 120 Cal. Rptr. 556 (Cal. Ct. App. 1975).

319 Verhein v. South Bend Lathe, Inc., 448 F.Supp. 259 (E.D. Wis. 1978).

320 Korzetz v. Amsted Indus., Inc., 472 F.Supp. 136 (E.D. Mich. 1979).

321 Hernandez v. Johnson Press Corp., 388 N.E.2d 778 (Ill. App. Ct. 1979).

322 Ramirez v. Amsted Indus., Inc. 431 A.2d 811 (N.J. 1981).

323 Jones v. Johnson Mach. and Press Co., 320 N.W.2d 481 (Neb. 1982).

324 Fish v. Amsted Indus., Inc., 376 N.W.2d 820 (Wis. 1985).

325 Simoneau v. South Bend Lathe, Inc., 543 A.2d 407 (N.H. 1988).

hafte Druckpressen ihrer Vorgängerin verantwortlich.[326] Die vorerst letzte Entscheidung erging 1992 in Colorado und kam zu dem Schluss, dass Amsted nicht hafte.[327]

Die Entscheidungen zur Nachfolgehaftung Amsteds zeigen, dass es für die Risikobewertung der Unternehmenskäuferin von entscheidender Bedeutung ist, zu wissen, in welchen Gliedstaaten die Produkte der Verkäuferin vertrieben worden sind. Darüber hinaus wird deutlich, dass der Kauf eines Unternehmens auch nach vielen Jahren noch dazu führen kann, dass die Käuferin sich gerichtlichen Auseinandersetzungen stellen muss.

2. Gründe für die Ablehnung der erweiterten Nachfolgehaftung

Auch diejenigen Gerichte, welche die erweiterte Nachfolgehaftung ablehnen, erkennen das Problem, das entstehen kann, wenn Produkthaftungsansprüche erst nach dem Verkauf des Unternehmens und der Auflösung der Herstellerin entstehen. Sie halten jedoch weder die *continuity of enterprise* noch die *product line exception* für die geeignete Lösung dieses Problems. Gegen die Erweiterungen der Nachfolgehaftung im Produkthaftungsrecht werden von der Mehrheit der Rechtsprechung im wesentlichen die folgenden Argumente angeführt.

a) Unvereinbarkeit mit den grundlegenden Prinzipien des Handels- und Gesellschaftsrechts

Die Erweiterungen der Nachfolgehaftung stehen im krassen Widerspruch zu dem fundamentalen Grundsatz, dass Rechte und Pflichten an die gesellschaftsrechtliche Form und nicht an das Unternehmen an sich gebunden sind.[328] Die Anerkennung des Unternehmens als Träger von Rechten und Pflichten führt zu Rechtsunsicherheit und zu einer Veränderung des gesamten Systems des bestehenden Handels- und Gesellschaftsrechts.

b) Überschreitung gerichtlicher Kompetenzen

Die Erweiterungen der Nachfolgehaftung im Produkthaftungsrecht überschreiten die Grenzen richterlicher Rechtsfortbildung. Es ist die Aufgabe der Legislative und nicht der Judikative, über derart weitreichende Eingriffe in das beste-

---

326 Diaz v. South Bend Lathe, Inc, 707 F.Supp. 97 (E.D.N.Y. 1989).

327 Johnston v. Amsted Indus., Inc. 830 P.2d 1141 (Colo. Ct. App. 1992).

328 Vgl. z.B. Polius v. Clark Equipment Co., 802 F.2d 75, 82-83 (3d Cir. 1986).

hende Recht zu entscheiden.[329] Gerichten fehlt es an den Mitteln, die Interessen der Beteiligten sachgerecht zu ermitteln, zu bewerten und zum Ausgleich zu bringen. Die Lösung der Probleme, die Anlass für die Erweiterungen der Nachfolgehaftung waren, muss dem Ergebnis eines politischen Entscheidungsprozesses vorbehalten bleiben.[330]

c) Besserstellung von Produkthaftungsansprüchen

Der Verkauf des Unternehmens der Herstellerin soll die Ersatzmöglichkeiten des erst nach diesem Zeitpunkt durch ein fehlerhaftes Produkt Geschädigten nicht beeinträchtigen. Der Geschädigte soll weder besser noch schlechter stehen, als er ohne den Unternehmenskauf und die meist darauf folgende Auflösung der Herstellerin stünde. Ist die Unternehmenskäuferin finanzkräftiger als die Verkäuferin, so führt die erweiterte Nachfolgehaftung jedoch dazu, dass dem Geschädigten eine wesentlich größere Haftungsmasse zur Verfügung steht. Dem Geschädigten fehlt es an jeglichem Anspruch auf eine derartige Besserstellung.[331]

Eine Begrenzung der Haftung der Unternehmenskäuferin auf den Wert der übernommenen Vermögensgegenstände stößt auf unüberwindliche Schwierigkeiten.[332] Bei Geltung der erweiterten Nachfolgehaftung könnte die Unternehmenskäuferin in einer Vielzahl von Staaten zu Schadensersatzzahlungen für fehlerhafte Produkte der Verkäuferin verurteilt werden, ohne dass eine zentrale Stelle sicherstellen könnte, dass die Gesamtzahlungen den Wert des übernommenen Vermögens nicht überschreiten. Das *Restatement (Third) of Torts: Products Liability (Proposed Final Draft 1997)* stellt daher fest: *„Die in einer Minderheit der Einzelstaaten geltende erweiterte Nachfolgehaftung führt ohne eine Begrenzung auf den Wert des übernommenen Vermögens zum Zeitpunkt des Unternehmenskaufes dazu, dassdass ein Risiko der Ungerechtigkeit – nämlich, dassdass*

---

329 Vgl. Polius, 802 F.2d at 84; Fish v. Amsted Industries, Inc., 376 N.W.2d 820, 829 (Wis. 1985); siehe hierzu auch *Light*, 11 Miss. C. L. Rev. 63, 69-70.

330 Vgl. Leannais v. Cincinnati, Inc., 565 F.2d 437, 441 (7th Cir. 1977): *„[S]uch broad public policy issues are best handled by legislatures with their comprehensive machinery for public input and debate."* Ausführlich hierzu *Connolly*, 38 Syracuse L. Rev. 1279.

331 Vgl. Restatement (Third) of Torts: Products Liability §12 cmt. b (Proposed Final Draft 1997).

332 Hierzu ausführlich *Roe*, 70 Va. L. Rev. 1559, 1569-71; *Green*, 72 Cornell L. Rev. 17, 43-44.

die Übertragung von Vermögensgegenständen die Ersatzmöglichkeiten des Klägers unbilligerweise beschränkt, sofern nicht ein traditioneller Fall der Nachfolgehaftung erfüllt ist ... – durch eine andere, möglicherweise größere Ungerechtigkeit ersetzt wird: dass die Transaktion dem Inhaber von Produkthaftungsansprüchen einen unberechtigten Gewinn verschafft auf Kosten der Gesellschaften, die sich an der Übertragung von Vermögensgegenständen beteiligen, und damit letztendlich auch auf Kosten der Allgemeinheit."[333] Sowohl die *continuity of enterprise* als auch die *product line exception* stellen damit die Interessen des Geschädigten einseitig in den Vordergrund und vernachlässigen die berechtigten Interessen der Geschäftswelt.[334]

d) Gesamtwirtschaftliche Konsequenzen

Unternehmen werden sich auf die erweiterte Nachfolgehaftung einstellen, was zu den folgenden Entwicklungen führen wird: Rückgang der Gesamtanzahl von Unternehmensverkäufen, Rückgang der Preise für Unternehmen und Zunahme der Zerschlagung von Unternehmen und des Verkaufs der einzelnen Bestandteile.[335] Die Schwierigkeit, den Umfang der Produkthaftung zum Zeitpunkt des Unternehmenskaufes zu bestimmen, wird dazu führen, dass sowohl die Anzahl von Unternehmensverkäufen als auch die für Unternehmen erzielbaren Preise sinken werden.[336] Die Verkäuferin kann unter Umständen einen höheren Wert erlösen, wenn sie ihr Unternehmen zerschlägt und die einzelnen Bestandteile an verschiedene Käuferinnen veräußert.

Um die erweiterte Nachfolgehaftung auszuschließen, werden Unternehmen, die mit hohen Produkthaftungsrisiken verbunden sind, nicht mehr in ihrer Gesamtheit verkauft werden. Der über die bloße Summe der Vermögensgegenstände in einem Unternehmen verkörperte Wert, insbesondere der Goodwill, geht hierdurch verloren.

---

[333] Siehe Restatement (Third) of Torts: Products Liability § 12 cmt. b (Proposed Final Draft 1997) (Original in Englisch).

[334] Hierzu z.B. Polius, 802 F.2d at 83.

[335] Vgl. Polius, 802 F.2d at 83. Ausführlich hierzu auch Restatement (Third) of Torts: Products Liability § 12 cmt. b (Proposed Final Draft 1997).

[336] *Green*, 72 Cornell L. Rev. 47 n. 137 verweist in diesem Zusammenhang auf einen tatsächlichen Fall, in dem der Verkauf eines Chemieunternehmens scheiterte, weil erhebliche Unsicherheiten im Hinblick auf die mögliche Nachfolgehaftung der Käuferin für Asbestschäden bestanden.

An den Problemen, zu deren Lösung die erweiterte Nachfolgehaftung entwickelt worden ist, wird sich nichts ändern. Bei Verkauf der einzelnen Bestandteile eines Unternehmens an verschiedene Käuferinnen ist auch die erweiterte Nachfolgehaftung nicht anwendbar. Die Inhaber von Produkthaftungsansprüchen, welche sich erst nach Auflösung der Herstellerin vollenden, werden weiterhin ohne Anspruchsgegnerin sein. Im Ergebnis behindert die erweiterte Nachfolgehaftung den Markt für Unternehmenskäufe, führt zur unnötigen Zerstörung von Werten und ist untauglich, die von ihr erkannten Probleme zu lösen.[337]

e) Ziele der strikten Produkthaftung

Sowohl die *continuity of enterprise* als auch die *product line exception* stützen die Erweiterungen der Nachfolgehaftung auf die Ziele der *strict products liability* wie sie in § 402A des *Restatement (Second) of Torts (1965)* zum Ausdruck kommen. Um die Aussicht des Geschädigten auf Schadensersatz zu verbessern, verzichtet das *Restatement* zwar auf das Verschulden der Herstellerin, nicht jedoch auf die Kausalität ihres Verhaltens.

Weder die *continuity of enterprise* noch die *product line exception* können diesem Kausalitätserfordernis gerecht werden. Da die Unternehmenskäuferin das fehlerhafte Produkt nicht hergestellt hat, ist sie für den Schaden nicht kausal.[338] Zwar hat die Unternehmenskäuferin im Sinne einer „*conditio sine qua non*" einen Beitrag dazu geleistet, dass der Geschädigte nicht mehr auf die tatsächliche Schädigerin zugreifen kann. Anhänger der erweiterten Nachfolgehaftung berufen sich daher darauf, dass die Käuferin durch den Erwerb des Unternehmens dazu beigetragen habe, dass die Herstellerin dem Geschädigten nicht mehr als Anspruchsgegnerin zur Verfügung stehe.[339]

Die Misere des Geschädigten wird jedoch nicht durch den Verkauf des Unternehmens ausgelöst, sondern erst durch die spätere Auflösung der Verkäuferin und Herstellerin. Zwar erhält die Verkäuferin als Gegenleistung für die das Un-

---

[337] Vgl. Polius, 802 F.2d at 83: „*Thus, the benefits of alienability will have been lost to commerce with no commensurate benefit to plaintiffs.*" Ausführlich zu den negativen gesamtwirtschaftlichen Konsequenzen der erweiterten Nachfolgehaftung *Rogala*, 68 U. Det. L. Rev. 37, 62-71.

[338] Vgl. Polius, 802 F.2d 75, 81-82.

[339] So z.B. Ray v. Alad Corp., 560 P.2d 3, 9; Kline v. Johns-Manville, 745 F.2d 1217, 1220 (9th Cir. 1984) Siehe hierzu ausführlich *D. Phillips*, 11 Hofstra L. Rev. 249.

ternehmen ausmachenden Vermögensgegenstände liquide Mittel, welche die Auflösung und Liquidation der Gesellschaft erleichtern. Es ist jedoch unangemessen, den Erwerb von Vermögensgegenständen gegen Bargeld allein wegen dieser Konsequenzen zu einem Haftungstatbestand zu machen.[340] Vielmehr ist der Erwerb von Vermögensgegenständen gegen Bargeld eine Grundvoraussetzung der Marktwirtschaft und kein deliktisches Verhalten. Der Unternehmenskauf an sich verschlechtert oder zerstört die Schadensersatzmöglichkeiten der Geschädigten nicht. Ist der Kaufpreis unangemessen niedrig, so sind die Gläubiger durch das *fraudulent conveyance law* geschützt. Ansonsten ist die Verkäuferin nach dem Unternehmensverkauf ebensogut in der Lage, ihre Produkthaftungsansprüche zu begleichen wie zuvor.[341] Das eigentliche Problem ist die Auflösung der Herstellerin und nicht der Verkauf des Unternehmens. Als Anknüpfungspunkt für die Produkthaftung ist der kausale Beitrag der Erwerberin nicht ausreichend. Ein derart weites Verständnis der Kausalität würde zur uferlosen Ausdehnung der Produkthaftung führen.[342]

Ohne Kausalität lassen sich auch die Ziele der *strict products liability* nicht mehr erreichen. Haftungsregelungen können nur dann verhaltenssteuernd wirken, wenn die in Anspruch genommene Partei Einfluss auf die Haftungsvoraussetzungen nehmen kann. Hinsichtlich der Unternehmenskäuferin werden diese Ziele bereits dadurch erreicht, dass die Käuferin für die von ihr hergestellten Produkte nach allgemeinem Produkthaftungsrecht haftet.[343] Wenn sie im Rahmen der erweiterten Nachfolgehaftung in Anspruch genommen wird, ist die Käuferin jedoch per Definition nicht die Herstellerin des fehlerhaften Produktes. Ihre Inanspruchnahme widerspricht dann dem produkthaftungsrechtlichen Grundsatz, dass derjenige haften soll, der die Möglichkeit hatte, das Risiko zu den geringsten Kosten zu vermeiden oder zu reduzieren.[344] Die Unternehmenskäuferin hatte keinerlei Möglichkeit, das von den Produkten der Verkäuferin als

---

340 So auch *Green*, 72 Cornell L. Rev. 17, 33.

341 Hierzu *Schulman*, 31 Wayne L. Rev. 135, 145 n.30: „*The problem, of course does not lie in the sale itself. The seller has received fair consideration and commonly will reinvest the proceeds, leaving it in as strong a position to meet claims as in the presale period.*"

342 Vgl. *Light*, 11 Miss. C. L. Rev. 63, 69-70.

343 Vgl. *Gilson/Black*, The Law and Finance of Corporate Acquisitions, S. 1531.

344 Ausführlich hierzu *Green*, 72 Cornell L. Rev. 17, 35-39. Siehe auch *Rogala*, 68 U. Det. L. Rev. 37, 53-56; *Murphy*, 71 Marq. L. Rev. 838-39.

Herstellerin ausgehende Risiko zu reduzieren. Ihre Haftung für fehlerhafte Produkte der Herstellerin ist daher nicht geeignet, die Produktsicherheit zu verbessern. Verbesserung der Produktsicherheit und Minimierung der Unfallkosten lassen sich durch die Haftung der Unternehmenskäuferin für Produkte, die von der Verkäuferin hergestellt und in den Markt gebracht worden sind, nicht erreichen.[345]

f) Inanspruchnahme von Vertrauen

Verschiedene Gerichte, die sich für die Erweiterung der Nachfolgehaftung im Produkthaftungsrecht ausgesprochen haben, stützen die Haftung der Unternehmenskäuferin für Verbindlichkeiten der Verkäuferin darauf, dass die Käuferin sich als Fortsetzung der Verkäuferin ausgibt.[346] Es handelt sich hierbei um eine Analogie zum Vertretungsrecht: Wer einen Dritten als seinen Vertreter ausgibt, haftet für die Verbindlichkeiten, die der angebliche Vertreter verursacht.[347]Die Haftung beruht auf dem Vertrauen des Verkehrs, dass es sich tatsächlich um einen Vertreter desjenigen handelt, der den Anschein gesetzt hat. Dieses Vertrauen der Gläubiger ist Anspruchsvoraussetzung.

Im Zusammenhang mit der erweiterten Nachfolgehaftung im Produkthaftungsrecht fehlt es jedoch am Vertrauen der Geschädigten darauf, dass die Unternehmenskäuferin identisch mit der Herstellerin ist. Wenn Verbraucher ein Produkt erwerben, verlassen sie sich zwar auf die Sicherheit dieses Produktes. Entsprechendes Vertrauen wird jedoch nur von der Herstellerin, die das Produkt auf den Markt bringt, in Anspruch genommen.[348] Hinsichtlich der bereits auf dem Markt befindlichen Produkte der Herstellerin besteht kein Anlass zu der Annahme, dass die Verbraucher von der Unternehmenskäuferin die Fehlerfreiheit dieser Produkte erwarten. Das Auftreten der Unternehmenskäuferin als Fortsetzung der

---

[345] Polius, 802 F.2d at 82 beruft sich auf *Calabresi*, The Cost of Accidents, 64 (1975) „*[A] system that compensates for accidents perfectly once they have occurred but does nothing to prevent them in the first place is obviously not desirable.*“ Siehe hierzu auch *Light*, 11 Miss. C. L. Rev. 63, 69-70.

[346] Siehe z.B. Turner v. Bituminous Casualty Co., 244 N.W.2d 873, 882 (Mich. 1976), Andrews v. John E. Smith's Sons Co., 369 So.2d 781, 785-86 (Ala. 1979).

[347] Vgl. Restatement (Second) of Agency § 31 (1958).

[348] Siehe oben § 4 I. 1. b) (aa).

Verkäuferin kann daher nicht als Argument für die erweiterte Nachfolgehaftung im Produkthaftungsrecht dienen.[349]

g) Übernahme von Goodwill

Im Zusammenhang mit dem Auftreten der Käuferin als Fortsetzung der Verkäuferin spielt die Übernahme des Goodwill eine zentrale Rolle als Rechtfertigung für die erweiterte Nachfolgehaftung. Möchte die Unternehmenskäuferin vom Goodwill der Verkäuferin profitieren, so müsse sie auch die Last der Produkthaftung der Verkäuferin übernehmen. Diese Argumentation ist jedoch nur scheinbar überzeugend.

Goodwill ist ein immaterieller Vermögenswert und ermittelt sich aus dem Unterschied zwischen dem Wert des Unternehmens als ganzem und dem Wert seiner einzelnen Bestandteile.[350] Der Wert des Goodwills eines Unternehmens spiegelt sich im Kaufpreis wieder. Die Unternehmenskäuferin hat daher für die Übernahme des Goodwill bereits eine Gegenleistung erbracht.[351] Bei Anwendung der erweiterten Nachfolgehaftung zahlt die Käuferin für den Goodwill doppelt: einmal in Form des Kaufpreises zum Zeitpunkt des Unternehmenskaufes und zum zweitenmal, wenn sie für fehlerhafte Produkte der Verkäuferin in Anspruch genommen wird. Die Verknüpfung des Goodwill mit der Haftung für fehlerhafte Produkte der Verkäuferin stört so das zwischen den Parteien vereinbarte vertragliche Austauschverhältnis.

Werden nach dem Unternehmenskauf fehlerhafte Produkte der Herstellerin entdeckt, kann dies das Ansehen einer Marke oder Firma beeinträchtigen und den Wert des Goodwill erheblich reduzieren, so dass die Unternehmenskäuferin auch ohne Anwendung der erweiterten Nachfolgehaftung bereits Verluste hinnehmen muss.[352] Die Verbindung der Vorteile des Goodwills mit den Nachteilen der Produkthaftung willkürlich. Selbst wenn man der Aussage zustimmte, dass derjenige, der die Vorteile eines Geschäftes in Anspruch nimmt, auch dessen Nachteile tragen solle, folgt hieraus noch nicht, dass die Produkthaftung ein Nachteil der Übernahme des Goodwills ist. Der Nachteil der übernommenen

349 Überzeugend insoweit *Green*, 72 Cornell L. Rev. 17, 28-29.

350 Vgl. *Green*, 72 Cornell L. Rev. 17, 29 n.51.

351 Vgl. *Gilson/Black*, The Law and Finance of Corporate Acquisitions, S. 1531-32; *Murphy*, 71 Marq. L. Rev. 835-36.

352 So *Murphy*, 71 Marq. L. Rev. 835.

Produkthaftung korrespondiert nicht zwingenderweise mit dem Vorteil des übernommenen Goodwill. Vielmehr wird der von der Erwerberin übernommene Goodwill durch nachträglich auftretende Produkthaftungsfälle ohnehin schon geschädigt. Die Vorteil/Nachteil Argumentation erklärt somit nicht, warum die Erwerberin darüber hinaus auch durch die zwingende Haftungsübernahme noch bestraft werden soll. Im Ergebnis ist damit festzustellen, dass die Übernahme von Goodwill die erweiterte Nachfolgehaftung nicht zu rechtfertigen vermag.[353]

h) Leistungsfähigkeit der Unternehmenskäuferin

Häufig stützen Gerichte die Inanspruchnahme der Käuferin auf ihre Fähigkeit, (1) einem anderenfalls anspruchslosen Geschädigten Schadensersatz zu zahlen, (2) die Kosten der Produkthaftung zu verteilen und (3) sich zu versichern.[354] Die Kompensation des Geschädigten ist ein wichtiges Ziel des Produkthaftungsrechts. Allerdings reicht die bloße Fähigkeit der Käuferin, Schadensersatz zu leisten, nicht als Rechtfertigung für ihre Inanspruchnahme aus. Bei Fortfall des eigentlich Verantwortlichen kann der Geschädigte auch durch andere Haftungsmodelle entschädigt werden, wie etwa durch die Marktanteilshaftung einer gesamten Branche, die Haftung der Regierung, die Haftung der Gesellschafter der Herstellerin oder durch die Haftung einer beliebigen vermögenden Rechtspersönlichkeit.[355]

---

[353] So auch die ganz überwiegende Auffassung im Schrifttum *Green*, 72 Cornell L. Rev. 17, 29; *Gilson/Black*, The Law and Finance of Corporate Acquisitions, S. 1531-32; *Aylward/Aylward*, 13 Stetson L. Rev. 555, 580-581; *Schulman*, 31 Wayne L. Rev. 135, 136; *Hudak*, 23 Bos. Col. L. Rev. 1397, 1421-22.

[354] Siehe *Green*, 72 Cornell L. Rev. 17, 30 m.w.N. aus der Rechtsprechung.

[355] *Gilson/Black*, The Law and Finance of Corporate Acquisitions, S. 1530 n. 14 weisen darauf hin, das die Kompensation des Geschädigten bei Auflösung der Herstellerin auch durch industrieweite Marktanteilshaftung erreicht werden kann analog zu Sindell v. Abott Laboratories, 607 P.2d 924 (Cal.1980); cert denied, 449 U.S. 912 (1980). Ähnlich auch die Argumentation mit der das Gericht in Woody v. Combustion Engineering, Inc., 463 F.Supp. 817, 820-21 (E.D. Tenn.) die erweiterte Nachfolgehaftung der Unternehmenskäuferin ablehnt: „*Indeed, most of the policies advanced by the courts on support of expanded liability would be more efficiently advanced by placing liability on the entire industry rather than on the good faith purchaser alone.*"

In Sindell gestattete das Gericht den geschädigten Klägern die Inanspruchnahme sämtlicher Hersteller eines Medikaments entsprechend ihres Marktanteils, wenn nicht mehr feststellbar ist, welches Medikament den konkreten Schadensfall ausgelöst hat. Ähnlich wie die erweiterte Nachfolgehaftung dient die Marktanteilshaftung damit dem Schutz der Geschädigten bei Fehlen eines Anspruchsgegners. Anders als bei der erweiterten Nachfolgehaftung, bei der die Auflösung der Herstellerin zum Wegfall des Anspruchsgegners führt, liegt das Fehlen des

Die Fähigkeit, Schadensersatz zu leisten, beantwortet nicht die Frage, warum ausgerechnet die Unternehmensnachfolgerin herangezogen werden soll. Auch die Fähigkeit, die Kosten der Produkthaftung auf eine größere Gruppe umlegen zu können, lässt neben der Unternehmenskäuferin weitere Anspruchsgegner zu. Ein allgemeines, öffentlich finanziertes Kompensationssystem könnte die gesamtgesellschaftliche Kostenverteilung viel besser wahrnehmen.[356] Die Versicherungsmöglichkeiten der Unternehmenskäuferin verteilen die Kosten der erweiterten Nachfolgehaftung zwar, sind jedoch immer noch keine hinreichende Begründung für die Haftung der Käuferin oder für deren Pflicht, sich zu versichern. Die Möglichkeit, sich gegen bestimmte Risiken zu versichern, besteht unter jedem Haftungsmodell. Sie ist nicht Haftungsvoraussetzung sondern vielmehr häufig Haftungsfolge.

i) Sicht des Geschädigten

Ein wesentliches Argument für die erweiterte Nachfolgehaftung stellt auf die Sicht des Geschädigten ab. Da die Form des Unternehmenskaufes für den Geschädigten keinen Unterschied mache, müsse die Unternehmenskäuferin auch im Rahmen eines *asset deal* die Produkthaftung der Verkäuferin übernehmen.[357] Aus Sicht des Geschädigten ist es jedoch auch unbedeutend, von wem er Schadensersatz erhält. Er ist nur daran interessiert, dass er Schadensersatz erhält. Die Sichtweise des Geschädigten führt daher nicht zwingend zur Inanspruchnahme der Käuferin von Vermögensgegenständen eines Unternehmens.[358] Außerdem führt das alleinige Abstellen auf die Interessen des Geschädigten zu einer erheblichen Reduzierung der Gestaltungsmöglichkeiten beim Unternehmenskauf und vernachlässigt die berechtigten Interessen der Geschäftswelt.[359]

Anspruchsgegners bei der Nachfolgehaftung an der fehlenden kausalen Verknüpfung einer bestimmten Herstellerin mit dem konkreten Schadensfall. Vgl. ausführlich zur Marktanteilshaftung *Otte*, Marktanteilshaftung, S. 17-86; *Koch*, Haftung bei Produktspätschäden, S. 103-125; *Kästle*, Haftung für toxische Massenschäden, S. 129-161 und *Ohmann*, Die „market share liability".

[356] *Green*, 72 Cornell L. Rev. 17, 31 n.62 weist darauf hin, dass Neuseeland ein derartiges System eingeführt hat.

[357] Vgl. Turner v. Bituminous Casualty Co., 244 N.W.2d 873, 878 (Mich. 1976).

[358] Vergleiche hierzu *Green*, 72 Cornell L. Rev. 17, 32, der zutreffend feststellt: „*Ultimately, the plaintiff's perspective provides no more justification for imposing successor liability than does an unadorned appeal for compensation.*"

[359] Siehe oben § 4IV.2.d), h) und g).

V. Garantenhaftung für fehlerhafte Produkte der Verkäuferin

1. Stand der Garantenhaftung

Zahlreiche Entscheidungen zur Nachfolgehaftung sprechen die Möglichkeit an, dass die Unternehmenskäuferin eine Warnpflicht für fehlerhafte Produkte der Verkäuferin habe und bei Nichterfüllung dieser Pflicht für Schäden hafte, die aus diesen Produkten entstehen.[360] Die Verantwortlichkeit einer Unternehmenskäuferin wegen unterlassener Warnung vor fehlerhaften Produkten der Verkäuferin ist jedoch kein Fall der *successor liability*. Die Käuferin haftet nicht für Verbindlichkeiten der Verkäuferin, sondern für eine eigene Pflichtverletzung.[361] Anders als die Fallgruppen der Nachfolgehaftung hängt die Garantenhaftung deshalb nicht von dem Charakter des Unternehmenskaufes ab, sondern von dem Verhältnis zwischen der Unternehmenskäuferin und dem geschädigten Verwender des Produktes der Verkäuferin.[362] Die Haftung der Nachfolgegesellschaft für unterlassene Warnung vor fehlerhaften Produkten ihrer Vorgängerin kann folglich auch nicht durch eine Vereinbarung in dem Unternehmenskaufvertrag beschränkt werden.[363]

Die Garantenhaftung der Unternehmenskäuferin kommt neben der Nachfolgehaftung in Betracht und wird von Gegnern[364] und Befürwortern[365] der erweiterten Nachfolgehaftung gleichermaßen angewendet. Auch das *Restatement (Third) of Torts: Products Liability (Proposed Final Draft 1997)* anerkennt die Haftung der Unternehmenskäuferin wegen unterlassener Warnung.[366]

---

360 Vgl. z.B. Leannais v. Cincinnati, Inc., 565 F.2d 437, 442-443 (7th Cir. 1977); Gee Tenneco, Inc., 615 F.2d 857, 866 (9th Cir. 1980); Polius v. Clark Equipment Co., 802 F.2d 75, 84 (3d Cir. 1986); Sherlock v. Quality Control Equip. Co., Inc., 79 F.3d 731, 733 (8th Cir. 1996). Ausführlich hierzu *Richmond*, 45 Baylor L. Rev. 535, 571-75.

361 Vgl. Clark Equipment Co. v. Dial Corp., 25 F.3d 1384 (7th Cir. 1994). Siehe hierzu auch *Kressel*, 4 Prod. Liab. L.J. 211, 221.

362 Vgl. Sherlock v. Quality Control Equip. Co., Inc., 79 F.3d 731, 734.

363 Vgl. *Richmond*, 45 Baylor L. Rev. 575.

364 Vgl. z.B. Polius v. Clark Equipment Co., 802 F.2d 75 (3d Cir. 1986).

365 Vgl. z.B. Gee Tenneco, Inc., 615 F.2d 857; Pelc v. Bendix Machine Tool Corp., 314 N.W.2d 614 (Mich. Ct. App. 1982).

366 Siehe Restatement (Third) of Torts: Products Liability (Proposed Final Draft 1997) § 13.

2. Voraussetzungen der Warnpflicht

Eine Unternehmenskäuferin hat grundsätzlich auch bei Weiterführung der Firma und Erwerb des Goodwill keine Pflicht, vor defekten Produkten der Verkäuferin zu warnen.[367] Selbst aus einer vertraglichen Haftungsübernahme folgt nicht automatisch die Übernahme einer entsprechenden Warnpflicht hinsichtlich der fehlerhaften Produkte.[368] Besteht jedoch zwischen den Kunden der Verkäuferin und der Unternehmenskäuferin eine besondere Beziehung und kennt die Unternehmenskäuferin die Risiken der Produkte der Verkäuferin, so hat die Rechtsprechung der Käuferin die Pflicht auferlegt, vor defekten Produkten der Verkäuferin zu warnen.[369] Unter folgenden Voraussetzungen wurde eine entsprechende Warnpflicht angenommen:[370]

- Die Unternehmenskäuferin übernimmt die Kundendienstverträge der Verkäuferin;
- das fehlerhafte Produkt fällt unter den Kundendienstvertrag;
- die Unternehmenskäuferin hat den Kundendienst für das fehlerhafte Produkt tatsächlich ausgeführt; und
- die Unternehmenskäuferin kennt die Fehlerhaftigkeit des Produktes und weiß, wo sich das Produkt oder sein Eigentümer befinden.

Diese Voraussetzungen sind jedoch nicht zwingend.[371] Entscheidend ist die Beziehung zwischen der Unternehmenskäuferin und dem Kunden der Verkäufe-

---

367 Vgl. Polius v. Clark Equipment Co., 802 F.2d 75 (3d Cir. 1986); Travis, 565 F.2d 443, 449 (7th Cir. 1977): „*The mere continuation of a name and acquisition of good will cannot of themselves create a duty to warn.*" Prägnant auch LaFountain v. Webb Indus. Corp., 951 F.2d 544, 548 (3d Cir. 1991): „*Succession alone does not create a duty to warn.*"

368 Vgl. Emrich v. Kroner, 434 N.Y.S.2d 491 (N.Y. App. Div. 1980).

369 Vgl. *Kressel*, 4 Prod. Liab. L.J. 211, 221-22.

370 Vgl. Travis v. Harris Corp., 565 F.2d 443, 449 (7th Cir. 1977); Tucker v. Paxson Mach. Co., 645 F.2d 620, 626 (8th Cir. 1981): „*The courts consider the following factors as significant in determining the existence of a relationship effective to create a duty to warn: (1) succession to a predecessor's service contracts; (2) coverage of the particular machine under the contract; (3) service of the machine by the purchaser-corporation; and (4) the purchaser-corporation's knowledge of defects and of the location or owner of that machine.*"

371 Vgl. Downtowner, Inc. v. Acrometal Products, Inc., 347 N.W.2d 118, 125 (N.D. 1984); Sherlock v. Quality Control Equip. Co., Inc., 79 F.3d 731, 734: „*While these factors are indisputably important, and in many cases dispositive, we remain mindful that they are*

rin. Die Belastung der Unternehmenskäuferin mit der Pflicht, vor fehlerhaften Produkten der Verkäuferin zu warnen, rechtfertigt sich aus der Erwägung, dass sie aus der Fortsetzung der Beziehung zu den Kunden der Verkäuferin einen wirtschaftlichen Vorteil zieht.[372] Dieser wirtschaftliche Vorteil bringt die Pflicht mit sich, vor bekannten Risiken zu warnen. Obwohl die Unternehmenskäuferin die Kundendienstverträge der Verkäuferin nicht übernommen hatte, sah das Gericht in *Sherlock v. Quality Control Equipment Co., Inc.* einen derartigen wirtschaftlichen Vorteil darin begründet, dass die Käuferin nach Erwerb des Unternehmens der Verkäuferin die einzige Herstellerin bestimmter Maschinen war und den Kunden der Verkäuferin Ersatzteile geliefert hatte.[373] Die Unternehmenskäuferin haftete daher wegen unterlassener Warnung vor den Risiken der fehlerhaften Maschine, die die Kunden von der Unternehmensverkäuferin erstanden hatten.

Das *Restatement (Third) of Torts: Products Liability (Proposed Final Draft 1997)* hat die Grundsätze der Rechtsprechung in § 13 zusammengefasst:

§ 13 Liability of Successor for Harm Caused by Successor's Own Post-Sale Failure to Warn

---

merely useful tools which provide evidence in resolving the ultimate inquiry: whether there is an adequate nexus between the successor and the predecessor's customers."

[372] Grundlegend hierzu *Fletcher*, Fletcher Cyclopedia of the Law of Private Corporations, § 7123.08: „*The critical element required for the imposition of the duty is a continuing relationship between the successor and the predecessor's customers for the benefit of the successor. Hence, rather than relying only on the four specific factors above, which are not exhaustive in establishing a nexus between the successor and its predecessor's customers sufficient to justly impose an independent duty to warn upon notice of dangers or potential dangers, the courts also employ a risk/benefit analysis. Thus, the focus in deciding whether the relationship between the successor corporation and the preexisting customer is sufficient to create a duty to warn has been upon the actual or potential economic advantage to the successor corporation.*" Vgl. Leannais v. Cincinnati, Inc., 565 F.2d 437, 442 (7th Cir. 1977): „*For the most part such a duty has been imposed where the relation is of some actual or potential economic advantage to the defendant, and the expected benefit justifies the requirement of special obligations.*" Siehe auch Sherlock v. Quality Control Equip. Co., Inc., 79 F.3d 731, 734 und Restatement (Third) of Torts: Products Liability § 13, Reporters' Note cmt. a (Proposed Final Draft 1997).

[373] Siehe Sherlock v. Quality Control Equip. Co., Inc., 79 F.3d 731, 734-36; ausführliche Besprechung dieser Entscheidung bei *Penne*, 30 Creighton L.Rev. 1053, 1055-61.

(a) A successor corporation or other business entity that acquires assets of a predecessor corporation or other business entity, whether or not liable under the rule stated in §12, is subject to liability for harm to persons or property caused by the successor's failure to warn of a risk created by a product sold or distributed by the predecessor when:

(1) the successor undertakes or agrees to provide services for maintenance or repair of the product or enters into a similar relationship with purchasers of the predecessor's products giving rise to actual or potential economic advantage to the successor, and

(2) a reasonable person in the position of the successor would provide a warning.

(b) A reasonable person in the position of the successor would provide a warning when:

(1) the successor knows or reasonably should know that the product poses a substantial risk of harm to persons or property; and

(2) those to whom a warning might be provided can be identified and can reasonably be assumed to be unaware of the risk of harm; and

(3) a warning can be effectively communicated to and acted upon by those to whom a warning might be provided; and

(4) the risk of harm is sufficiently great to justify the burden of providing a warning.

Auch für das *Restatement (Third) of Torts: Products Liability (Proposed Final Draft 1997)* ist die Übernahme des Kundendienstvertrages der Verkäuferin durch die Unternehmenskäuferin nicht zwingend. Ausdrücklich heißt es in § 13(a)(1), dass die Unternehmenskäuferin wegen unterlassener Warnung für fehlerhafte Produkte der Verkäuferin haftet, wenn sie den Kundendienst für Produkte der Verkäuferin übernimmt oder wenn sie *„in eine ähnliche Beziehung mit den Kunden der Verkäuferin eintritt, welche der Unternehmenskäuferin einen tatsächlichen oder potentiellen wirtschaftlichen Vorteil bringt.*"[374]

Das *Restatement (Third) of Torts: Products Liability § 13(b)(1) (Proposed Final Draft 1997)* beschränkt die Garantenhaftung der Unternehmenskäuferin nicht auf Fälle, in denen sie positive Kenntnis von der Gefährlichkeit des Produktes der Verkäuferin hat. Auch dann, wenn die Unternehmenskäuferin von der

374 Siehe Restatement (Third) of Torts: Products Liability § 13(a)(1) (Proposed Final Draft 1997) (Original in Englisch).

Gefährlichkeit des Produktes hätte wissen müssen, kann sie wegen unterlassener Warnung haften. In der Rechtsprechung ist diese Frage umstritten. Einige Gerichte verlangen positive Kenntnis.[375] Andere lassen auch fahrlässige Nichtkenntnis ausreichen.[376] Das *Restatement* begründet seine Entscheidung für fahrlässige Nichtkenntnis damit, dass die Unternehmenskäuferin anderenfalls dazu ermutigt wäre, vor den Risiken der Produkte der Verkäuferin die Augen zu verschließen.[377]

3. Fazit

Die Erwerberin eines Unternehmens kann wegen der Verletzung von Warnpflichten hinsichtlich fehlerhafter Produkte der Verkäuferin haften. Es handelt sich hierbei um die Haftung für eigene Verbindlichkeiten, nicht für solche der Verkäuferin. Insofern ist die Garantenhaftung der Käuferin kein Fall der Nachfolgehaftung.

---

375 Vgl. Polius v. Clark Equipment Co., 802 F.2d 75, 84 n.10 (3d Cir. 1986).

376 Vgl. Flaugher v. Cone Automatic Mach. Co., 507 N.E.2d 331, 337 (Ohio 1987).

377 Vgl. Restatement (Third) of Torts: Products Liability §13, Reporters' Note cmt. a (Proposed Final Draft 1997).

§ 5 Erweiterte Nachfolgehaftung im Altlastenrecht

I. Besonderheiten der Altlastenhaftung

Nachdem die erweiterte Nachfolgehaftung zunächst im Produkthaftungsrecht entwickelt worden ist, hat sich mittlerweile das Hauptanwendungsgebiet der *successor liability* auf die Haftung für Altlasten nach dem *Comprehensive Environmental Response, Compensation and Liability Act*[378] (CERCLA) verlagert. Auch für diese Ansprüche hat die Rechtsprechung die traditionellen Fallgruppen der Nachfolgehaftung als zu eng befunden.[379] Wie im Produkthaftungsrecht besteht auch im Altlastenrecht die Gefahr, dass Verbindlichkeiten erst mit erheblicher Verzögerung entstehen oder bekannt werden und die verantwortliche Gesellschaft zu diesem Zeitpunkt nicht mehr existiert. Wegen der hohen Kosten der Altlastensanierung – im Jahre 1996 durchschnittlich mehr als $26.000.000 pro Sanierungsfall[380] – kann die Haftung das Überleben eines Unternehmens durchaus in Frage stellen.[381] Nicht zuletzt deshalb wird die erweiterte Nachfolgehaftung im Zusammenhang mit CERCLA kontrovers diskutiert. Die CERCLA-Haftung sei *„ein schwarzes Loch, das jeden verschlingt, der ihm nahe kommt"*.[382] Durch die Ausweitung der Nachfolgehaftung habe die Rechtsprechung CERCLA in einen *„schwerbewaffneten Wahnsinnigen verwandelt, der willkürlich seine finanzielle Kugeln auf diejenigen abfeuert, die unglücklich genug sind, sich in seiner Nähe aufzuhalten"*[383].

Da die Haftung gemäß CERCLA auf Gesetz und nicht wie die verschuldensunabhängige Produkthaftung auf Richterrecht beruht, ist zunächst zu klären, ob die Prinzipien der Nachfolgehaftung in diesem Zusammenhang überhaupt anwendbar sind. Bejaht man diese Frage, so ist zu untersuchen, nach welchem Haftungsmaßstab die Käuferin eines Unternehmens als Nachfolgerin der Ver-

---

378 42 U.S.C. §§ 9601-9675 (1994).

379 Hierzu *Schnapf*, 4 Envtl. Law 435, 439 m.w.N..

380 Vgl. *Miller/Johnston*, The Law of Hazardous Waste Disposal and Remedition, S. 9.

381 Siehe hierzu *Fromm/Lewis/Corken*, 22 J. Corp. L. 429 und *Green*, 87 Nw. U. L. Rev. 897, 902, die ausdrücklich auf die besondere Gefährlichkeit der CERCLA-Haftung auch im Vergleich zur Produkthaftung hinweisen.

382 *J. Anderson*, 13 Va. Envtl. L.J. 1, 6-7 (Original in Englisch).

383 *Green*, 87 Nw. U. L. Rev. 897, 916 (Original in Englisch).

käuferin herangezogen werden kann. Als weiteres Problem tritt hinzu, dass es sich bei CERCLA um eine bundesgesetzliche Regelung handelt, die Grundsätze der *successor liability* jedoch dem Recht der Gliedstaaten entstammen. Es ist daher zu untersuchen, ob die Gerichte gliedstaatliches Recht auf ein Bundesgesetz anwenden dürfen oder ob sie befugt sind, entsprechendes *federal common law* zu entwickeln.

II. Haftung für Altlasten nach CERCLA

1. Entstehung und gesetzgeberisches Konzept

Gegen Ende der 70er Jahre hatten einige Fälle aufsehenerregender Entdeckungen verborgener Altlasten in den USA das Augenmerk der Öffentlichkeit auf das Problem der rechtlichen Regulierung von Umweltschäden gerichtet.[384] Hierauf reagierte der Kongressmit dem Erlass von CERCLA Ende 1980. CERCLA trat am 11.12.1980 in Kraft und wurde später durch den am 17.10.1986 in Kraft getretenen *Superfund Amendments and Reauthorization Act* (SARA) ergänzt. Da sich die Legislaturperiode des 96. Kongresses bei Erlass von CERCLA bereits ihrem Ende näherte, fanden Beratung und Verabschiedung des Gesetzes in großer Eile statt.[385] Die durch diese Entstehungsumstände hervorgerufenen sprachlichen und systematischen Ungenauigkeiten von CERCLA haben in der Folgezeit zu Auslegungsschwierigkeiten und divergierenden Entscheidungen der Rechtsprechung geführt.[386]

Trotz vieler Streitfragen hinsichtlich der Auslegung einzelner Vorschriften ist der Gesetzeszweck von CERCLA klar: (1) Die Bundesregierung soll in die Lage versetzt werden, gefährliche Altlasten schnell zu beseitigen; und (2) die wirklich Verantwortlichen und nicht die Öffentlichkeit sollen für die Kosten der Altlas-

---

[384] Siehe hierzu *Schipani,* 22 J. Corp. L. 599, n.91-93 m.w.N. zu den „Skandalen", welche die Altlastenproblematik in das Bewußtsein der Öffentlichkeit rückten.

[385] Eine ausführliche Darstellung der Entstehungsgeschichte von CERCLA bietet *Grad,* A Legislative History of the Comprehensive Environmental Response, Compensation and Liability („Superfund") Act of 1980, 8 Colum. J. Envtl. L. 1 (1982). Siehe hierzu auch *Bigalke,* Umweltrechtliche Verantwortlichkeit von Kreditgebern, S. 20-24.

[386] *Schipani,* 22 J. Corp. L. 599, verweist darauf, dass Kritiker wegen der von CERCLA verursachten Prozeßflut dieses Gesetz auch als „*full employment act for lawyers*" bezeichnen.

tensanierung aufkommen.[387] Dem ersten Ziel dient der sogenannte *Superfund*, dem zweiten die in § 107 CERCLA enthaltenen Haftungsvorschriften.

Aus deutscher Sicht lässt sich CERCLA als eine Kombination öffentlichrechtlicher mit privatrechtlichen Vorschriften beschreiben, die so *„ein recht eigentümliches System von Eingriffsbefugnissen und Anspruchsgrundlagen“* schaffen.[388] Die Bundesumweltbehörde – *Environmental Protection Agency* (EPA) – hat die Wahl, ob sie einer verantwortlichen Partei unmittelbar die Altlastensanierung aufgibt oder selbst entsprechende Maßnahmen durchführt und die Kosten später gegenüber einer verantwortlichen Partei geltend macht. Für die Haftungsfolgen ist es unerheblich, welchen Weg die Umweltbehörde beschreitet.[389] Im Ergebnis sollen immer die im Sinne von CERCLA verantwortlichen Parteien für die Sanierungskosten von Altlasten aufkommen.

Entscheidet sich die EPA dafür, selbst Maßnahmen zur Altlastensanierung durchzuführen, so kann sie dies mit Hilfe des *Superfund* unternehmen. Der *Superfund* ist ein öffentlicher Fond, welcher der (Vor-)Finanzierung von Sanierungsmaßnahmen in Situationen dient, in denen die EPA selbst tätig wird. Nur wenn die verantwortlichen Parteien später nicht feststellbar oder nicht in der Lage sind, die Altlastensanierung zu finanzieren, soll der *Superfund* die Sanierungskosten endgültig tragen.[390] Um die Belastung dieses Fonds gering zu halten, neigt die Rechtsprechung dazu, CERCLA weit auszulegen und möglichst viele *„deep pockets“* in Anspruch zu nehmen.[391]

---

[387] Hierzu *Fogleman*, Hazardous Waste Cleanup, Liability, and Litigation, S. 1; *Layfield*, 68 Tex. L. Rev. 1237, 1240-41. Siehe auch H.R. Rep. No. 253 (III), 99th Cong., 1st Sess. 15, reprinted in U.S. Code Cong. & Admin. News, 3038: "*(1) [T]o provide for clean-up if a hazardous substance is released into the environment or if such release is threatened, and (2) to hold responsible parties liable for the costs of these clean-ups.*"

[388] So etwa *Ochsenfeld*, Direkthaftung von Konzernobergesellschaften, S. 33. Ähnlich auch *Kästle*, Haftung für toxische Massenschäden, S. 343. Siehe zu CERCLA aus deutscher Sicht auch *Bliesener*, Altlastensanierung und -haftung in den USA nach dem „Comprehensive Environmental Response, Compensation, and Liability Act“ (CERCLA), 1998.

[389] Vgl. *Ochsenfeld*, Direkthaftung von Konzernobergesellschaften, S. 33.

[390] Hierzu S. Rep. No. 848, 96th Cong., 2d Sess. 13 (1980).

[391] Kritisch hierzu *C. Neumann*, 27 Envtl. L. 1373, 1402: *„The continuity of enterprise exception ... seeks only to allocate liability to the deepest pockets.“* Ebenso *Sisk/Anderson*, 16 Va. Envtl. L.J. 505, 506: *„These courts displaced traditional rules to impose liability under a novel „continuity of enterprise“ theory that seemed to rest, not on a solid conception of the corporate form or genuine responsibility for prior disposal of hazardous substances, but on*

2. Haftung gemäß § 107 CERCLA

In seinen hier interessierenden Teilen lautet § 107 CERCLA folgendermaßen: [392]

(a) Notwithstanding any other provision or rule of law, and subject only to the defenses set forth in subsection (b) of this section --
(1) the owner and operator of a vessel or a facility,
(2) any person who at the time of disposal of any hazardous substance owned or operated any facility at which such hazardous substances were disposed of,
(3) any person who by contract, agreement, or otherwise arranged for disposal or treatment, or arranged with a transporter for transport for disposal or treatment, of hazardous substances owned or possessed by such person, by any other party or entity, at any facility or incineration vessel owned or operated by another party or entity and containing such hazardous substances, and
(4) any person who accepts or accepted any hazardous substances for transport to disposal or treatment facilities, incineration vessels or sites selected by such person, from which there is a release, or a threatened release which causes the incurrence of response costs, of a hazardous substance, shall be liable for --
(A) all costs of removal or remedial action incurred by the United States Government or a State or an Indian Tribe not inconsistent with the national contingency plan;
(B) any other necessary costs of response incurred by any other person consistent with the national contingency plan;
(C) damages for injury to, destruction of, or loss of natural resources, including the reasonable costs of assessing such injury, destruction, or loss resulting from such a release;

---

the desire to find more deep pockets to pay for environmental cleanup." Hierzu auch *Hein*, RIW 1991, S. 637. Im Zusammenhang mit der Suche nach möglichst vielen zahlungskräftigen *deep pockets* steht auch die Haftung von Kreditgebern (*lender liability*) für CERCLA Verbindlichkeiten. Vgl. hierzu *Bigalke*, Umweltrechtliche Verantwortlichkeit von Kreditgebern, S. 19-63.

[392] 42 U.S.C. § 9607(a) (1994).

(D) the costs of any health assessment or health effects study carried out under section 9604(i) of this title.

Gemäß CERCLA können somit vier Kategorien potentiell verantwortlicher Parteien („*potentially responsible parties*") herangezogen werden: (1) gegenwärtige Eigentümer und Betreiber, (2) frühere Eigentümer und Betreiber einer Anlage, (3) Parteien, welche die Entsorgung oder Behandlung gefährlicher Stoffe übernommen oder veranlasst haben; und (4) Transporteure gefährlicher Stoffe. Die Haftung knüpft an die tatsächliche oder drohende Freisetzung gefährlicher Substanzen an. Die EPA hat eine Liste zusammengestellt, welche die gefährlichen Stoffe i.S.d. CERCLA aufführt.[393] Gefährlich ist eine Substanz bereits dann, wenn sie einen Bestandteil enthält, der auf der EPA-Liste steht.[394]

a) Charakteristik der Haftung

Nach Ansicht der Rechtsprechung haftet eine im Sinne von CERCLA verantwortliche Partei ohne Rücksicht auf ihr Verschulden.[395] Mehrere verantwortliche Parteien haften als Gemeinschuldner.[396] Die EPA kann die Sanierungskosten gegen jede von ihnen in voller Höhe geltend machen. Die Parteien eines Unternehmenskaufes können zwar untereinander vertraglich regeln, wer letztendlich für CERCLA-Haftung aufkommen soll. Die Haftung einer verantwortlichen Partei gegenüber der EPA lässt sich durch eine derartige Vereinbarung jedoch nicht ausschließen.[397] Die in Anspruch genommene Partei trägt somit das Insolvenzrisiko der weiteren verantwortlichen Parteien.[398]

---

[393] Vgl. 42 U.S.C. § 9601(14); 40 C.F.R. pt.302 (1997).

[394] Vgl. United States v. Alcan Aluminum Corp., 964 F.2d 252, 262-63 (3d Cir. 1992); Arizona v. Motorola, Inc., 774 F. Supp. 566, 570-75 (D. Ariz. 1991); City of New York v. Exxon Corp., 766 F. Supp. 177, 182-83 (S.D.N.Y. 1991).

[395] Vgl. New York v. Shore Realty Corp., 759 F.2d 1032, 1044 (2d Cir. 1985); United States v. Conservation Chem. Co. 619 F. Supp. 162 (W.D: Mo. 1985); B.F. Goodrich CO., v. Murtha, 958 F.2d 1192, 1198 (2d Cir. 1992). Hierzu auch *H. Neumann,* Haftung für Altlasten im Unternehmen, S. 38.

[396] Vgl. z.B. United States v. Chem-Dyne Corp., 572 F. Supp. 802, 810 (S.D. Ohio 1983). Hierzu auch *H. Neumann,* Haftung für Altlasten im Unternehmen, S. 38-40.

[397] Siehe 42 U.S.C. § 9607(e)(1): „*No indemnification, hold harmless, or similar agreement or conveyance shall be effective to transfer from ... any person who may be liable for a release or threat of release under this section, to any other person the liability imposed under this section.*

Besonders folgenschwer ist, dass ein Verantwortlicher gemäß CERCLA auch rückwirkend haftet. Die meisten Altlasten stammen aus der Zeit vor Inkrafttreten von CERCLA. Da anderenfalls eine umfassende Altlastensanierung erfolglos bleiben müsste, hat sich die Rechtsprechung trotz verfassungsrechtlicher Bedenken für die rückwirkende Anwendung von CERCLA entschieden.[399]

b) Insbesondere: Eigentümer und Betreiber

Der Begriff Eigentümer umfasst grundsätzlich jeden, der zu irgendeinem Zeitpunkt formell Eigentum an der Anlage besessen hat.[400] Eine einschränkende Ausnahme von diesem Grundsatz besteht dann, wenn im Rahmen einer mehrstufigen Transaktion eine Person nur für sehr kurze Zeit Eigentümer der Anlage geworden ist ohne jemals die tatsächliche Verfügungsgewalt über die Anlage erhalten zu haben.[401] Ansonsten haften Eigentümer unabhängig davon, ob sie die Kontrolle über die Anlage ausüben oder ausgeübt haben.[402] Teile der Rechtsprechung gehen jedoch darüber hinaus und lassen eine Partei dann als Eigentümer i.S.v. CERCLA haften, wenn sie Kontrolle über die Anlage ausgeübt hat ohne formell Eigentümer gewesen zu sein.[403] Es erscheint jedoch überzeugender, diesen Fall über den Begriff des Betreibers zu lösen. CERCLA enthält zwar keine

---

Nothing in this subsection shall bar any agreement to insure, hold harmless, or indemnify a party to such agreement for any liability under this section".

Die von CERCLA in § 107(e)(1) getroffene Regelung gilt zwar als missverständlich, wird von der Rechtsprechung mittlerweile jedoch einhellig im oben genannten Sinne verstanden. Hierzu Beazer E., Inc. v. Mead Corp., 34 F.3d 206, 211 (3d Cir. 1994): „*[A]greements to indemnify or hold harmless are enforceable between the parties but not against the government.*" Ebenso z.B. Olin Corp. v. Consolidated Aluminum Corp., 5 F.3d 10, 14 (2d Cir. 1993); John S. Boyd Co. v. Boston Gas Co., 992 F.2d 401, 405 (1st Cir. 1993).

398 Hierzu *Green*, 87 Nw. L. Rev. 897, 904.

399 Vgl. Northeastern Pharm. & Chem. Co. 579 F.Supp. 823, 839 (W.D. Missouri 1984), aff'd in part, rev'd in part, 810 F.2d 726, 732 (8th Cir. 1986). Hierzu auch *H. Neumann*, Haftung für Altlasten im Unternehmen, S. 38 und *Thimet*, Die Sanierung von Altlasten, S. 80-81.

400 Vgl. New York v. Shore Realty Corp., 759 F.2d 1032, 1043-45 (2d Cir. 1985).

401 Vgl. Robertshaw Controls Co. v. Watts Regulator Co., 807 F.Supp. 144, 150 (D. Me. 1992).

402 Vgl. Nurad, Inc. v. William E. Hooper & Sons Co., 966 F.2d 837, 846 (4th Cir. 1992).

403 Vgl. United States v. A & N Cleaners and Launderers, Inc. 788 F.Supp. 1317, 1332 (S.D.N.Y. 1992).

Definition des „*operator*". Allgemein wird hierunter jedoch derjenige verstanden, der die tatsächliche Kontrolle über eine Anlage innehat.[404]

Obwohl § 107(a)(1) von dem Eigentümer *und* Betreiber einer Anlage spricht, genügt es nach ganz herrschender Ansicht, Eigentümer *oder* Betreiber zu sein.[405] Die Verwendung des Wortes „und" anstelle von „oder" in § 107 (a) (1) CERCLA wird allgemein als ein Redaktionsversehen bewertet, das der Kongress wegen der Eile des Gesetzgebungsverfahrens übersehen hat.[406] Hierfür spricht insbesondere § 107 (a) (2) CERCLA, der die Verantwortlichkeit früherer Eigentümer *oder* Betreiber begründet. Wenn es für die Haftung einer Partei bereits genügt, dass sie in der Vergangenheit Eigentümer oder Betreiber einer Anlage war, so muss dies erst recht für die Gegenwart gelten. Es würde keinen Sinn ergeben, wenn § 107 (a) (1) für die Gegenwart das gleichzeitige Vorliegen beider Eigenschaften voraussetzen würde. Auch in der Legaldefinition des § 101(20)(A) CERCLA ist von „*owner or operator*" die Rede.

III. Anwendbarkeit der Nachfolgehaftung im Rahmen von CERCLA

Da die Aufzählung potentiell verantwortlicher Personen in § 107(a)(1)-(4) CERCLA die Käuferin eines Unternehmens nicht nennt, war zunächst unklar, ob die Grundsätze der *successor liability* auch auf die aus CERCLA resultierende Haftung anwendbar sind. Die Rechtslage ist unproblematisch, wenn die Käuferin auch das kontaminierte Betriebsgelände erwirbt. Sie haftet dann bereits als Eigentümerin gemäß § 107(a)(1) CERCLA. Da alle gegenwärtigen Eigentümer

---

404 Vgl. *Schnapf*, 4 Envtl. Law. 435, 441 n. 16.

405 Siehe hierzu aus der einhelligen Rechtsprechung z.B. United States v. Fleet Factors Corp., 901 F.2d 1550, 1554 n.3 (11th Cir. 1990); Guidice v. BFG Electroplating & Manufacturing Co., 732 F.Supp. 556, 561 (W.D. Pa. 1989); Artesian Water Co. v. New Castle County, 659 F.Supp. 1269, 1280 (D. Del. 1987), aff'd, 851 F.2d 643 (3d Cir. 1988), cert. denied, 111 S. Ct. 752 (1991); City of Philadelphia v. Stepan Chem. Co., 544 F.Supp. 1135, 1140 (E.D. Pa. 1982). Allein *Davidson*, 17 Real Est. L.J. 291, 310-12 vertritt mit wenig überzeugender Begründung die Auffassung, dass die Haftung gemäß § 107(a)(1) CERCLA nur auf Parteien anwendbar sei, die zugleich Eigentümer und Betreiber sind.

406 Vgl. z.B. *Oswald/Schipani*, 86 Nw. U. L. Rev. 259, 269-70. In diesem Sinne auch *Ochsenfeld*, Direkthaftung von Konzernobergesellschaften, S. 38.

haften, wird darauf hingewiesen, dass CERCLA insofern bereits eine Vorschrift zur Nachfolgehaftung enthalte.[407]

Die Frage nach der Haftung der Käuferin als Unternehmensnachfolgerin wird jedoch dann bedeutsam, wenn zwar das Unternehmen in seiner Gesamtheit übernommen und fortgeführt wird, nicht jedoch diejenigen Vermögensgegenstände, welche die Haftung nach CERCLA auslösen.[408] Dies kann z.B. dann der Fall sein, wenn die Verkäuferin lange Zeit vor dem Verkauf ihres Unternehmens ein Grundstück zur Lagerung toxischer Abfälle angemietet hatte, es während dieser Zeit zur Kontaminierung des gemieteten Grundstücks kam und der Mietvertrag zum Zeitpunkt des Unternehmenskaufes bereits abgelaufen war.

1. Das EPA-Memorandum

Bereits 1984 machte die EPA bekannt, dass sie die Haftung gemäß CERCLA auch gegenüber Unternehmenskäuferinnen durchsetzen wolle, die den Betrieb der Vorgängerin fortsetzten.[409] Insbesondere sollten nach Ansicht der EPA auch die im Zusammenhang mit der Produkthaftung entwickelten, über die herkömmliche Nachfolgehaftung hinausgehenden Fallgruppen Anwendung finden. Das Justizministerium übernahm den Standpunkt der EPA und legte ihn bei der gerichtlichen Geltendmachung staatlicher Kostenersatzansprüche gemäß CERCLA zugrunde. Begründet wurde dieses Vorgehen damit, dass der Kongress mit der Verabschiedung von CERCLA beabsichtigt habe, die Kosten für die Entsorgung gesundheitsgefährdender Altlasten von der Allgemeinheit auf die Unternehmen zu verlagern, welche die Umweltverschmutzung verursacht hatten oder davon profitierten.[410] Die Anwendung der erweiterten Nachfolgehaftung werde die Käuferin eines Unternehmens dazu veranlassen, im Vorfeld verschärft *due dili-*

---

407 Siehe *Fox*, 26 Wake Forest L. Rev. 183, 214 n. 62; *Laseter/Long*, 41 Mercer L. Rev. 1027, 1020.

408 So auch *Oswald/Schipani*, 86 Nw. U. L. Rev. 259, 316; *C. Neumann*, 27 Envtl. L. 1373, 1374.

409 Siehe hierzu das EPA Memorandum von Courtney Price, Assistant Administrator for Enforcement and Compliance Monitoring, Liability of Corporate Shareholders and Successor Corporations for Abandoned Sites Under the Comprehensive Environmental Response, Compensation and Liability Act (CERCLA) (June 13, 1984) abgedruckt in: *Howard L. Shecter*, Aquiring Corporate Assets Without Successor Liability: Is it a Myth?, in Aquiring or Selling the Privately Held Company 1986, S. 79.

410 Hierzu *Squire/Ingram/Frost*, 43 S.W. L.J. 887, 906.

gence zu betreiben, um die Altlastenverbindlichkeiten der Verkäuferin abschätzen und damit den angemessenen Kaufpreis des Unternehmens ermitteln zu können. Im Ergebnis führe dies dazu, dass die Verkäuferin die Kosten der Entsorgung gesundheitsgefährdender Stoffe internalisieren müsse, wodurch ein wichtiges Ziel von CERCLA erreicht sei.

2. Entwicklung der Rechtsprechung

Die Rechtsprechung zögerte zunächst, sich der Ansicht der EPA und des Justizministeriums anzuschließen. Unabhängig von der Frage, ob die erweiterte Form der Nachfolgehaftung zu übernehmen sei, bestanden bereits Zweifel daran, ob die Nachfolgehaftung überhaupt Im Rahmen von CERCLA Anwendung finden könne. Grund für das Zögern der Gerichte war die Besorgnis, durch die Anerkennung der Nachfolgehaftung die Kategorien der in § 107 CERCLA genannten potentiell verantwortlichen Parteien über deren Wortlaut hinaus auszudehnen, ohne einen entsprechenden Willen des Kongresses in den Gesetzgebungsmaterialien nachweisen zu können.[411]

Seit 1988 begannen die Bundesgerichte jedoch die Haltung einzunehmen, dass der gesetzgeberische Wille des Kongresses für die Anwendung der Nachfolgehaftung im Rahmen von CERCLA spreche.[412] Auslöser dieser Entwicklung war die Leitentscheidung des Third Circuit *Smith Land & Improvement Corp. v. Celotex Corp.*[413] Zwar seien Unternehmenskäuferinnen nicht ausdrücklich als potentiell verantwortliche Parteien genannt, jedoch umfasse der Begriff „*persons*" nach der gesetzlichen Legaldefinition des § 101 (21) CERCLA auch „*corporations*" und „*associations*".[414] Eine allgemeine Auslegungsregel für die Gesetzgebung des Kongresses bestimme, dass diese Begriffe auch Rechtsnachfolger einschließen.[415] Über diese Konstruktion seien

[411] Vgl. Anspec Co. v. Johnson Controls, Inc., 734 F. Supp. 793, 795-96 (E.D.Mich. 1989).

[412] Vgl. Smith Land & Improvement Corp. v. Celotex Corp., 851 F.2d 86, 92 (3d Cir. 1988), cert. denied, 488 U.S. 1029 (1989); B.F. Goodrich Co. v. Betkoski, 99 F.3d 505, 518-19 (2d Cir. 1996); John S. Boyd Co. v. Boston Gas Co., 992 F.2d 401, 405-06 (1st Cir. 1993); United States v. Mexico Feed and Seed Co., 980 F.2d 478, 487 (8th Cir. 1992); United States v. Carolina Transformer Co., 978 F.2d 832, 837 (4th Cir. 1992); Anspec Co. v. Johnson Controls; Inc., 922 F.2d 1240, 1246 (6th Cir. 1991).

[413] Vgl. 851 F.2d 86, 92 (3d Cir. 1988).

[414] Vgl. Smith Land 851 F.2d 86, 91 mit Hinweis auf 42 U.S.C. § 9601(21). Siehe hierzu auch *H. Neumann*, Haftung für Altlasten im Unternehmen, S. 144-146.

schließen.[415] Über diese Konstruktion seien auch *successor corporations* in den Kreis der verantwortlichen Parteien mit einbezogen.

Die Rechtsprechung zog hieraus den Schluss, dass der Kongress bei Verabschiedung von CERCLA auch die Haftung von Unternehmensnachfolgerinnen beabsichtigt habe. Seinen anderslautenden Willen hätte der Kongress explizit zum Ausdruck bringen müssen.[416] Ohne die Anwendung der Nachfolgehaftung bestünde außerdem die Gefahr, dass eine Gesellschaft sich durch Verkauf ihres Vermögens, Auflösung und anschließende Neugründung von dem Haftungsrisiko für Altlasten reinwaschen könne.[417] Um nicht der Allgemeinheit die Kosten der Altlastensanierung aufzubürden, sei es gerechtfertigt, wenn nicht sogar erforderlich, die Unternehmenskäuferin unter Anwendung *der successor liability* hierfür heranzuziehen, auch wenn sie die kontaminierten Anlagen oder Grundstücke nicht miterworben habe.[418] Hinsichtlich der Bedenken betreffend der Haftungskausalität stellte die Rechtsprechung nunmehr fest, dass CERCLA ohnehin die traditionellen Kausalitätserfordernisse aufgegeben habe.[419]

IV. Maßstab der Nachfolgehaftung für CERCLA-Verbindlichkeiten

Obwohl mittlerweile Einigkeit darüber besteht, dass die Nachfolgehaftung grundsätzlich auch im Rahmen von CERCLA anwendbar ist, herrscht hinsichtlich des angemessenen Haftungsmaßstabes weiterhin Streit. Die meisten Gerichte, die sich mit der Frage der Nachfolgehaftung für CERCLA-Verbindlichkeiten

---

415 1 U.S.C. § 5 (1994).

416 Vgl. Mexico Feed, 980 F.2d at 486: „*[C]orporate successor liability is so much part and parcel of corporate doctrine, it could be argued that Congress would have to explicitly exclude successor corporations if it intended its use of legal term of art, 'corporation' not to include established corporations of the extent, life span, and path of corporate liabilities.*“ In New York v. Panex Industries, Inc., No. 94-CV0400E(H), 1996 U.S. Dist. Lexis 9418, 16-17 (W.D.N.Y. June 21, 1996) belegt das Gericht dieses Ergebnis weiterhin damit, dass andere Bundesgesetze, wie z.B. der Sherman Act, in denen der Kongress den Umfang des Begriffes *corporation* begrenzen will, ausdrücklich entsprechende Bestimmungen enthalten.

417 Vgl. Mexico Feed, 980 F.2d at 116.

418 Vgl. Smith Land 851 F.2d 86, 92: „*Congressional intent supports the conclusion that, when choosing between the taxpayers or a successor corporation, the successor should bear the cost .... We believe it in line with the thrust of the legislation to permit – if not require – successor liability under traditional concepts.*“

419 Vgl. Atlantic Richfield CO. v. Blosenski, 847 F. Supp. 1261, 1285 (E.D. Pa. 1994).

auseinandersetzen mussten, haben über die traditionellen Fallgruppen hinaus den Haftungsmaßstab der *substantial continuity* angewandt.[420] Dieser Maßstab entspricht im wesentlichen der *continuity of enterprise exception* im Produkthaftungsrecht und stellt auf die Übereinstimmung und Fortsetzung des Unternehmens von Verkäuferin und Käuferin ab.

Die Anwendung des *substantial continuity tests* ist jedoch heftiger Kritik ausgesetzt.[421] Neben genereller Kritik an der Erweiterung der Nachfolgehaftung ist hier insbesondere die Frage umstritten, ob auf die Haftung gemäß CERCLA das jeweilige gliedstaatliche Recht der *successor liability* anzuwenden ist, oder ob die Bundesgerichte berufen sind, im Bereich der Nachfolgehaftung *federal common law* zu entwickeln.[422] Da die Nachfolgehaftung in den meisten Gliedstaaten nur in der traditionellen Ausprägung gilt, bestimmt die Entscheidung über die Zulässigkeit von *federal common law* in diesem Zusammenhang die Reichweite der Nachfolgehaftung.

1. Erweiterte Nachfolgehaftung durch Federal Common Law

CERCLA ist ein Bundesgesetz, das eine einheitliche und schnelle Beseitigung von Altlasten ermöglichen soll. Die Regeln der *successor liability* gehören zum Recht der Einzelstaaten und unterscheiden sich zum Teil nicht unerheblich von Staat zu Staat. Da CERCLA selbst keine ausdrücklichen Bestimmungen über die Nachfolgehaftung enthält, stellt sich die Frage, ob zur Bestimmung der bundesgesetzlichen Haftung einzelstaatliches Recht herangezogen werden kann, oder ob die Rechtsprechung neues Bundesrecht entwickeln muss.[423]

---

420 Hierzu *Schnapf*, 4 Envtl. Law. 435, 460-61.

421 Siehe *Green*, 87 Nw. U. L. Rev. 897; *J. Anderson*, 13 Va. Envtl. L.J. 1; *Sisk/Anderson*, 16 Va. Envtl. L.J. 505; *C. Neumann*, 27 Envtl. L.J. 1373 m.w.N.

422 Für *state successor liability law*: City Management Corp. v. United States Chem. Co., 43 F.3d 244, 252-53 (6th Cir. 1994); Anspec Co. v.Johnson Controls, Inc., 922 F.2d 1240, 1248 (6th Cir. 1991). Für *federal common law*: B.F. Goodrich v. Betkoski, 112 F.3d 88, 90 (2nd Cir. 1997); Smith Land & Improvement Corp. v. Celotex Corp., 851 F.2d 86, 91-92 (3rd Cir. 1988). Siehe näher hierzu unten § 5IV.1.a).

423 Hierzu *Manko*, 70 Temp. L. Rev. 1227; *Clarke*, 58 Geo. Wash. L. Rev. 1300; *Cope*, 32 Santa Clara L. Rev. 539.

a) Entwicklung der Rechtsprechung in den Court of Appeals

In *Smith Land & Improvement Corp. v. Celotex Corp.* sprach sich 1988 *der Third Circuit* als erster *Court of Appeals* dafür aus, dass die Frage der Nachfolgehaftung für CERCLA-Verbindlichkeiten durch die Schaffung von *federal common law* zu entscheiden sei.[424] Bei der Entwicklung des *federal common law* sollten sich die Bundesgerichte jedoch an den traditionellen *successor liability*-Grundsätzen orientieren, die in den meisten Einzelstaaten Anwendung fanden. Der Ninth Circuit schloss sich 1990 in *Louisiana-Pacific Corp. v. Asarco, Inc.* dieser Auffassung an.[425] 1992 entschied auch der *Fourth Circuit* in *United States v. Carolina Transformer Co.*, dass die Nachfolgehaftung im Zusammenhang mit CERCLA durch *federal common law* zu regeln sei. Als Haftungsmaßstab wählte das Gericht jedoch erstmals ausdrücklich die *continuity of enterprise exception*, obwohl diese Regel nur in einer kleinen Minderheit der Staaten gilt[426] Ohne es ausdrücklich einzugestehen kam auch der *Eighth Circuit* in *United States v. Mexico Feed and Seed* zu diesem Ergebnis.[427] In *B.F. Goodrich v. Betkoski* sprach sich 1996 auch der Second Circuit für die Anwendung von *federal common law* in Form der *substantial continuity exception* aus.[428]

Als einziger *Federal Court of Appeals* entschied sich der *Sixth Circuit* 1991 in *Anspec Co. v. Johnson Controls, Inc.* gegen die Übernahme von *federal common law*.[429] Vielmehr sei das Recht des jeweiligen Einzelstaates anzuwenden. In *City Management Corp. v. U.S. Chem Co.* nutzte der *Sixth Circuit* 1994 die Gelegenheit, seine ablehnende Haltung zu bestätigen.[430]

---

[424] Smith Land & Improvement Corp. v. Celotex Corp., 851 F.2d 86, 91-92 (3d Cir. 1988).

[425] 909 F.2d 1260, 1263, 1265-66 (9th Cir. 1990).

[426] 978 F.2d 832, 837-38 (4th Cir. 1992).

[427] 980 F.2d 478, 487-88 (8th Cir. 1992).

[428] 99 F.3d 505, 518-20 (2d Cir. 1996), rehearing denied 112 F.3d 88 (2d Cir. 1997).

[429] 922 F.2d 1240, 1245, 1248 (6th Cir. 1991)

[430] 43 F.3d 244 (6th Cir. 1994).

b) Überprüfung der Rechtsprechung

Nach ständiger Rechtsprechung des *United States Supreme Court* dürfen die Bundesgerichte *federal common law* zur Lückenfüllung von Bundesgesetzen nur bei Vorliegen der folgenden drei Voraussetzungen entwickeln.[431]

- In dem durch das Bundesgesetz geregelten Rechtsgebiet besteht das Bedürfnis nach einer bundesweit einheitlichen Regelung.
- Die Anwendung des einzelstaatlichen Rechts würde das Ziel des Bundesgesetzes leer laufen lassen.
- Die Entwicklung einheitlichen Bundesrechts ist vorliegend trotz des Vertrauens der Betroffenen auf das einzelstaatliche Recht geboten.

Die meisten Gerichte, die sich im Zusammenhang mit CERCLA für die Anwendung von *federal common law* entschieden haben, sind auf diese Vorgaben des *Supreme Court* nicht ausdrücklich eingegangen.[432] Die Befürworter der Anwendung von *federal common law* gehen davon aus, dass CERCLA auch im Hinblick auf die Nachfolgehaftung eine einheitliche Regelung erfordere. Die Ziele von CERCLA könnten durch die Anwendung des gliedstaatlichen Rechts unterlaufen werden. Bei Maßgeblichkeit des einzelstaatlichen Rechts für die Nachfolgehaftung im Rahmen von CERCLA wird die Gefahr gesehen, dass die miteinander um die Ansiedlung von Industrieunternehmen konkurrierenden Einzelstaaten die Nachfolgehaftung nur unter engen Voraussetzungen zulassen würden, was im Ergebnis zu einer übermäßigen Beanspruchung des *Superfund* führen würde.[433] Die überwiegende Mehrheit der Rechtsprechung geht daher davon aus, dass der Kongress von den Gerichten erwartet habe, die lückenhaften Regelungen in CERCLA durch *federal common law* zu ergänzen.[434]

---

[431] Vgl. United States v. Kimbell Foods, Inc., 440 U.S. 715, 728-29 (1979). Siehe zu den Voraussetzungen von *federal common law* auch *Brown*, 49 Ark. L. Rev. 469; *Layfield*, 68 Tex. L. Rev. 1237, 1265-69; *Manko*, 70 Temp. L. Rev. 1227; *Sisk/Anderson*, 16 Va. Envtl. L.J. 505, 525-29.

[432] Lediglich in B.F. Goodrich v. Betkoski, 112 F.3d 88, 91 (2d Cir. 1997) diskutiert das Gericht – wenn auch recht knapp – die Voraussetzungen von *federal common law*.

[433] *C. Neumann*, 27 Envtl. L. 1373, 1390-91 spricht in diesem Zusammenhang von der Furcht vor einem „*race to the bottom*".

[434] Vgl. z.B. Smith Land, 851 F.2d at 91.

Einer näheren Überprüfung hält diese Begründung jedoch nicht stand.[435] Eine entsprechende Erwartung des Kongresses gegenüber der Rechtsprechung lässt sich in den Entstehungsmaterialien zu CERCLA nicht nachweisen. Wegen des übereilten Gesetzgebungsverfahrens lässt die Entstehungsgeschichte von CERCLA ohnehin nur bedingt Rückschlüsse auf die Ziele des Gesetzgebers zu.[436] Insbesondere ist nicht ersichtlich, inwiefern die Anwendung der gliedstaatlichen traditionellen Nachfolgehaftung die Ziele von CERCLA leerlaufen lässt.[437] Auch die Rechtsprechung ging zunächst davon aus, dass das *federal common law* der herkömmlichen, gliedstaatlichen *successor liability* zu entsprechen habe.[438] Die Ziele von CERCLA – zügige Altlastensanierung und Inanspruchnahme der Verantwortlichen – lassen sich auch bei Geltung der traditionellen Nachfolgehaftung erreichen. Die Forderung nach Erweiterung der Nachfolgehaftung durch *federal common law* beruht auf der unzutreffenden Annahme, dass der Gesetzgeber durch CERCLA über die traditionellen Kategorien der Nachfolgehaftung hinausgehen wollte.

Auch im Hinblick auf das Vertrauen der Betroffenen auf die Geltung des einzelstaatlichen Rechts ist die Erweiterung der Nachfolgehaftung durch *federal common law* abzulehnen. Die Käuferin eines Unternehmens vertraut darauf, für die Verbindlichkeiten der Verkäuferin grundsätzlich nicht zu haften und nur ausnahmsweise unter den engen Voraussetzungen der gliedstaatlichen *successor liability* herangezogen zu werden.

Das bloße Interesse des Bundes an einer einheitlichen Regel reicht alleine noch nicht aus, um die Verdrängung des einzelstaatlichen Rechtes durch *federal common law* zu rechtfertigen.[439] Die Schaffung von *federal common law* muss auf eng gefasste Ausnahmesituationen beschränkt bleiben.[440]

---

435 Hierzu *Sisk/Anderson*, 16 Va. Envtl. L.J. 505, 525-29.

436 Vgl. United States v. Cordova, 113 F.3d 572, 578 (6th Cir. 1997): „*[I]t is difficult to define the specific, as opposed to the general, goals of Congress with respect to CERCLA liability since the statute represents an eleventh hour compromise.*“

437 So auch *Layfield*, 68 Tex. L. Rev. 1237, 1260.

438 Vgl. Smith Land & Improvement Corp. v. Celotex Corp., 851 F.2d 86, 91-92 (3d Cir. 1988).

439 Vgl. O'Melveny & Myers v. FDIC, 512 U.S. 79, 87-88 (1994).

440 Vgl. O'Melveny & Myers v. Federal Deposit Insurance Corp., 512 U.S. 79 (1994); Ausführlich hierzu *Sisk/Anderson*, 16 Va. Envtl. L.J. 505.

Eine neuere Entscheidung des *Supreme Court* zur Direkthaftung einer Konzernmutter im Zusammenhang mit CERCLA deutet darauf hin, dass die Rechtsprechung auch im Bereich der Nachfolgehaftung zu weit gegangen ist.[441] In *United States v. Bestfoods* stellt der *Supreme Court* fest, dass es ein allgemeines, tief im wirtschaftlichen und rechtlichen System der USA verankertes Prinzip des Gesellschaftsrechts ist, dass eine Muttergesellschaft nicht generell für die Verbindlichkeiten ihrer Tochtergesellschaft haftet.[442] Auch im Zusammenhang mit CERCLA sei an diesem Grundsatz festzuhalten. Das Gericht erteilt damit einer weitergehenden Haftung für Altlasten eine deutliche Absage. CERCLA enthalte keine Hinweise darauf, dass eine derart grundlegende, einzelstaatliche Regel außer Kraft gesetzt werden solle, nur weil die Anspruchsgrundlage aus einem bundesrechtlichen Gesetz stamme.[443] Das Schweigen des Gesetzgebers zu dieser Frage spreche angesichts des fundamentalen Charakters der einzelstaatlichen Regel dagegen, dass eine Erweiterung der Haftung von Muttergesellschaften beabsichtigt gewesen sei.[444]

Diese Argumentation lässt sich auch auf die erweiterte Nachfolgehaftung für CERCLA-Verbindlichkeiten übertragen. Der Grundsatz der Haftungsfreiheit der Käuferin eines Unternehmens ist von ebenso grundlegender Natur wie derjenige, wonach eine Muttergesellschaft nicht für die Verbindlichkeiten ihrer Tochtergesellschaft haftet. Ein derart weitreichender Eingriff in das einzelstaatliche Handels- und Gesellschaftsrecht wie die Erweiterung der Nachfolgehaftung ist gleichfalls nur dann legitim, wenn hierfür ein entsprechender Wille des Bundesgesetzgebers deutlich feststellbar ist.[445] Die Entstehungsgeschichte von CERCLA ermöglicht eine derartige Feststellung nicht. Die Erweiterung der Nachfolgehaftung durch *federal common law* ist demzufolge unzulässig. Dennoch bleibt abzuwarten, wie sich die Bestfoods-Entscheidung des *Supreme Court* auf die

---

441 Vgl. United States v. Bestfoods, 118 S. Ct. 1876 (1998). Siehe zu dieser Entscheidung *Englert/Sulivan*, PHI 1998, 228-231.

442 Vgl. 118 S.Ct. 1876, 1884.

443 Vgl. 118 S.Ct. 1876, 1885.

444 118 S.Ct. 1876, 1885 verweist auf frühere Ausführungen des Supreme Court in United States v. Texas, 507 U.S. 529, 534 (1993): „*In order to abrogate a common-law principle, the statute must speak directly to the question addressed by the common law.*“

445 So auch überzeugend *Sisk/Anderson*, 16 Va. Envtl. L.J. 505, 507.

Rechtsprechung der *Court of Appeals* zur Nachfolgehaftung auswirkt.[446] Bis zu einer Klärung der Rechtslage muss die Käuferin eines Unternehmens weiterhin damit rechnen, unter Verwendung der *substantial continuity exception* für CERCLA-Verbindlichkeiten der Verkäuferin herangezogen zu werden.

2. Substantial Continuity Exception

Ob *substantial continuity* zwischen der Unternehmensverkäuferin und der Käuferin besteht richtet sich grundsätzlich auch im Zusammenhang mit der CERCLA-Haftung nach den Kriterien die der *Supreme Court of Michigan* in *Turner v. Bituminous Cas. Co.* für die *continuity of enterprise doctrine* entwickelt hat.[447] Die Rechtsprechung orientiert sich an den folgenden acht Merkmalen: (1) Übernahme der Angestellten; (2) Übernahme des Führungspersonals; (3) Übernahme der Produktionsstätten; (4) Herstellung der gleichen Produkte; (5) Weiterführen der Firma; (6) Benutzung der erworbenen Maschinen und Fahrzeuge; (7) Identität der allgemeinen Geschäftstätigkeit; und (8) öffentliches Auftreten als Fortsetzung der Verkäuferin.[448] Das Vorliegen aller acht Kriterien ist jedoch nicht erforderlich. Vielmehr kommt es auf eine wertende Gesamtbetrachtung aller Umstände an.[449]

a) Entwicklung der Rechtsprechung

Eine der ersten Entscheidungen, die sich für die Anwendung des *substantial continuity*-Maßstabes aussprach, war *Louisiana-Pacific Corp. v. Asarco, Inc.*.[450] Im Ergebnis lehnte der *Ninth Circuit* die Haftung der Unternehmenskäuferin für die CERCLA-Verbindlichkeiten der Verkäuferin jedoch ab, da die Käuferin keine Kenntnis von eventuellen Altlastenverbindlichkeiten der Verkäuferin hatte, die Verkäuferin den Betrieb des Geschäftsbereiches, der die Altlasten verursacht

---

446 *Sisk/Anderson*, 16 Va. Envtl. L.J. 505, 551 gehen davon aus, dass eine Entscheidung des *Supreme Court* zur erweiterten Nachfolgehaftung durch *federal common law* im Zusammenhang mit CERCLA zu erwarten ist.

447 Vgl. 244 N.W. 2d 873, 883-84 (Mich. 1976); Siehe ausführlich hierzu oben § 4II.

448 Vgl. United States v. Carolina Transformer Co., 978 F.2d 832, 838 (4th Cir. 1992).

449 Siehe hierzu auch *Light*, 11 Miss. C. L. Rev. 63, 72-73. Zu den Voraussetzungen der *substantial continuity* auch *Watson*, 20 Harv. Envtl. L. Rev. 199.

450 909 F.2d 1260 (9th Cir. 1990).

hatte, bereits neun Monate vor Verkauf ihres Unternehmens eingestellt hatte und die Käuferin diesen Geschäftsbetrieb auch in der Folgezeit nicht fortsetzte.[451]

In *United States v. Carolina Transformer Co.* gelangte 1992 erstmals ein *Federal Circuit Court* unter Verwendung der *substantial continuity*-Theorie zu dem Ergebnis, dass die Unternehmenskäuferin für die CERCLA-Verbindlichkeiten der Verkäuferin haftete.[452] Die Carolina Transformer Co. beschäftigte sich mit der Reparatur von Transformatoren. 1978 hatten die Umweltbehörden festgestellt, dass Boden und Grundwasser im Bereich einer Betriebsstätte des Unternehmens mit Polychlorbiphenyl (PCB) kontaminiert waren. 1979 gründete der Sohn des alleinigen Gesellschafters der Carolina Transformer Co. zusammen mit einem Partner eine neue Gesellschaft, FrayTranCo, deren Geschäftsgegenstand die Herstellung neuer Transformatoren war. In der Folgezeit erwarb FrayTranCo sämtliche Vermögensgegenstände von Carolina Transformer Co. mit Ausnahme der kontaminierten Betriebsstätte. Nachdem die EPA die Entsorgung der Altlasten veranlasst hatte, machte sie ihren Kostenerstattungsanspruch gemäß CERCLA gegen FrayTranCo als Nachfolgerin von Carolina Transformer geltend.

Der *Fourth Circuit* bewertete die Transaktionen insgesamt als einen Versuch, das Unternehmen der Carolina Transformer Co. unter Vermeidung der Altlastenverbindlichkeiten fortzuführen und gab der Klage der EPA statt. Das Gericht stützte seine Entscheidung insbesondere darauf, dass FrayTranCo die meisten Angestellten der Carolina Transformer Co. übernommen hatte und die Angestellten bei gleichem Gehalt unverändert derselben Tätigkeit nachgingen. Die Schuldner der Carolina Transformer Co. wurden informiert, dass Forderungsinhaber nunmehr FrayTranCo sei. Darüber hinaus wurde ein erheblicher Teil des Kaufpreises in Form eines Erlasses von Verbindlichkeiten beglichen, die angeblich aus dem Verkauf von Gegenständen von FrayTranCo an Carolina Transformer Co. stammten, wobei deren Lieferung nicht nachgewiesen worden war. Insgesamt sah es das Gericht für erwiesen an, dass der gesamte Unternehmenskauf lediglich der Umgehung der CERCLA-Haftung dienen sollte.[453]

---

[451] 909 F.2d 1260, 1265-66.

[452] United States v. Carolina Transformer Co., 978 F.2d 832 (4th Cir. 1992).

[453] Vgl. 978 F.2d 832, 840.

In *United States v. Mexico Feed and Seed Co.* entschied sich der *Eighth Circuit* zwar auch für die Anwendung des *substantial continuity tests*, sah dessen Voraussetzungen jedoch nicht als erfüllt an.[454] Öltanks der Verkäuferin hatten auf einem gemieteten Grundstück zu einer Verunreinigung des Bodens geführt. Obwohl viele Indizien für die Annahme von *substantial continuity* zwischen Käuferin und Verkäuferin sprachen, lehnte das Gericht die Altlastenhaftung der Käuferin ab. Es stützte seine Entscheidung im wesentlichen darauf, dass die Käuferin gar keine Kenntnis von den betreffenden Öltanks der Verkäuferin besaß und sich im Vorfeld sorgfältig darum bemüht hatte, die Übernahme unbekannter Verbindlichkeiten der Verkäuferin auszuschließen. Desweiteren war die Käuferin eine bereits bestehende Gesellschaft, die größer als die Verkäuferin war, und die Verkäuferin hatte die Nutzung der Tanks, die zu der Verunreinigung des Grundstückes geführt hatten, bereits lange vor dem Verkauf eingestellt.

b) Bedeutung der Kenntnis der Käuferin

Sowohl in der Louisiana-Pacific- als auch in der Mexico Feed-Entscheidung spielten die fehlende Kenntnis der Käuferin von den Altlasten der Verkäuferin eine wesentliche Rolle für die Ablehnung der Nachfolgehaftung. Im Produkthaftungsrecht ist es für die Anwendung der *continuity of enterprise exception* unerheblich, ob die Käuferin von der eventuellen Produkthaftung der Verkäuferin weiß. Im Zusammenhang mit der Altlastenhaftung ist die Bedeutung der Kenntnis der Käuferin für die Prüfung der *substantial continuity* dagegen unklar.

(aa) Kenntnis als ein Element des Substantial Continuity Test

Einige Gerichte sprechen sich ausdrücklich dagegen aus, in der Kenntnis der Käuferin eine zwingende Voraussetzung für die Annahme von *substantial continuity* zu sehen.[455] Kenntnis der Käuferin von den Altlasten der Verkäuferin könne allenfalls als eines von mehreren Kriterien im Rahmen einer wertenden

---

[454] Vgl. United States v. Mexico Feed and Seed Co., 980 F.2d 478, 490 (8th Cir. 1992).

[455] Vgl. United States v. Peirce, Nos. 83-CV-1623, 91-CV-0039, 92-CV-0562, 1995 U.S. Dist. Lexis 4042 (N.D.N.Y. Feb. 18, 1995); Washington v. United States, 930 F.Supp. 474, 482 (W.D. Wash. 1996); Gould, Inc. v. A & M Battery and Tire Service, 950 F.Supp. 653, 660 (M.D. Pa. 1997); Arizona v. ESCO, No. CIV 93-0937 PHX PGR, 1997 WL 259520 (D. Ariz. March 26, 1997).

Gesamtbetrachtung behandelt werden.[456] Gegen die Berücksichtigung eines subjektiven Elementes wie der Kenntnis spreche insbesondere, dass die Haftung gemäß CERCLA verschuldensunabhängig sei.[457]

(bb) Kenntnis als Voraussetzung der Substantial Continuity

Eine andere in der Rechtsprechung vertretene Ansicht betrachtet die Kenntnis oder zumindest die fahrlässige Nichtkenntnis der Käuferin von den Altlasten der Verkäuferin zum Zeitpunkt des Unternehmenskaufes als notwendige Voraussetzung für die Anwendung des *substantial continuity test*.[458] Nur wenn die Käuferin die Möglichkeit habe, die zu übernehmenden Altlastenverbindlichkeiten abzuschätzen, sei eine Belastung mit den Konsequenzen der Nachfolgehaftung gerechtfertigt. Diese Auffassung kann sich auf den Rechtsgedanken der *innocent landowner defense* stützen.[459]

c) Weitere ergänzende Kriterien der Substantial Continuity

Bereits in Mexico Feed stellt das Gericht darauf ab, dass die Käuferin eine schon vor dem Unternehmenskauf bestehende Gesellschaft („*pre-existing corporation*") war.[460] Nachfolgend haben weitere Entscheidungen einen Fall der *substantial continuity* dann verneint, wenn die Unternehmenskäuferin eine vorher bestehende und aktive Gesellschaft war, die keinerlei besondere Beziehungen, wie etwa gemeinsame Gesellschafter oder Geschäftsführer, mit der Verkäuferin hatte.[461] Diese Entscheidungen gehen davon aus, dass die Annahme der

---

[456] United States v. Peirce, Nos. 83-CV-1623, 91-CV-0039, 92-CV-0562, 1995 U.S. Dist. Lexis 4042.

[457] Vgl. Washington v. United States, 930 F.Supp. 474, 482.

[458] Vgl. New York v. Panex Indus., Inc., No. 94-CV0400E(H), 1996 U.S. Dist. Lexis 9418 (W.D.N.Y. June 21, 1996); United States v. Atlas Minerals and Chems., Inc., No. 91-5118, 1995 WL 510304 (E.D. Pa. Aug. 22, 1995); Atlantic Richfield Co. v. Blosenski, 847 F. Supp. 1261 (E.D. Pa. 1994); Anderson v. City of Minnetonka, CV3-90-312, 1993 U.S. Dist. Lexis 4846 (D. Minn. Jan. 27, 1993); Allied Corp. v. Acme Solvents Reclaiming, Inc., 812 F.Supp. 124 (N.D. Ill. 1993); United States v. Vermont American Corp., 871 F. Supp. 318 (W.D. Mich. 1994).

[459] Siehe hierzu unten § 5IV.2.d).

[460] Vgl. 980 F.2d at 489-90.

[461] Vgl. Elf Atochem North America v. United States, 908 F.Supp. 275 (E.D. Pa. 1995); Charter Township of Oshtemo v. American Cyanamid Co., 876 F.Supp. 934 (W.D. Mich. 1994).

substantial continuity mehr als nur die bloße Fortsetzung des Unternehmens voraussetzt.[462] Vielmehr müssten wesentliche Verknüpfungen („*substantial ties*") zwischen Käuferin und Verkäuferin vorliegen, die darauf schließen lassen, dass der Unternehmensverkauf lediglich formell zu einem Wechsel des Unternehmensbetreibers führe, tatsächlich jedoch zumindest teilweise Identität zwischen den Verantwortlichen der Verkäuferin und der Käuferin besteht.[463] Kommt es zu einer „*arms length transaction*" zwischen zwei miteinander im Wettbewerb stehenden Gesellschaften, so liegt nach dieser Ansicht kein Fall der *substantial continuity* vor

d) Analoge Anwendung der Innocent Landowner Defense

Es mag unbillig erscheinen, die Käuferin eines Unternehmens für die von ihr nicht verursachten Altlasten der Verkäuferin im Wege der Nachfolgehaftung heranzuziehen. Die Haftung nach CERCLA setzt jedoch keine Kausalität voraus. Auch der Eigentümer eines Grundstückes haftet nach CERCLA für sein kontaminiertes Grundstück, unabhängig davon, ob er die Verunreinigung verursacht hat oder nicht.[464] Allerdings kann sich der Eigentümer gemäß § 101(35) CERCLA darauf berufen, dass er bei Erwerb des Grundstückes nichts von dessen Verunreinigung wusste, obwohl er das Grundstück den Umständen entsprechend sorgfältig untersucht hat.[465]

Vieles spricht dafür, diese Verteidigung auch einer Unternehmenskäuferin zuzugestehen, die das Unternehmen sorgfältig auf eventuelle Altlastenrisiken hin überprüft hat.[466] Kann sich bereits der Erwerber eines Grundstückes auf die *innocent landowner defense* berufen, so sollte eine Unternehmenskäuferin, die das kontaminierte Grundstück noch nicht einmal übernimmt, erst recht eine entsprechende Möglichkeit haben. Die analoge Anwendung der *innocent landowner defense* verpflichtet die Käuferin eines Unternehmens dazu, ein intensives *due dilligence*-Verfahren im Hinblick auf mögliche CERCLA-Verbindlichkeiten der

---

[462] Vgl. Elf Atochem North America v. United States, 908 F.Supp. 275, 282.

[463] In Elf Atochem North America v. United States, 908 F.Supp. 275, 282-83 spricht das Gericht von einem „*cozy deal where responsible parties merely change the form of ownership yet in substance remained the same*". Ebenso bereits Mexico Feed, 980 F.2d at 489-490.

[464] Hierzu *Schnapf*, 4 Envtl. Law. 435, 501.

[465] 42 U.S.C. § 9601 (35).

[466] So auch *Schnapf*, 4 Envtl. Law. 435, 503-506.

Verkäuferin durchzuführen.[467] Kommt eine Haftung als Nachfolgerin nur bei mangelhafter oder unterbliebener *due diligence* in Betracht, so knüpft diese Haftung – insoweit der Garantenhaftung im Produkthaftungsrecht vergleichbar – an ein eigenes Pflichtversäumnis der Käuferin an. Die Rechtsprechung hat die von der Literatur[468] vorgeschlagene analoge Anwendung der *innocent landowner defense* soweit ersichtlich jedoch noch nicht aufgegriffen.

V. Ablehnung der Nachfolgehaftung im Umwelthaftungsrecht

Anders als im Produkthaftungsrecht haben sich die meisten Gerichte im Zusammenhang mit CERCLA für die Anwendung der erweiterten Nachfolgehaftung entschieden. Die Voraussetzungen, unter denen die Käuferin für Altlasten der Verkäuferin haften muss, sind jedoch nicht präzise zu bestimmen.[469] Hierunter leidet die Vorhersagbarkeit gerichtlicher Entscheidungen und somit auch die Rechtssicherheit.[470] In der Literatur stößt die erweiterte Nachfolgehaftung für CERCLA Verbindlichkeiten auf grundsätzliche Ablehnung.[471] Neben Gründen, die bereits im Produkthaftungsrecht gegen die erweiterte Nachfolgehaftung angeführt werden, und den Problemen, die im Zusammenhang mit der Anwendung von *federal common law* entstehen, stützt sich die Kritik auf folgende Argumente:

1. Fehlen eines schutzbedürftigen Geschädigten

Anders als im Produkthaftungsrecht gibt es in den Fällen der CERCLA-Haftung keinen schutzbedürftigen Kläger, der ohne Anwendung erweiterter Nachfolgehaftung leer ausginge. Die Kritiker der erweiterten Nachfolgehaftung im Altlastenrecht weisen darauf hin, dass sich der Kongress sehr wohl im Klaren

---

467 Zu den Maßstäben einer sorgfältigen Untersuchung siehe *Hein*, RIW 1991, S. 641; *Vierhaus*, RIW 1996, S. 393-396. Ausführlich hierzu auch *Fromm/Lewis/Corken*, 22 J. Corp. L. 429.

468 So insbesondere *Schnapf*, 4 Envtl. Law. 435, 503-506

469 Siehe oben § 5IV.2..

470 *C. Neumann*, 27 Envtl. L: 1373, 1405-19 stellt die Unvorhersehbarkeit gerichtlicher Entscheidungen anhand einiger Beispiele aus der Rechtsprechung dar.

471 Ausführlich hierzu *Green*, 87 Nw. U. L. Rev. 897; *J. Anderson*, 13 Va. Envtl. L.J. 1; *C. Neumann*, 27 Envtl. L. 1373.

über die Möglichkeit von Situationen gewesen sei, in denen kein zahlungsfähiger Verantwortlicher im Sinne von CERCLA festgestellt werden könne.[472] Wegen dieser Gefahr habe der Gesetzgeber den *Superfund* geschaffen. Durch den *Superfund*, der zu einem erheblichen Teil aus Steuern und Abgaben, insbesondere der ölverarbeitenden und chemischen Industrie, finanziert werde, müsse auch ohne Einführung einer erweiterten Nachfolgehaftung die Industrie die Kosten der Altlastensanierung tragen und nicht der Bundeshaushalt.[473] Die Einführung der erweiterten Nachfolghaftung im Altlastenrecht zwecks Inanspruchnahme der verantwortlichen Industrie anstelle der Allgemeinheit sei daher überflüssig.

2. Vorhersehbarkeit der Haftung

Ein wesentliches Element der Rechtfertigung erweiterter Nachfolgehaftung ist die Möglichkeit der Käuferin, wegen der zu erwartenden Inanspruchnahme als *successor corporation* den Unternehmenskaufpreis entsprechend zu reduzieren und hierdurch dafür zu sorgen, dass die Kosten der Altlastensanierung von der eigentlich verantwortlichen Verkäuferin getragen werden.[474] Dieser Mechanismus kann jedoch nur funktionieren, wenn die Käuferin zum Zeitpunkt des Vertragsschlusses feststellen kann, ob und in welchem Umfang sie für Verbindlichkeiten der Verkäuferin haften muss. Bereits im Hinblick auf die Produkthaftung ist diese Feststellung mit erheblichen Schwierigkeiten verbunden. Die Altlastenhaftung ist für die Käuferin noch weniger als die Produkthaftung zu kalkulieren.[475]

Für die Käuferin eines Unternehmens ist es wegen des Risikos der Nachfolgehaftung unverzichtbar, die Verkäuferin vor Vertragsschluss sorgfältig auf mögliche Altlasten hin zu untersuchen. Nicht nur das *target* der Akquisition selbst sollte hierbei auf Haftungsrisiken hin überprüft werden, sondern auch dessen Vorgänger.[476] Besondere Schwierigkeiten ergeben sich daraus, dass die Käuferin als *successor corporation* nicht nur für diejenigen Altlasten haftet, die sich auf

---

[472] Vgl. *C. Neumann*, 27 Envtl. L. 1373, 1394-94.

[473] Vgl. *Probst/Portney*, Ressources fo the Future, Assigning Liability for Superfund Cleanups, S. 28.

[474] Siehe hierzu unten § 8II.1.a).

[475] Vgl. *C. Neumann*, 27 Envtl. L. 1373, 1385-88; *Green*, 87 Nw. U. L. Rev. 897, 928. Siehe auch *Engel*, 23 Pac. L.J. 1317.

[476] Vgl. *Hein*, RIW 1991, S. 640. Siehe auch *Vierhaus*, RIW 1996, S. 393-396.

einem erworbenen Grundstück befinden, sondern auch für solche, die weit vom Betriebsgelände der Verkäuferin entfernt sein können.[477] Wegen dieser Schwierigkeiten sprechen Kritiker der erweiterten Nachfolgehaftung von einer „Haftungs-Lotterie“, bei der die unglückliche Unternehmenskäuferin doppelt für die Altlasten der Verkäuferin aufkommen müsse, indem sie den vollen Kaufpreis zahle und später unter Anwendung der erweiterten Nachfolgehaftung in Anspruch genommen werde.[478]

[477] *Fromm/Lewis/Corken*, 22 J. Corp. L. 429 bieten einen guten Überblick über die Auswirkungen der erweiterten Nachfolgehaftung für Altlasten auf die Praxis des Unternehmenskaufes, insbesondere die erheblich strengeren *due dilligence*-Anforderungen an die Käuferin. Hinsichtlich der ebenfalls angesprochenen Möglichkeit der Käuferin, sich durch Zusicherungen und Freistellungsvereinbarungen mit der Verkäuferin abzusichern siehe § 7.

[478] Vgl. *J. Anderson*, 13 Va. Envtl. L.J. 1, 7-8.

§ 6 Nachfolgehaftung und Insolvenzrecht

I. Zielkonflikt zwischen Nachfolgehaftung und Insolvenzrecht

Höchst umstritten ist die Frage, ob die Regeln der Nachfolgehaftung auch in insolvenzrechtlichen Zusammenhängen anwendbar sind.[479] Es geht in diesen Fällen darum, dass die Vermögensgegenstände eines insolventen Unternehmensträgers in einem Insolvenzverfahren veräußert werden und später gegen die Käuferin Ansprüche unter Verwendung der *successor liability doctrine* geltend gemacht werden. In dieser Situation stellt sich die Frage, ob die Durchführung des Insolvenzverfahrens die Anwendung der Nachfolgehaftung ausschließt. Die Rechtsprechung hierzu ist leider äußerst vielfältig und diffus. Obwohl einige Gerichte davon ausgehen, dass ein insolvenzgerichtlich bestätigter Unternehmenskauf die Nachfolgehaftung grundsätzlich ausschließt,[480] haben andere Gerichte gegenteilig entschieden.[481] Die Möglichkeit, Eigentum der Gemeinschuldnerin frei von Belastungen und Ansprüchen zu erwerben, erweist sich angesichts der erweiterten Nachfolgehaftung beim Erwerb eines Unternehmens als besonders bedeutsam. Denn insbesondere die zukünftige Produkthaftung und die Haftung für Altlasten sind zum Zeitpunkt des Unternehmenskaufes außerordentlich schwer bestimmbar.

In der oben beschriebenen Konstellation stehen die Ziele des *Bankruptcy Code* im Widerspruch zu denjenigen der *successor liability*. Das Risiko der Nachfolgehaftung für Verbindlichkeiten des erworbenen Unternehmens wird die Erwer-

---

[479] Vgl. hierzu die kontrovers geführte Diskussion in der Literatur bei *Bodoh/Morgan*, 4 Am. Bankr. Inst. L. Rev. 325; *Coco*, 22 J. Corp. L. 345, 346-47; *Heidt*, 3 Am. Bankr. Inst. L Rev. 117; *Kott/Effros*, 4 Prod. Liab. L.J. 123; *Reed*, 51 Bus. Law. 653-72; *Schnapf*, 4 Envtl. Law. 435, 492; *Tucker*, 12 Bankr. Dev. J. 1.

[480] Vgl. z.B. Paris Mfg. Corp. v. Ace Hardware Corp. (In re Paris Indus. Corp.), 132 B.R. 504 (D. Me. 1991); In re Lady H. Coal CO., 193 B.R. 233 (Bankr. S.D. W. Va. 1996); WBQ Partnership v. Commonwealth of Va. Dep't of Med. Assistance Servs. (In re WBQ Partnership), 189 B.R. 97 (Bankr. E.D. Va. 1995); Volvo White Truck Corp. v. Chambersburg Beverage, Inc. (In re White Motor Credit Corp.), 75 B.R. 944 (Bankr. N.D. Ohio 1987).

[481] Vgl. z.B. Chicago Truck Drivers, Helpers and Warehouse Workers Union Pension Fund v. Tasemkin, Inc., 59 F.3d 48 (7th Cir. 1995); Western Auto Supply Co. v. Savage Arms, Inc. (In re Savage Indus., Inc.), 43 F.3d 714 (1st Cir. 1994); Zerand-Bernal Group, Inc. v. Cox, 23 F.3d 159 (7th Cir. 1994); Michigan Employment Sec. Comm'n v. Wolverine Radio Co. v. Allied Prods. Corp. (In re Wolverine Radio Co.), 930 F.2d 1132 (6th Cir. 1991).

berin veranlassen, den Kaufpreis entsprechend zu reduzieren oder völlig vom Kauf des Unternehmens abzusehen. Der Verkauf eines Unternehmens aus der Insolvenzmasse wird erheblich erschwert, wenn die Käuferin damit rechnen muss, für Altverbindlichkeiten der Gemeinschuldnerin zu haften. Die Regelungen des *Bankruptcy Code* zur Verwertung des Vermögens der Gemeinschuldnerin sollen jedoch dazu führen, dass ein möglichst hoher Preis erzielt wird, der dann entsprechend den Vorschriften des *Bankruptcy Code* an die Gläubiger der Gemeinschuldnerin verteilt wird.

II. Verwertung von Vermögensgegenständen der Gemeinschuldnerin

Grundsätzlich sieht der *Bankruptcy Code* zwei Möglichkeiten zur Verwertung des Vermögens der Gemeinschuldnerin vor: den Verkauf gemäß § 363 *Bankruptcy Code* oder den Verkauf im Rahmen eines Sanierungsplanes gemäß Kapitel 11 des *Bankruptcy Code.*

1. Verkauf gemäß § 363 *Bankruptcy Code*

§ 363 *Bankruptcy Code* beschreibt die Voraussetzungen, unter denen die Gemeinschuldnerin oder der Insolvenzverwalter Vermögensgegenstände der Gemeinschuldnerin veräußern dürfen. Der Verkauf außerhalb des gewöhnlichen Geschäftsverlaufes setzt voraus, dass alle hiervon betroffenen Parteien mindestens 20 Tage zuvor benachrichtigt worden sind und Gelegenheit hatten, sich hierzu zu äußern.[482] Unterbleibt die Benachrichtigung, so kann die betroffene Partei die Wirksamkeit der Übertragung in Frage stellen.[483] Gegenüber dem Verkauf im Rahmen eines Sanierungsplanes ist § 363 *Bankruptcy Code* wesentlich schneller und kostengünstiger. Ein Antrag, Vermögensgegenstände der Gemeinschuldnerin gemäß § 363 *Bankruptcy Code* zu verkaufen, kann jederzeit nach Eingabe des Insolvenzantrages gestellt werden. Mit gerichtlicher Genehmigung ist auch ein Verkauf vor Ablauf der 20tägigen Benachrichtigungsfrist möglich.[484]

---

[482] Siehe 11 U.S.C. § 363(b)(1) (1996); Fed. R. Bankr. P. 6004(a), (f), 2002(a).

[483] Vgl. Western Auto Supply Co. v. Savage Arms, Inc. (In re Savage Indus., Inc.), 43 F.3d 714, 723 (1st Cir. 1994).

[484] Siehe Fed. R. Bankr. P. 6004(a), 2002(a), 9006(b), (c).

§ 363(f) *Bankruptcy Code* ermächtigt den Insolvenzverwalter, Vermögensgegenstände der Gemeinschuldnerin frei von Belastungen („*free and clear of any interest*“) zu verkaufen und zu übertragen, wenn eine der folgenden fünf Bedingungen erfüllt ist: (1) Regelungen außerhalb des Insolvenzrechts gestatten den Verkauf und die Übertragung von Vermögensgegenständen frei von Belastungen zugunsten Dritter; (2) der Dritte stimmt zu; (3) der Vermögensgegenstand ist durch Pfandrechte belastet und der Kaufpreis ist höher als die Summe der Pfandrechte; (4) die Wirksamkeit der Belastung wird in gutem Glauben bestritten; oder (5) die Belastung kann durch Zahlung einer Geldsumme abgelöst werden.[485] Ist Eigentum der Gemeinschuldnerin gemäß § 363(f) *Bankruptcy Code* belastungsfrei verkauft worden, kann das Insolvenzgericht per Verfügung jeglichen Versuch untersagen, aus Belastungen zu vollstrecken, die vor dem Verkauf entstanden sind.[486]

Der in § 363(f) *Bankruptcy Code* verwendete Begriff „*interest*“ ist im *Bankruptcy Code* nicht definiert. Ob dieser Begriff auch Ansprüche („*claims*“) umfasst und § 363(f) *Bankruptcy Code* somit die Übertragung von Vermögensgegenständen unter Ausschluss der Nachfolgehaftung ermöglicht, ist heftig umstritten.[487] Auch die Rechtsprechung ist gespalten. Eine enge Auslegung versteht unter „*interest*“ lediglich dingliche Belastungen.[488] Sie stützt sich darauf, dass § 1141(c) *Bankruptcy Code* von „*claims and interests*“ spricht und daher per-

---

485 Siehe 11 U.S.C. § 363(f) (1996): „*The trustee may sell property under subsection (b) or (c) of this section free and clear of any interest in such property of an entity other than the estate, only if (1) applicable nonbankruptcy law permits sale of such property free and clear of such interest; (2) such entity consents; (3) such interest is a lien and the price at which such property is to be sold is greater than the aggregate value of all liens on such property; (4) such interest is in bona fide dispute; or (5) such entity could be compelled, in a legal or equitable proceeding, to accept a money satisfaction of such interest.*“

486 Vgl. *Coco*, 22 J. Corp. L. 345, 353.

487 Vgl. *Bodoh/Morgan*, 4 Am. Bankr. Inst. L. Rev. 325, 336-337; *Reed*, 51 Bus. Law. 653, 664-66 mit weiteren Nachweisen.

488 Vgl. *Coco*, 22 J. Corp. L. 345, 354; für Beispiele aus der Rechtsprechung vgl. Michigan Employment Sec. Comm'n v. Wolverine Radio Co., 930 F.2d 1132, 1147 (6th Cir. 1991); Volvo White Truck Corp. v. Chambersburg Beverage, Inc., 75 B.R. 944, 948 (Bankr. N.D. Ohio 1987); Zerand-Bernal Group, Inc. v. Cox, 23 F.3d 159, 163 (7th Cir. 1994); Fairchild Aircraft Inc. v. Cambell (In re Fairchild Aircraft Corp.), 184 B.R. 910, 917-18 (Bankr. W.D. Tex. 1995): „*Section 363(f) does not authorize sales free and clear of any interest, but rather of any interest in such property .... The sorts of interest impacted by a sale „free and clear“ are in rem interests which have attached to the property.*“

sönliche Ansprüche nicht ohne weiteres in „*interests*“ enthalten seien. § 363(f) *Bankruptcy Code* kann nach dieser Ansicht die Nachfolgehaftung nicht ausschließen. Jedoch leiten einige Gerichte, die der engen Auslegung folgen, den Ausschluss der *successor liability* aus der allgemeinen *equity*-Befugnis des Insolvenzgerichtes ab, die ihren Ausdruck in § 105(a) *Bankruptcy Code* gefunden hat.[489]

Die Vertreter einer weiten Auslegung schließen neben dinglichen Belastungen auch Ansprüche, die aus dem Eigentum der Gemeinschuldnerin befriedigt werden sollen und zum Zeitpunkt des Insolvenzverkaufes bestehen, in den Begriff „*interest*“ mit ein.[490] Zur Begründung wird darauf verwiesen, dass der *Bankruptcy Code* für dingliche Belastungen an anderer Stelle den Begriff „*lien*“ verwendet und der Gesetzgeber diesen Begriff gewählt hätte, wenn er eine enge Auslegung des § 363(f) *Bankruptcy Code* gewollt hätte.[491] Desweiteren spreche die Absicht des Kongresses, mit dem *Bankruptcy Code* eine umfassende und abschließende Regelung zu treffen, für die weite Auslegung.[492] Die Entscheidung, welcher Auslegung zu folgen ist, hängt im wesentlichen davon ab, wie der Zielkonflikt zwischen Insolvenzrecht und Nachfolgehaftung bewertet wird.[493]

2. Verkauf im Rahmen eines Sanierungsplans

Ein Sanierungsplan kann gemäß § 1123(a)(5)(D) *Bankruptcy Code* den belastungsfreien Verkauf von Vermögensgegenständen der Gemeinschuldnerin vorsehen.[494] Nach Bestätigung des Sanierungsplans ist das vom Plan umfasste Vermögen grundsätzlich frei von sämtlichen Ansprüchen und Belastungen.[495]

---

[489] Vgl. z.B Volvo White Truck Corp. v. Chambersburg Beverage, Inc., 75 B.R. 944, 948.

[490] Vgl. *Bodoh/Morgan*, 4 Am. Bankr. Inst. L. Rev. 325, 336-337.

[491] Vgl. WBQ Partnership v. Virginia Dep't of Med. Assistance Servs. (In re WBQ Partnership), 189 B.R. 97, 105 (Bankr. E.D. Va. 1995).

[492] Vgl. *Bodoh/Morgan*, 4 Am. Bankr. Inst. L. Rev. 325, 336-337.

[493] Siehe hierzu unten § 6III.1.

[494] Siehe 11 U.S.C. § 1123(a)(5)(D) (1996): „*Notwithstanding any otherwise applicable nonbankruptcy law a plan shall ... provide adequate means for the plan's implementation, such as ... sale of all or any part of the property of the estate, either subject to or free of any lien ....*“

[495] Siehe 11 U.S.C. § 1141(c) (1996): „*[A]fter confirmation of a plan, the property dealt with by the plan is free and clear of all claims and interests of creditors, equity security holders, and of general partners in the debtor.*“

§ 1141(d)(1)(A) *Bankruptcy Code* stellt die Gemeinschuldnerin von sämtlichen Verbindlichkeiten frei, die vor Bestätigung des Planes entstanden sind. Entsprechend kann das Insolvenzgericht die Erwerberin des Unternehmens der Gemeinschuldnerin von der Nachfolgehaftung für alle Ansprüche befreien, die vor der Übertragung des Unternehmens entstanden seien.[496] Gerichte, welche die Nachfolgehaftung nach Durchführung eines Insolvenzverfahrens nicht grundsätzlich ausschließen, unterscheiden daher nach dem Zeitpunkt des Entstehens des Anspruches.[497]

3. Zeitpunkt der Anspruchsentstehung

Gerade in produkt- und umweltrechtlichen Haftungsfällen bereitet die Bestimmung des Zeitpunktes, in dem ein Anspruch entstanden ist, erhebliche Schwierigkeiten. Der Geschädigte kann vor dem Insolvenzverkauf des Unternehmens durch ein Produkt der Gemeinschuldnerin verletzt worden sein, wobei Gesundheitsschäden jedoch erst nach dem Verkauf erkennbar werden. Ein von der Gemeinschuldnerin in Umlauf gebrachtes Produkt kann zudem einen Schaden erst verursachen, nachdem der Insolvenzverkauf des Unternehmens bereits vollzogen ist. Zur Ermittlung des maßgeblichen Zeitpunktes hat die Rechtsprechung daher verschiedene Theorien entwickelt.[498]

a) State Law Accrual Test

Nach dem sogenannten *state law accrual test* Ansatz richtet sich die Entstehung eines Anspruchs im Sinne des Insolvenzrechts nach dem jeweils anwendbaren Recht des einzelnen Staates.[499] Basierend auf der Definition eines Anspruches als „*right to payment*" in § 101(5)(A) *Bankruptcy Code* soll ein Anspruch erst dann bestehen, wenn der Gläubiger nach gliedstaatlichen Vorschriften Zahlung verlangen kann.[500] Im Deliktsrecht setzt dies normalerweise Eintritt und

---

496 Vgl. *Reed*, 51 Bus. Law. 653, 669-70.

497 Vgl. *Tucker*, 12 Bankr. Dev. J. 1, 44-51.

498 Hierzu gibt *Tucker*, 12 Bankr. Dev. J. 1, 44-51 einen guten Gesamtüberblick. Siehe auch *Schnapf*, 4 Envtl. Law. 435, 495-499; *Saville*, 76 Minn. L. Rev. 327.

499 Vgl. Avellino & Bienes v. M. Frenville Co., Inc. (In re M. Frenville Co., Inc.) 744 F.2d 332, 337 (3d Cir. 1984).

500 Vgl. In re Frenville 744 F.2d 332, 337.

Erkennbarkeit des Schadens voraus.[501] Schäden, die bei Durchführung des Insolvenzverfahrens noch nicht eingetreten oder erkannt sind, können somit durch das Insolvenzverfahren nicht ausgeschlossen werden. Nach dem *state law accrual test* muss die Käuferin eines Unternehmens aus der Insolvenzmasse damit rechnen, für alle Ansprüche der Gemeinschuldnerin zu haften, deren Voraussetzungen erst nach Durchführung des Insolvenzverfahrens vollständig erfüllt sind. Nicht nur wegen der sich hieraus ergebenden Unsicherheit für die Unternehmenskäuferin hat der *state law test* heftige Kritik erfahren und kann heute als überholt gelten.[502] Die Bestimmung eines bundesrechtlichen Begriffes dürfe nicht von landesrechtlichen Vorschriften abhängig gemacht werden. Hierdurch werde die vom *Bankruptcy Code* beabsichtigte Einheitlichkeit des Insolvenzrechts unterlaufen.[503]

b) Conduct Test

Der *conduct test* geht davon aus, dass der Anspruch, für Zwecke des Insolvenzrechts mit dem anspruchsbegründenden Verhalten entsteht.[504] In *Waterman Steamship Corp. v. Aguiar* stellte das Gericht fest, dass die Ansprüche der Kläger wegen Asbestschäden durch Bestätigung des Sanierungsplanes ausgeschlossen waren, weil sie bereits vor Stellung des Insolvenzantrages der Beklagten dem Kontakt mit Asbest ausgesetzt waren.[505] Im Sinne des Insolvenzrechtes seien die Ansprüche bereits mit der schädigenden Handlung entstanden, unabhängig davon, ob der Schaden erst später erkennbar wurde. Bei Schädigungen die erst nach vielen Jahren zu Tage treten, führt der *conduct test* dazu, dass Ansprüche durch das Insolvenzverfahren ausgeschlossen werden, ohne dass die Geschädigten sich darüber im Klaren sind. Dies kann zu Ungerechtigkeiten führen und wird als wesentliche Schwachstelle des *conduct tests* kritisiert.[506] Für die Käuferin eines Unternehmens aus der Insolvenzmasse bietet der *conduct test* die größte Sicherheit, da all diejenigen Ansprüche durch das Insolvenzverfahren

---

[501] Vgl. *Tucker*, 12 Bankr. Dev. J. 1, 50.

[502] Vgl. *Coco*, 22 J. Corp. L. 345, 358-59 m.w.N.

[503] Vgl. *Saville*, 76 Minn. L. Rev. 327, 334-35.

[504] Vgl. Grady v. A.H. Robins Co., Inc., 839 F.2d 198, 203 (4th Cir. 1988); Waterman Steamship Corp. v. Aguiar, 141 B.R. 552, 556 (Bankr. S.D.N.Y. 1992): „*[A] claim arises at the moment when acts giving rise to the alleged liability are performed.*"

[505] 141 B.R. 552.

[506] Vgl. *Coco*, 22 J. Corp. L. 345, 360.

ausgeschlossen werden, deren Ursache von der Gemeinschuldnerin gesetzt worden ist.

c) Relationship Test

Der *relationship test* geht über den *conduct test* hinaus, indem er zusätzlich eine bestimmbare Beziehung zwischen Gemeinschuldnerin und Gläubiger vor Beginn des Insolvenzverfahrens verlangt.[507] Ein Anspruch kann daher nur dann durch das Insolvenzverfahren ausgeschlossen werden, wenn er auf dem Verhalten der Gemeinschuldnerin vor Insolvenzeröffnung beruht und zwischen den Parteien zu diesem Zeitpunkt bereits eine identifizierbare Beziehung bestand.[508] Es ist jedoch schwierig zu bestimmen, ab wann von einer solchen Beziehung zwischen den Parteien auszugehen ist.[509] *In re Piper Aircraft Corp.* fordert das Gericht „*some prepetition relationship, such as contact, exposure, impact, or privity, between the debtor's prepetition conduct and the claimant*".[510] Lässt man den bloßen Kontakt für eine Beziehung im Sinne des *relationship test* genügen, so unterscheidet sich dieser Ansatz nicht vom *conduct test.*[511]

d) Fairchild Test

Die Schwächen des *conduct test* und des *relationship test* veranlassten das Gericht in *Fairchild Aircraft, Inc. v. Cambell*, einen neuen Ansatz zu entwickeln.[512] In diesem Fall ging es um deliktische Ansprüche, die im Rahmen der Nachfolgehaftung gegen die Käuferin eines Unternehmens geltend gemacht wurden. Die Käuferin hatte das Unternehmen infolge eines Sanierungsplanes gemäß Kapitel 11 *Bankruptcy Code* erworben. Gegenstand des Unternehmens war die Herstellung von Flugzeugen. Einige Zeit nach Durchführung des Unternehmenskaufes stürzte ein von der Vorgängerin hergestelltes Flugzeug ab. Die Angehörigen der

---

[507] Lemelle v. Universal Mfg., 18 F.3d 1268, 1277 (5th Cir. 1994); United States v. LTV Corp., 944 F.2d 997, 1004-06 (2d Cir. 1991); In re Piper Aircraft Corp., 162 B.R. 619, 627 (Bankr. S.D. Fla. 1994), aff'd, 168 B.R. 434 (S.D. Fla. 1994) aff'd sub nom. Epstein v. Official Comm. of Unsecured Creditors of Estate of Piper Aircraft Corp., 58 F.3d 1573 (11th Cir. 1995).

[508] Siehe In re Pettibone Corp., 90 B.R. 918, 931-33 (Bankr. N.D. Ill. 1988).

[509] Vgl. *Saville*, 76 Minn. L. Rev. 327, 355.

[510] In re Piper Aircraft Corp. 162 B.R. 619, 627.

[511] Vgl. *Saville*, 76 Minn. L. Rev. 327, 355.

[512] 184 B.R. 910 (Bankr. W.D. Tex. 1995).

Opfer des Absturzes verlangten nunmehr Schadensersatz von der Käuferin. Die Käuferin beantragte festzustellen, dass die Ansprüche der Absturzopfer und ihre Nachfolgehaftung durch das Insolvenzverfahren ausgeschlossen waren.

Das Gericht ging davon aus, dass das Insolvenzverfahren weitestgehend zur Befreiung von Ansprüchen führen solle, die vor Insolvenzeröffnung entstanden seien.[513] Ohne es ausdrücklich zu sagen, steht auch die Fairchild-Entscheidung auf dem Boden des *conduct test*. Allerdings erweitert sie diesen Ansatz um das verfassungsrechtliche *due process* Gebot, wonach ein Gläubiger, dessen Anspruch im Rahmen des Insolvenzverfahrens entfallen würde, angehört werden müsse.[514] Ohne Anhörungsmöglichkeit sei der Gläubiger nicht an die Folgen des Insolvenzverfahrens gebunden.[515] Im Gegensatz zu anderslautenden Entscheidungen reicht nach der Fairchild-Entscheidung hierfür die öffentliche Bekanntgabe des Insolvenzverfahrens nicht aus.[516] Trotz der Unmöglichkeit, einen Gläubiger zu benachrichtigen, dessen Schäden bei Durchführung des Insolvenzverfahrens noch gar nicht erkennbar sind, entschied das Gericht, dass die Nachfolgehaftung durch das Insolvenzverfahren nur dann ausgeschlossen sei, wenn die Ansprüche des Geschädigten im Rahmen des Insolvenzverfahrens berücksichtigt worden sind.[517]. Im Ergebnis beschränkt sich der *Fairchild test* damit auf den

---

[513] 184 B.R. 910, 927.

[514] Siehe z.B. Reliable Elec. Co. v. Olston Constr. Co., 726 F.2d 620, 623 (10th Cir. 1984). Ausführlich hierzu *Eisenberg,/Gecker*, 10 Bankr. Dev. J. 47.

[515] Vgl. *Coco*, 22 J. Corp. L., 345, 360.

[516] Vgl. 184 B.R. 910, 930-31. Für das Genügen der öffentlichen Bekanntmachung: In re Thomas McKinnon Sec., Inc., 130 B.R 717, 720 (Bankr. S.D.N.Y. 1991); *Tucker*, 12 Bankr. Dev. J. 1, 64.

[517] Vgl. 184 B.R. 910, 932. Eine vergleichbare Problematik besteht auch im Rahmen des § 363(f) *Bankruptcy Code*, der ebenfalls verlangt, dass diejenige Partei, deren Rechte betroffen werden, benachrichtigt wird. In Western Auto Supply Co. v. Savage Arms, Inc., 43 F.3d 714 (1st Cir. 1994) hatte die Käuferin von der Gemeinschuldnerin gemäß § 363 *Bankruptcy Code* frei von Belastungen ein Unternehmen gekauft, das sich mit der Herstellung von Feuerwaffen beschäftigte. Das Gericht sah sich mit der Frage konfrontiert, ob die Käuferin als Nachfolgerin für defekte Waffen der Gemeinschuldnerin haften musste, obwohl der Unternehmenskauf als ein gerichtlich genehmigter Insolvenzverkauf durchgeführt worden war. Der *First Circuit* stellte fest, dass eine Entscheidung nicht erforderlich sei, ob § 363(f) *Bankruptcy Code* das Insolvenzgericht dazu ermächtige, die Haftung der Erwerberin für fehlerhafte Produkte der Verkäuferin auszuschließen. Die Nachfolgehaftung bestehe auf jeden Fall dann weiter, wenn der Produkthaftungsanspruch vor dem Verkauf des Unternehmens entstanden und der Geschädigte über den Insolvenzverkauf nicht informiert worden sei.

Ausschluss derjenigen Ansprüche, die auch vom *state law accrual test* umfasst werden, zuzüglich der vorhersehbaren Ansprüche.

Bereits anhand des der *Fairchild*-Entscheidung zugrundeliegenden Sachverhaltes zeigen sich die weitreichenden Konsequenzen dieser Entscheidung: Die Käuferin eines Unternehmens aus der Insolvenzmasse muss damit rechnen, für unvorhersehbare Schäden zu haften, die durch fehlerhafte Produkte der Gemeinschuldnerin entstanden sind. Dass diese Schäden einen erheblichen Umfang annehmen können, wird am Beispiel eines Flugzeugabsturzes deutlich.

e) Crystal Oil

Die Schwierigkeit, eine gerichtliche Entscheidung zur Reichweite der Haftung nach Durchführung eines Insolvenzverfahrens vorherzusagen, zeigt sich, wenn man den Blick auf eine jüngere Entscheidung des *Fifth Circuit* richtet.[518] Ohne sich ausdrücklich zum Zeitpunkt der Anspruchsentstehung zu äußern, kam das Gericht in *In re Crystal Oil Co.* zu einem der *Fairchild*-Entscheidung entgegengesetzten Ergebnis. Die Pflicht, die Gläubiger von der Durchführung eines Insolvenzverfahrens zu unterrichten, erstrecke sich lediglich auf bekannte Gläubiger und Gläubiger, die mit angemessenem Aufwand und entsprechender Sorgfalt bestimmt werden können. Hinsichtlich unvorhersehbarer Gläubiger bestehe eine derartige Pflicht nicht. Hieraus lässt sich der Schluss ziehen, dass unvorhersehbare Ansprüche durch das Insolvenzverfahren grundsätzlich ausgeschlossen werden.

4. Bankruptcy Reform Act von 1994

Für Asbestschäden stellt der 1994 durch den *Bankruptcy Reform Act* in den *Bankruptcy Code* eingefügte § 524(g) klar, dass das Insolvenzgericht im Zuge der Bestätigung eines Sanierungsplans die Unternehmenskäuferin durch gerichtliche Verfügung vor einer Inanspruchnahme als Nachfolgerin der Gemeinschuldnerin schützen kann.[519] Die § 524(g) und (h) *Bankruptcy Code* sehen ein Verfahren vor, in dem die Interessen der Asbestgeschädigten im Insolvenzver-

---

518 Vgl. In re Crystal Oil Co., 158 F.3d 291 (5th Cir. 1998). Siehe hierzu auch die Besprechung der Entscheidung bei *Englert/Shenk*, PHI 1999, 115-117.

519 11 U.S.C. § 524(g)(3)(A)(ii) (1996): „*[N]o entity that pursuant to such plan or thereafter becomes a direct or indirect transferee of, or successor to any assets of, a debtor or trust that is the subject of the injunction shall be liable with respect to any claim or demand made against such entity by reason of its becoming such a transferee or successor*“.

fahren durch Einrichtung eines Fonds gesichert werden sollen. Der *Bankruptcy Reform Act* bestimmt darüber hinaus, dass die für Asbestschäden getroffenen Regelungen keine Rückschlüsse auf die generellen Befugnisse der Insolvenzgerichte erlauben.[520] Obwohl im Vorfeld der Reform die Forderung aufgekommen war, den *Bankruptcy Code* durch eine Vorschrift zu ergänzen, die es ausdrücklich gestattet, im Insolvenzverfahren Vermögensgegenstände der Gemeinschuldnerin unter Ausschluss der Nachfolgehaftung zu verkaufen, entschied sich der Gesetzgeber dafür, nur den Bereich der Asbestschäden zu regeln und die Regelung der Nachfolgehaftung nach Insolvenzverkauf der Rechtsprechung zu überlassen.[521] Der Vorsitzende des Rechtsausschusses des *House of Representatives* stellte anlässlich der Abstimmung über den *Bankruptcy Reform Act* explizit fest, dassdass dieses Gesetz keinerlei Aussage darüber mache, ob die Insolvenzgerichte entsprechende Verfügungen bereits gemäß des *Bankruptcy Code* oder aufgrund ihrer Befugnisse zu Entscheidungen in *equity* erlassen können.[522] Bedauerlicherweise hat der Gesetzgeber damit die Gelegenheit verstreichen lassen, der Verwirrung im Hinblick auf das Verhältnis von Nachfolgehaftung und Insolvenzrecht ein Ende zu machen.

III. Ausschluss der Nachfolgehaftung im Insolvenzrecht

Die Anwendung der Nachfolgehaftung im Insolvenzrecht ist heftiger Kritik ausgesetzt.[523] Hauptstreitpunkt ist die Frage, ob die Anwendung der *successor liability* nach Durchführung eines Insolvenzverfahrens mit den Zielen des *Bankruptcy Code* vereinbar ist.

---

[520] § 111(b), 108 Stat. 4106, 4117 (1996): „*Nothing ... shall be construed to modify, impair, or supersede any other authority the court has to issue injunctions in connection with an order confirming a plan of reorganization.*"

[521] Vgl. *Reed*, 51 Bus. Law. 653, 668-69, n.80.

[522] 140 Cong. Rec. H. 10, 765 (daily ed. Oct. 4, 1994) (statement of Rep. Jack Brooks).

[523] Vgl. *Bodoh/Morgan*, 4 Am. Bankr. Inst. L. Rev. 325, 347; *Kott/Effros*, 4 Prod. Liab. L.J. 123, 127; *Tucker*, 12 Bankr. Dev. J. 1, 3-4.

1. Ziele des Bankruptcy Code

Der *Bankruptcy Code* ist eine umfassende und abschließende bundesrechtliche Regelung des gesamten Insolvenzrechts.[524] Die Gemeinschuldnerin soll Gelegenheit zum Neuanfang erhalten, ihr Vermögen effizient verwertet und entsprechend der Rangliste des *Bankruptcy Code* an die Gläubiger verteilt werden.[525] Da ein Unternehmen im laufenden Geschäftsbetrieb einen höheren Wert als die Summe seiner Einzelteile hat, schafft Kapitel 11 des *Bankruptcy Code* im Interesse der Gläubiger die Möglichkeit, das Unternehmen der Gemeinschuldnerin als Gesamtheit zu verwerten.[526] Die effiziente Verwertung der Insolvenzmasse setzt voraus, dass die Käuferin das Vermögen der Gemeinschuldnerin frei von Haftungsrisiken und Belastungen erwerben kann.[527] Die Befriedigung der Gläubiger erfolgt ausschließlich im Rahmen des insolvenzrechtlichen Verfahrens. Sämtliche Ansprüche gegen die Gemeinschuldnerin werden in dem Insolvenzverfahren zusammengefasst, um die Interessen aller Gläubiger berücksichtigen zu können.[528]

2. Auswirkungen der Nachfolgehaftung

Die Nachfolgehaftung ermöglicht die Geltendmachung von Ansprüchen außerhalb der Insolvenzverfahrens. Muss die Käuferin mit einer Haftung für gewisse Verbindlichkeiten der Gemeinschuldnerin rechnen, wird sie den Kaufpreis entsprechend reduzieren.[529] Die Verwertung der Insolvenzmasse wird wesentlich weniger einbringen, was zu Lasten aller am Insolvenzverfahren beteiligten

---

524 Vgl. Walker v. Cadle Co. (In re Walker), 51 F.3d 562, 568 (5th Cir. 1995).

525 Vgl. *Bodoh/Morgan*, 4 Am. Bankr. Inst. L. Rev. 325, 328, n.14, 15.

526 Vgl. *Tucker*, 12 Bankr. Dev. J. 1, 7, 32.

527 Vgl. *Tucker*, 12 Bankr. Dev. J. 1, 31.

528 Vgl. *Tucker*, 12 Bankr. Dev. J. 1, 32-33.

529 Vgl. WBQ Partnership v. Commonwealth of Va. Dep't of Med. Assistance Servs. (In re WBQ Partnership), 189 B.R. 97, 108-09 (Bankr. E.D. Va. 1995): „*[I]t stands to reason that the purpose behind the „free-and-clear" language is to maximize the value of the asset, and thus enhance the payout made to creditors. Without the „free-and-clear" language, prospective buyers would be unwilling to pay a fair price for the property subject to sale; instead, the price would have to be discounted, perhaps quite substantially, to account for the liabilities that the buyer would face simply as a result of acquiring the asset. A discounted price would reduce the return to the estate to the detriment of the creditors involved in the case.*"

Gläubiger geht. Die Gläubiger, die sich unter Anwendung der Nachfolgehaftung an die Unternehmenskäuferin halten können, dürfen mit einem vollen Ersatz ihres Schadens rechnen, wohingegen die Quote der im Insolvenzverfahren vertretenen Gläubiger mittelbar vermindert wird. Ein Geschädigter, der seinen Anspruch im Rahmen der Nachfolgehaftung gegen die Käuferin des Unternehmens der Gemeinschuldnerin verfolgen kann, wird besser gestellt als andere ungesicherte Gläubiger, die sich an die Gemeinschuldnerin halten müssen. Diese Ungleichbehandlung schafft de facto eine zusätzliche Gruppe bevorzugter Gläubiger und steht somit in Konflikt mit der in § 507 *Bankruptcy Code* abschließend festgelegten Rangfolge der Gläubiger.

Als Hauptargument für die Anwendung der *successor liability* auch nach Durchführung eines Insolvenzverfahrens werden die Interessen der unbekannten Gläubiger angeführt.[530] Zu den unbekannten Gläubigern zählen beispielsweise diejenigen, die durch ein Produkt der Gemeinschuldnerin verletzt worden sind, deren Schaden im Zeitpunkt des Insolvenzverfahrens jedoch nicht erkennbar war. Bei Ausschluss der Nachfolgehaftung seien die unbekannten Gläubiger schutzlos gestellt. Ihnen werde durch das Insolvenzverfahren ein Anspruch entzogen, ohne dass ihre Interessen im Insolvenzverfahren berücksichtigt worden seien.[531]

Im Zweifel kann das Risiko der Nachfolgehaftung für potentielle Käuferinnen so groß sein, dass der Insolvenzverwalter sich für die Zerschlagung des Unternehmens und den Verkauf der einzelnen Bestandteile entscheidet.[532] In diesem Falle gehen die unbekannten Gläubiger der Gemeinschuldnerin auf jeden Fall leer aus und auch die im Insolvenzverfahren vertretenen Gläubiger stehen schlechter. Die Anwendung der Nachfolgehaftung im Insolvenzrecht kann den unbekannten Gläubigern folglich nicht helfen und schadet den am Insolvenzverfahren beteiligten Gläubigern. Nach Durchführung eines Insolvenzverfahrens ist die Nachfolgehaftung mit den Zielen des *Bankruptcy Code* unvereinbar.[533]

---

530 Vgl. *Coco*, 22 J. Corp. L. 345, 351.

531 So auch die Argumentation des Gerichtes in In re Fairchild, 184 B.R. 910.

532 Vgl. *Tucker*, 12 Bankr. Dev. J. 1, 36, 37: „*In these situations state successor liability in effect frustrates the stated congressional objectives of encouraging the continuation of businesses, providing employees with jobs, paying the creditors, and producing a return for its shareholders.*"

533 So auch *Kott/Effros*, 4 Prod. Liab. L.J. 123, 127; *Tucker*, 12 Bankr. Dev. J. 1, 3-4.

3. Vorrang des Bundesrechts

Es ist ein anerkannter Grundsatz des US-amerikanischen Verfassungsrechts, dass Bundesrecht innerhalb seiner verfassungsmäßigen Grenzen entgegenstehendes Landesrecht ausschließt.[534] Artikel 6 der US-amerikanischen Verfassung enthält die *supremacy clause* zugunsten des Bundesrechts. In konkreten Konfliktfällen ist anhand der *federal preemption doctrine* die Absicht des Gesetzgebers zu untersuchen, ob ein bestimmtes Bundesgesetz landesrechtliche Regelungen, die denselben Gegenstand betreffen, ausschließen soll.[535] Enthält das Bundesgesetz keinen ausdrücklichen Ausschluss landesrechtlicher Vorschriften, so entscheiden die Gerichte anhand von Systematik und Zweck des Gesetzes, ob eine entsprechende Absicht des Gesetzgebers bestand.[536] Landesrechtliche Vorschriften können bereits dann ausgeschlossen sein, „*where state law stands as an obstacle to the accomplishment and execution of the full purposes and objectives of Congress.*“[537]

Die Ziele des *Bankruptcy Code* werden durch Anwendung der auf dem Recht der Einzelstaaten beruhenden *successor liability doctrine* erheblich beeinträchtigt. Der Vorrang des Bundesrechts muss daher zum Ausschluss der Nachfolgehaftung nach Durchführung eines Insolvenzverfahrens führen, soweit diese Haftung nicht auf bundesrechtlichen Vorschriften beruht.[538]

4. Überschreitung richterlicher Kompetenzen

Gegen die Anwendung der Nachfolgehaftung im Insolvenzrecht spricht weiterhin, dass die Gerichte hiermit die ihnen im Rahmen der Gewaltenteilung zugewiesenen Aufgaben überschreiten.[539] Hat die Legislative ein bestimmtes Rechtsgebiet abschließend geregelt, so darf die Rechtsprechung die Zwecke der Gesetzgebung nicht unterlaufen. Der Bankruptcy Code schafft die Möglichkeit,

---

534 Vgl. *Bodoh/Morgan*, 4 Am. Bankr. Inst. L. Rev. 325, 346-47 m.w.N..

535 Vgl. Barnett Bank of Marion County, N.A. v. Nelson, 116 S. Ct. 1103, 1107 (1996).

536 Vgl. Barnett Bank of Marion County, N.A. v. Nelson, 116 S. Ct. 1103, 1108 (1996).

537 Vgl. Louisiana Public Serv. Comm'n v. F.C.C., 476 U.S. 355, 368-69 (1986).

538 Ebenso *Bodoh/Morgan*, 4 Am. Bankr. Inst. L. Rev. 325, 346-47. Inwieweit *successor liability* in Form von *federal common law* Bundesrecht sein kann ist zweifelhaft. Siehe hierzu oben § 5IV.1..

539 Vgl. *Bodoh/Morgan*, 4 Am. Bankr. Inst. L. Rev. 325, 353-56 m.w.N..

die Insolvenzmasse frei von Ansprüchen und Belastungen zu veräußern, um ihre bestmögliche Verwertung und die Befriedigung der Gläubiger zu erreichen. Urteile, die unter Zuhilfenahme der Nachfolgehaftung die Inanspruchnahme der Käuferin gestatteten, sind unvereinbar mit der Entscheidung des Gesetzgebers und dem Prinzip der Gewaltenteilung. Die im Zusammenhang mit der Berücksichtigung unbekannter Gläubiger im Insolvenzverfahren stehenden Probleme müssen einer Entscheidung des Gesetzgebers vorbehalten bleiben und können von den Gerichten nicht durch die Nachfolgehaftung gelöst werden.[540]

5. Fazit

Die uneinheitliche Rechtsprechung zur Frage der Nachfolgehaftung nach Durchführung eines Insolvenzverfahrens lässt eine Entscheidung des *Supreme Court* oder des Gesetzgebers wahrscheinlich werden.[541] Bis dahin müssen die Käufer eines Unternehmens aus der Insolvenzmasse jedoch weiterhin mit der Gefahr rechnen, unter Anwendung der Nachfolgehaftung später für bestimmte Verbindlichkeiten der Gemeinschuldnerin herangezogen zu werden. Trotz anderslautender Urteile erfordern die Ziele des *Bankruptcy Code* bereits jetzt den Ausschluss der Nachfolgehaftung nach Durchführung eines Insolvenzverfahrens.

540 Ebenso *Tucker*, 12 Bankr. Dev. J. 1, 98, n. 551.

541 Vgl. *Tucker*, 12 Bankr. Dev. J. 1, 98.

§ 7 Schutz vor Inanspruchnahme als Successor Corporation

I. Überblick

Bei Kauf eines Unternehmens im Wege des *asset deal* in den USA ist es unabdingbar, das Problem der Nachfolgehaftung bei Gestaltung des Kaufvertrages zu berücksichtigen.[542] Grundsätzlichen lassen sich zwei kautelarjuristische Ansätze voneinander unterscheiden, durch die sich das Risiko der Käuferin, für Altverbindlichkeiten der Verkäuferin zu haften, begrenzen lässt. Zum einen können die Parteien versuchen, den Unternehmenskauf so zu strukturieren, dass die Voraussetzungen der *successor liability* gar nicht erst vorliegen. Zum anderen kann die Käuferin Vorkehrungen treffen, um im Falle einer Inanspruchnahme als *successor corporation* nicht auf den Kosten dieser Haftung belastet zu werden.

II. Vermeidung der Successor Liability

Die folgenden Maßnahmen können dazu beitragen, das Risiko einer Inanspruchnahme als *successor corporation* zu reduzieren:

- *Kauf ausgewählter Vermögensgegenstände anstelle des gesamten Unternehmens:* Die Nachfolgehaftung findet grundsätzlich keine Anwendung, wenn nicht sämtliche, sondern nur einzelne Vermögensgegenstände eines Unternehmens erworben werden. Obwohl die Anwendung der Nachfolgehaftung auch unter diesen Umständen nicht vollkommen ausgeschlossen werden kann[543], werden die meisten Gerichte den bloßen Erwerb ausgewählter Vermögensgegenstände der Verkäuferin (*piecemeale-sale*) nicht als einen Fall der Nachfolgehaftung sehen. Es empfiehlt sich daher für die Käuferin, nicht das gesamte Vermögen der Verkäuferin zu erwerben. In diesem Zusammenhang ist es jedoch schwierig zu bestimmen, ab wann von der Übernahme des gesamten Vermögens auszugehen ist. Es ist jedoch unwahrscheinlich, dass ein Gericht die Übernahme des gesamten Vermögens bejahen wird, wenn die Verkäuferin weiterhin als handlungsfähiges Rechtssubjekt existiert.

---

[542] Vgl. *Caley/Yard*, 67 N.Y. St. B.J. 30.

[543] Siehe oben § 3II.3.a) a.E.

- *Überleben der Verkäuferin:* Das Weiterbestehen der Verkäuferin ist auch insofern von Bedeutung, als hiermit den Gläubigern der Verkäuferin ihr ursprünglicher Anspruchsgegner noch zur Verfügung steht. Insbesondere die Erweiterung der Nachfolgehaftung im Produkthaftungsrecht stützt sich darauf, dass die Geschädigten anderenfalls schutzlos seien. Desweiteren lässt sich der Eindruck vermeiden, die Käuferin sei eine Fortsetzung der Verkäuferin, wenn die Verkäuferin auch nach Durchführung des Unternehmenskaufes weiterbesteht. Zwar hat die Käuferin keinen Einfluss darauf, ob und wann die Verkäuferin sich auflöst. Der Unternehmenskaufvertrag sollte jedoch keine Klausel enthalten, welche die Verkäuferin zur baldigen Auflösung verpflichtet. Die Käuferin sollte darauf drängen, dass die Verkäuferin sich nach Verkauf ihres Unternehmens nicht sofort auflöst, sondern weiterhin eine geschäftliche Tätigkeit aufrecht erhält.[544]
- Begrenzung des vertraglich übernommenen Haftungsumfanges: Die Unternehmenskäuferin kann sich vor der Inanspruchnahme als successor corporation unter der express or implied assumption of liability exception schützen, indem sie diejenigen Verbindlichkeiten, die sie übernimmt, genau bestimmt und allgemeine Formulierungen vermeidet.[545] Die Haftung für fehlerhafte Produkte der Verkäuferin lässt sich durch ausdrückliche Klarstellung im Kaufvertrag ausschließen.[546] Der ausdrückliche Ausschluss einzelner Verbindlichkeiten schafft jedoch die Gefahr, dass ein Gericht hieraus den Schluss ziehen wird, dass Verbindlichkeiten übernommen sind, die nicht ausdrücklich ausgeschlossen wurden. Es ist daher vorzuziehen, nur die übernommenen Verbindlichkeiten detailliert aufzuzählen und klarzustellen, dass keine weitergehende Haftung vereinbart worden ist. Im Hinblick auf die Vermeidung einer konkludenten Übernahme der Produkthaftung könnte es für die Käuferin ratsam sein, die Produkthaftpflichtversicherung der Verkäuferin nicht zu übernehmen.[547] Andererseits kann gerade ei-

---

544 Vgl. *Winthrop*, 6 Sec. Reg. L.J. 195, 210-11.

545 Vgl. *Arness/Sutin/Plotkin*, 67 Wash. U. L.Q. 353, 363-64.

546 Vgl. *Richmond*, 45 Baylor L. Rev. 535, 558.

547 Folgende Entscheidungen lehnten die Annahme einer konkludenten Übernahme der Produkthaftung unter anderem wegen der fehlenden Übernahme der Produkthaftpflichtversicherung der Verkäuferin ab: George v. Parke-Davis, 684 F.Supp. 249, 253-54 (E.D. Wash. 1988); Savini v. Kent Mach. Works Inc., 525 F.Supp. 711, 716 (E.D. Pa 1981). In Boutton v. Litton Indus., 423 F.2d 643, 652 (3d Cir. 1970) stützte das Gericht die konkludente Übernah-

ne Produkthaftpflichtversicherung die Unternehmenskäuferin vor den Folgen der *successor liability* schützen. Da die Übernahme der Produkthaftpflichtversicherung noch nicht zwingend zur Annahme einer konkludenten Haftungsübernahme führt, ist es im Regelfall zu empfehlen, eine entsprechende Versicherung der Verkäuferin zu übernehmen oder soweit möglich eine eigene Versicherung abzuschließen.

- *Schutz gegen die de facto merger exception:* Wesentliche Voraussetzung für die *de facto merger doctrine* ist die Kontinuität der Gesellschafter. Um die Inanspruchnahme als *successor corporation* zu vermeiden, empfiehlt es sich für die Käuferin, den Kaufpreis in bar und nicht in Form von Gesellschaftsanteilen zu zahlen.[548]
- *Ausschluss der Kontinuitätsindizien:* Die Käuferin sollte das Schlüsselpersonal der Verkäuferin nicht übernehmen, um nicht den Eindruck der Kontinuität entstehen zu lassen. Häufig wird jedoch die Käuferin gerade an einer Weiterbeschäftigung dieser Angestellten interessiert sein, deren Kenntnisse und Erfahrungen für den geschäftlichen Erfolg entscheidend sein können. Ebenso wird die Käuferin in den wenigsten Fällen bereit sein, auf den Goodwill der Verkäuferin zu verzichten, der häufig den eigentlichen Wert eines Unternehmens ausmacht. Es kann sich jedoch empfehlen, die Kunden der Verkäuferin und die Öffentlichkeit darauf hinzuweisen, dass das Unternehmen eine neue Eigentümerin hat.[549] Alles, was auf Unternehmensnachfolge hindeutet, sollte vermieden werden, insbesondere die Fortführung der Firma der Verkäuferin, ihre Warenzeichen, Logos und Produktbezeichnungen. Problematisch ist hieran jedoch, dass für den Käufer häufig gerade in Firma, Warenzeichen, Logos und Produktbezeichnungen der Verkäuferin erhebliche Vermögenswerte stecken.[550]
- *Einrichtung eines Fonds zur Deckung zukünftiger Schadensersatzansprüche*: Zum Ausgleich künftiger Forderungen gegen die Verkäuferin sollte

me der Produkthaftung unter anderem auf die vertragliche Übernahme der Produkthaftpflichtversicherung.

548 Vgl. *Winthrop*, 6 Sec. Reg. L.J. 195, 208; *Arness/Sutin/Plotkin*, 67 Wash. U. L.Q. 353, 365-66; *Zahn*, PHI 1990, S.275.

549 Vgl. *Yamin*, 7 Harv. J.L. & Pub. Pol'y 185, 251.

550 Vgl. *Caginalp/Denkowicz*, EWS 1992, S. 12.

die Verkäuferin einen *escrow-fund* einrichten und die Ausschlussfristen für die Geltendmachung von Ansprüchen öffentlich bekannt machen.[551] Da hierdurch die Geschädigten Schadensersatz erhalten, besteht keine Notwendigkeit mehr, die Käuferin als *successor corporation* heranzuziehen.

- *Beschluss des Bankruptcy Court:* Bei einer Veräußerung nach dem *Bankruptcy Code* sollte die Käuferin als Bedingung zum Abschluss des Kaufvertrages verlangen, dass ein Beschluss des *Bankruptcy Court* herbeigeführt wird, durch den sämtliche Streitigkeiten hinsichtlich der Vermögensübernahme und der Übernahme von Verbindlichkeiten dessen Zuständigkeit unterstellt werden. *Bankruptcy Courts* neigen typischerweise eher als einzelstaatliche Gerichte dazu, derartige Streitigkeiten im Sinne des Erwerbers zu entscheiden.[552] Da einige Gerichte die Nachfolgehaftung bei einem Verkauf gemäß *Bankruptcy Code* grundsätzlich ausschließen,[553] kann der Erwerb eines Unternehmens aus der Insolvenzmasse einen höheren Grad an Schutz vor Altverbindlichkeiten bieten.[554]

III. Schutz bei Inanspruchnahme als Successor Corporation

Für den Fall, dass die Käuferin tatsächlich für Verbindlichkeiten der Verkäuferin in Anspruch genommen werden sollte, empfehlen sich folgende Maßnahmen:[555]

- *Reduzierung des Kaufpreises in Höhe der zu erwartenden Haftung*: Oftmals wird es nicht möglich sein, die Höhe zukünftiger Produkthaftungsansprüche im vorhinein abzuschätzen. Um die Haftungsrisiken abschätzen zu können, sollte der potentielle Erwerber die aus den übernommenen Vermögenswerten resultierenden Risiken bewerten und sich hierbei auf die Erfahrungen des Verkäufers stützen.[556] Das Ergebnis dieser Bewertung kann über

---

[551] Ein Fond zur Sicherung zukünftiger Ansprüche wurde beispielsweise durch das Gericht in In re John Manville Corp., 36 Bankr. 743 (Bankr. S.D.N.Y. 1984), aff'd, 52 Bankr. 940 (S.D.N.Y. 1985) angeordnet.

[552] Vgl. *Caginalp/Denkowicz*, EWS 1992, S. 12.

[553] Siehe oben Fußnote 480.

[554] Vgl. *Bluebond*, ABA Journal July 1999, 66.

[555] Hierzu *Caginalp/Denkowicz*, EWS 1992, S. 12.

[556] Vgl. *Caginalp/Denkowicz*, EWS 1992, S. 12.

die Durchführung des Unternehmenskaufes entscheiden oder als Argument in die Preisverhandlung eingeführt werden.

- *Produkthaftpflichtversicherung:* Eine Versicherung gegen die Haftung für fehlerhafte Produkte der Verkäuferin wird für die Käuferin häufig nicht oder nur unter Schwierigkeiten erhältlich sein.[557] Übernimmt die Käuferin die Produkthaftpflichtversicherung der Verkäuferin, so können die Gerichte hierin wiederum ein Indiz für eine konkludente Haftungsübernahme sehen. Diese Maßnahme zum Schutze der Unternehmenskäuferin kann daher auch erst das Problem schaffen, dessen Verhinderung sie bezweckt. Zwar ist die Käuferin durch die Versicherung geschützt, muss jedoch auch die entsprechenden Prämien zahlen.
- *Zahlung des Kaufpreises auf ein Treuhandkonto*: Die Käuferin sollte zumindest einen Teil des Kaufpreises auf ein Treuhandkonto (*escrow-account*) überweisen. Im Falle einer Inanspruchnahme kann die Käuferin den Kaufpreis so auch nachträglich noch entsprechend mindern.
- *Zahlung des Kaufpreises in Raten:* Durch die Vereinbarung von Ratenzahlungen, kann die Käuferin bei einer Inanspruchnahme als *successor corporation* den Kaufpreis entsprechend mindern.
- *Haftungsfreistellungsvereinbarung*: Die Käuferin kann sich von der Verkäuferin zusichern lassen, für die Haftung als *successor corporation* schadlos gehalten zu werden. Ist die Auflösung der Verkäuferin beabsichtigt, können die Gesellschafter der Verkäuferin eine entsprechende Zusicherung abgeben. In diesem Fall bietet es sich an, persönliche Bürgschaften und Freistellungsverpflichtungen der Gesellschafter der Verkäuferin für die nicht übernommenen Verbindlichkeiten der Verkäuferin einzuholen.[558]
- *Gründung einer Tochtergesellschaft:* Um die Haftung als *successor corporation* auf die Höhe der Investition zu beschränken, kann es sich empfehlen, den Unternehmenskauf durch eine eigens für diesen Zweck gegründete Tochtergesellschaft durchführen zu lassen.[559] Obwohl hierzu bislang noch

---

557 Ausführlich zu Versicherungsmöglichkeiten gegen produkt- und umweltrechtliche Haftungsrisiken *Kalis*, PHI 1989, S. 214-222.

558 Vgl. *Winthrop*, 6 Sec. Reg. L.J. 195, 209-10.

559 Siehe *Gilson/Black*, The Law and Finance of Corporate Acquisitions, S. 1557.

keine gerichtliche Entscheidung ergangen ist, besteht angesichts der erweiterten Durchgriffshaftung im Zusammenhang mit CERCLA grundsätzlich die Gefahr, dass durch eine Kombination von erweiterter Nachfolge- und Durchgriffshaftung auch die Muttergesellschaft in Anspruch genommen wird.

§ 8 Bewertung der erweiterten Nachfolgehaftung

I. Das Problem

Wie bereits oben dargestellt ist der *asset deal* für die Käuferin unter Haftungsgesichtspunkten grundsätzlich günstiger als der *share deal*.[560] Die Gestaltung des Unternehmenskaufes als Erwerb der einzelnen Vermögensgegenstände des Unternehmens ermöglicht es den Parteien, sich der Haftung für gewisse Verbindlichkeiten zu entziehen.

Beispiel Nr. 3:[561] Die Verkäufergesellschaft hat Aktivvermögen in Höhe von $ 5 Millionen. Verkäuferin und Käuferin rechnen damit, dass auf die Verkäuferin in der Zukunft Produkthaftungsansprüche in Höhe von $ 2 Millionen zukommen. Bei Gestaltung des Unternehmenskaufes als *share deal* wird die Käuferin wegen der übernommenen Verbindlichkeiten lediglich bereit sein, $ 3 Millionen zu zahlen. Den Gesellschaftern der Verkäuferin bleibt damit lediglich ein Betrag von $ 3 Millionen.
Sie können ihren Gewinn maximieren, wenn der Unternehmenskauf als *asset deal* strukturiert wird und die Verkäufergesellschaft kurz nach Durchführung der Transaktion aufgelöst wird. In einem *asset deal* wird die Käuferin bereit sein, $ 5 Millionen für das Unternehmen zu zahlen, da nunmehr die zukünftigen Produkthaftungsansprüche ausgeschlossen sind. Die zukünftige Produkthaftung kann bei Auflösung der Verkäuferin nicht berücksichtigt werden. Die Gesellschafter der Verkäuferin erhalten daher die vollen $ 5 Millionen. Durch die Gestaltung des Unternehmenskaufes als *asset deal* und die nachfolgende Auflösung der Verkäuferin kann der Wert des Unternehmens um $ 2 Millionen erhöht und Produkthaftungsansprüche in Höhe von $ 2 Millionen eliminiert werden.

Indem die Parteien den Unternehmenskauf als *asset deal* strukturieren und die Verkäuferin nach Durchführung des Geschäfts aufgelöst wird, lässt sich die Haftung für all diejenigen Verbindlichkeiten vermeiden, die bei Auflösung der Ver-

---

560 Siehe oben § 2 I..

561 Beispiel nach *Gilson/Black*, The Law and Finance of Corporate Acquisitions, S. 1506-07.

käuferin nicht berücksichtigt werden können.[562] Auch wenn die Parteien möglicherweise darüber streiten, wie der hierdurch eingesparte Betrag aufgeteilt wird, so ist es doch wahrscheinlich, dass sie sich auf diese Durchführung des Geschäfts einigen werden.[563] Die Kosten der jeweiligen Haftung lassen sich somit externalisieren. Die durch fehlerhafte Produkte Geschädigten bleiben auf ihrem Schaden sitzen. Die Kosten der Altlastensanierung müssen von Dritten oder der Allgemeinheit getragen werden.

Allerdings läuft die verhaltenssteuernde Funktion von Haftungsvorschriften ins Leere, wenn die Adressaten dieser Normen sich durch entsprechende Gestaltung des Unternehmenskaufes der Haftung entziehen können. Die Herstellerin wird wenig dazu geneigt sein, in die Sicherheit ihrer Produkte oder die Umweltverträglichkeit ihres Geschäftsbetriebes zu investieren, wenn sie die Haftung für spätere Produktschäden und Altlasten dadurch ausschließen kann, dass sie ihr Vermögen veräußert und sich in der Folgezeit auflöst. Vielmehr besteht für sie ein Anreiz, den gegenwärtigen Gewinn auf Kosten der langfristigen Produktsicherheit und zukünftiger Schäden zu maximieren, wenn das Unternehmen später im Wege des *asset deals* frei von Verbindlichkeiten verkauft werden kann.[564]

Der Grundsatz der Haftungsfreiheit der Käuferin beim *asset deal* kann außerdem nicht nur dazu führen, dass der Geschäftsbetrieb des Unternehmens unter Vernachlässigung der Produkt- und Umweltsicherheit geführt wird, sondern auch dazu, dass es zum Verkauf des Unternehmens kommt, obwohl die Käuferin die Vermögenswerte des Unternehmens weniger effizient nutzen kann als die Verkäuferin.[565]

---

[562] Hierzu *Roe*, 70 Va. L. Rev. 1559, 1565; *D. Phillips*, 11 Hofstra L. Rev. 249, 264; *Ringleb/Wiggins*, 98 J. Pol. Econ. 574, 578. Siehe auch *Hansmann/Kraakman*, 100 Yale L.J. 1879, 1884: „*Since products and manufacturing processes often create long term-hazards that become visible only after many years, firms can – and often do – liquidate long before they can be sued by their tort victims.*"

[563] Siehe *Gilson/Black*, The Law and Finance of Corporate Acquisitions, S. 1507. *Gilson/Black* stellen daher für die Durchführung von Unternehmenskäufen die folgende Regel auf: „*An accurate statement of the decision rule then is buy assets, liquidate target, and cut off the future products liability claim.*"

[564] Vgl. *Gilson/Black*, The Law and Finance of Corporate Acquisitions, S. 1533.

[565] Siehe hierzu *Roe*, 70 Va. L. Rev. 1559, 1565. Vgl. auch *Gilson/Black*, The Law and Finance of Corporate Acquisitions, S. 1533: „*Thus, an incentive is created to sell the company even if management of the acquiring company is less efficient.*"

Beispiel Nr. 4:[566] Die A-Corporation kann die Vermögenswerte ihres Unternehmens derart effektiv nutzen, dass der Unternehmenswert für die Gesellschafter $3 Millionen beträgt. Keine andere Gesellschaft hat die Erfahrung und das Know How, um das Unternehmen entsprechend erfolgreich zu betreiben. Obwohl das Unternehmen für eine andere Gesellschaft daher nur einen Wert von $2 Millionen hat, liegt der Verkauf zu diesem Preis dennoch im Interesse der A-Corporation, wenn sie durch spätere Auflösung zukünftige Produkthaftungskosten von mehr als $1 Millionen einsparen kann. Der Unternehmensverkauf wird durchgeführt, obwohl die Käuferin die Produktionsmittel des Unternehmens nicht so effizient nutzen kann wie die Verkäuferin.

Die hiermit verbundene suboptimale Nutzung von Ressourcen ist aus volkswirtschaftlicher Sicht nachteilig.

II. Lösungsmöglichkeiten

1. Internalisierung durch erweiterte Nachfolgehaftung?

a) Ziel der erweiterten Nachfolgehaftung

Die erweiterte Nachfolgehaftung soll dazu führen, dass die eigentlich verantwortlichen Schädiger die Kosten ihrer Haftung tragen müssen und diese nicht mehr auf die Geschädigten oder Dritte abwälzen können.[567] Die Haftung der Unternehmenskäuferin für fehlerhafte Produkte und Altlasten der Verkäuferin lässt sich damit rechtfertigen, dass hierdurch ein Mechanismus in Gang gesetzt wird, der letztendlich dazu führt, dass die Verkäuferin auch die Kosten dieser zukünftigen Haftung zu berücksichtigen hat.[568]

---

566 Beispiel nach *Roe*, 70 Va. L. Rev. 1559, 1565.

567 Hierzu *Gilson/Black*, The Law and Finance of Corporate Acquisitions, S. 1532-33. Siehe aus der Rechtsprechung z.B. R.J. Enstrom Corp. v. Interceptor Corp., 555 F.2d 277, 282 (10th Cir. 1977); Hall v. Armstrong Cork, Inc., 692 P.2d 787 (Wash. 1984).

568 Vgl. *Green*, 72 Cornell L. Rev. 17, 21; *D. Phillips*, 11 Hofstra L. Rev., 249, 265-66; *Schwartz*, 14 J. Legal Stud. 689, 715-16; The *Gilson/Black*, Law and Finance of Corporate Acquisitions, S. 1532: „*Imposing liability on any future purchaser of the manufacturer's business means that the manufacturer must take the cost of future products liability claims into account currently because it will always bear them. ... Thus, the point of successor liability is not to cause the successor to bear the costs of the predecessor's defective products, but as a tool to insure that the predecessor bears the cost.*“

Weiß die Unternehmenskäuferin, dass sie aufgrund der erweiterten Nachfolgehaftung auch beim *asset deal* für die Altverbindlichkeiten der Verkäuferin einstehen muss, wird sie diese Verbindlichkeiten auf den Kaufpreis anrechnen. Bereits der *Supreme Court of Michigan* geht in der *Turner*-Entscheidung davon aus, dass mit der *continuity of enterprise doctrine* nicht die unbeteiligte Unternehmenskäuferin auf den Kosten der Produkthaftung sitzen bleiben soll, sondern dass durch entsprechende Vorkehrungen, wie etwa den Abschluss einer Haftungsfreistellungsvereinbarung, die Zahlung des Kaufpreises auf ein Treuhandkonto oder die Reduzierung des Kaufpreises, die Herstellerin die Kosten zukünftiger Produktschäden tragen soll.[569]

Selbst die Kritiker der erweiterten Nachfolgehaftung anerkennen, dass die Übertragung der Haftungskosten auf die Verkäuferin und die Vermeidung der Kostenexternalisierung ein überzeugendes Argument für die erweiterte Nachfolgehaftung ist.[570] Fraglich ist hingegen, inwieweit die erweiterte Nachfolgehaftung geeignet ist, diese Ziele tatsächlich zu erreichen.

b) Eignung der erweiterten Nachfolgehaftung

Neben Einwänden gegen die Fairness der erweiterten Nachfolgehaftung richtet sich die Kritik hauptsächlich darauf, dass die Inanspruchnahme der Unternehmenskäuferin nur begrenzt geeignet ist, die Externalisierung von Haftungskosten zu verhindern.[571] Gründe hierfür sind die Reaktionen der am Unternehmenskauf Beteiligten auf die erweiterte Nachfolgehaftung und die Unsicherheit, den genauen Umfang der zukünftigen Produkthaftung vorherzusagen.

(aa) Reaktionen der Beteiligten

Die erweiterte Nachfolgehaftung ist nicht lückenlos. Die Verkäuferin kann die Kosten zukünftiger Produkt- oder Altlastenhaftung weiterhin externalisieren, wenn sie vor Auflösung ihr Unternehmen zerschlägt und in Einzelteilen an ver-

---

D. Phillips, 11 Hofstra L. Rev., 265-66 weist darauf hin, dass § 6-106 U.C.C. (1987 Official Text), wonach die Käuferin bei einem *bulk sale* sicherzustellen hat, dass der Kaufpreis für die Begleichung der Verbindlichkeiten der Verkäuferin verwendet wird, auf einem verwandten Rechtsgedanken beruht. Siehe hierzu § 2III.2.a).

569 Siehe Turner, 244 N.W.2d at 883.

570 Vgl. *Green*, 72 Cornell L. Rev. 17, 39-40; *Shaffer*, 23 Cap. U. L. Rev. 1003, 1025.

571 Siehe *Gilson/Black*, The Law and Finance of Corporate Acquisitions, S. 1533-38; *Connolly*, 38 Syracuse L. Rev. 1279, 1297.

schiedene Käufer veräußert (*piecemeal-sale*). In diesem Fall ist auch die erweiterte Nachfolgehaftung nicht anwendbar.[572] Durch die Zerschlagung des Unternehmens und den Verkauf seiner Bestandteile geht der Goodwill, d.h. der Wert des Unternehmens als laufender Betrieb verloren. Die Verkäuferin wird diese Alternative daher nur dann wählen, wenn die Höhe der zukünftigen Produkt- oder Altlastenhaftung, die durch die Zerschlagung des Unternehmens umgangen wird, den Wert des Goodwills übersteigt.[573] Die Entscheidung über die Zerschlagung des Unternehmens hängt folglich von der Höhe der zukünftigen Haftung ab, deren Bestimmung mit erheblichen Unsicherheiten belastet ist.

(bb) Prognoseunsicherheit

Die Überleitung der Haftungskosten durch die Käuferin auf die Verkäuferin setzt voraus, dass diese erst in der Zukunft entstehenden Kosten zum Zeitpunkt des Unternehmenskaufes bestimmbar sind. Nur vorhersehbare Kosten können internalisiert werden.[574] Produktfehler, die später zur Haftung der Herstellerin oder bei Anwendung der erweiterten Nachfolgehaftung zur Haftung der Unternehmenskäuferin führen, sind jedoch häufig nicht vorhersehbar.[575] Oftmals führen fehlerhafte Produkte erst nach mehreren Jahren zu Schäden. Die lange Lebensdauer eines Produktes sowie der schleichende Verlauf einiger Krankheiten können dazu führen, dass Produkthaftungsansprüche erst mit langjähriger Verzögerung entstehen.[576] Für die Parteien des Unternehmenskaufes ist es oftmals nicht möglich, diese Ansprüche bei der Ermittlung des Kaufpreises zu berücksichtigen.

Die Alternative, erweiterte Nachfolgehaftung nur dann anzuwenden, wenn die durch fehlerhafte Produkte verursachten Schäden vorhersehbar sind, zwingt die Gerichte dazu, im Nachhinein über diese schwierige Frage zu entscheiden und

---

572 Vgl. *Gilson/Black*, The Law and Finance of Corporate Acquisitions, S. 1535-36.

573 Ebenso *Gilson/Black*, The Law and Finance of Corporate Acquisitions, S. 1535: „*Thus, avoiding internalization by means of a piecemeal sale of assets will be desirable only when the present value of the future products liability claims, eliminated by the sale, exceed the value of the company's goodwill also eliminated by the sale.*"

574 Vgl. *Gilson/Black*, The Law and Finance of Corporate Acquisitions, S. 1537.

575 Ausführlich hierzu *Roe*, 70 Va. L. Rev. 1559, 1572-77.

576 Siehe hierzu *Arness/Sutin/Plotkin*, 67 Wash. U. L.Q. 353, 355; *Richmond*, 45 Baylor L. Rev. 535, 536.

ist ebenfalls mit erheblichen Unsicherheiten verbunden.[577] Da die Unternehmenskäuferin die zukünftige Produkthaftung der Verkäuferin nur schwer abschätzen kann, ist die Berücksichtigung dieser Verbindlichkeiten und damit die Rückübertragung der zukünftigen Produkthaftungskosten auf die Herstellerin durch die erweiterte Nachfolgehaftung kaum möglich.[578]

Die Altlastenhaftung ist für die Käuferin häufig noch weniger als die Produkthaftung zu kalkulieren.[579] Anders als bei der Produkthaftung kann sich die Käuferin hinsichtlich der Altlastenhaftung in der Regel nicht an den Erfahrungswerten der Verkäuferin orientieren. Auch im Hinblick auf die Altlastenhaftung der Verkäuferin, die Gegenstand der *successor liability* werden kann, fehlt es in vielen Fällen an der Vorhersehbarkeit dieser Haftung zum Zeitpunkt des Unternehmenskaufes.

Im Zusammenhang mit der Bestimmbarkeit des Haftungsumfanges bei Abschlu*ss* des Unternehmenskaufvertrages zeigt sich auch eine gewisse Widersprüchlichkeit der erweiterten Nachfolgehaftung, die zum einen auf die besondere Schutzbedürftigkeit der Geschädigten abstellt, die im Moment des Unternehmenskaufes noch nicht bestimmbar sind, zum anderen aber, die Bestimmbarkeit des Haftungsumfanges voraussetzt, um die Internalisierung der Haftungskosten zu erreichen.

(cc) Fairne*ss*

Auch wenn die Inanspruchnahme der Käuferin als *successor corporation* im Sinne des Internalisierungsansatzes nur ein Mittel zu dem Zweck ist, die Verkäuferin zu der Internalisierung der Kosten ihrer Produkt- und Altlastenhaftung zu veranlassen, bestehen Bedenken hinsichtlich der Fairne*ss* der erweiterten Nachfolgehaftung. Es ist nicht ersichtlich, inwiefern die Käuferin dafür verantwortlich sein soll, dass die Verkäuferin ihre zukünftigen Verbindlichkeiten bei Verkauf des Unternehmens berücksichtigt.[580] Soweit die Käuferin für das Unter-

---

577 Vgl. *Gilson/Black*, The Law and Finance of Corporate Acquisitions, S. 1538.

578 So auch *Rogala*, 68 U. Det. L. Rev. 37, 64-66, die im Hinblick auf die Verhandlungen zwischen Unternehmensverkäuferin und Käuferin feststellt: „*[N]egotiations are not merely complex, but are also too speculative and, therefore, too expensive.*“

579 Vgl. C. *Neumann*, 27 Envtl. L. 1373, 1385-88. Siehe hierzu bereits oben § 5V.2..

580 *Gilson/Black*, The Law and Finance of Corporate Acquisitions, S. 1534 weisen darauf hin, es nicht ungewöhnlich ist, eine „unschuldigen“ Partei haften zu lassen, um hierdurch ein

nehmen einen angemessenen Kaufpreis zahlt, profitiert sie nicht von der Kostenexternalisierung der Verkäuferin. Es erscheint in dieser Hinsicht angemessener, die Gesellschafter der Verkäuferin in Anspruch zu nehmen, die in der Regel von der Externalisierung der künftigen Verbindlichkeiten profitieren und deren Verantwortlichkeit näher liegt als die der Käuferin.[581]

(dd) Ergebnis

Die erweiterte Nachfolgehaftung beruht auf der zutreffenden Erkenntnis, dass der Verkauf eines Unternehmens und die nachfolgende Auflösung der Verkäuferin zur Externalisierung von Produkt- und Altlastenhaftungskosten führen kann. Die indirekte Übertragung dieser Kosten mittels erweiterter Nachfolgehaftung auf die Verkäuferin ist mit zahlreichen Unzulänglichkeiten behaftet und eröffnet die Frage nach alternativen Lösungsmöglichkeiten.

2. Internalisierung durch alternative Haftungsmodelle

a) Modifikation der erweiterten Nachfolgehaftung

Bedenken hinsichtlich der Internalisierungsmöglichkeit und der Fairness der Inanspruchnahme der Unternehmenskäuferin haben zu Vorschlägen geführt, die erweiterte Nachfolgehaftung durch weitere Kriterien zu begrenzen.[582] Dieser Ansatz stellt die Haftung der Unternehmenskäuferin für fehlerhafte Produkte der Verkäuferin nicht grundsätzlich in Frage, sondern versucht lediglich, die unbilligen Konsequenzen der erweiterten Nachfolgehaftung zu beseitigen.

Durch Verknüpfung der Nachfolgehaftung mit der *bona fide purchaser doctrine* soll die Haftung der Unternehmenskäuferin auf Situationen beschränkt wer-

bestimmtes Verhalten einer anderen Partei sicherzustellen. Ausführlich hierzu *Kraakman*, Corporate Liability Strategies and the Costs of Legal Controls, 93 Yale L.J. 857 (1984).

581 Vgl. hierzu überzeugend *Gilson/Black*, The Law and Finance of Corporate Acquisitions, S. 1534: „*Even conceding the overall validity of the internalization approach, the successor would object that the desired internalization could be effected by imposing liability on the morally culpable party rather than on a stranger. Imposing personal liability on the former shareholders of a dissolved company to the extent of dissolution distributions also forces the target company to internalize the costs of expected products liability claims. Because the goal of internalization can be satisfied by imposing liability on either the successor or the former shareholders, the argument concludes simple fairness dictates that it be placed on the parties who actually caused or benefited from the harm.*" Siehe hierzu unten § 8II.2.c).

582 Hiezu *Murphy*, 71 Marq. L. Rev. 846-851.

den, in denen sie zum Zeitpunkt des Unternehmenskaufes von den fehlerhaften Produkten oder Altlasten der Verkäuferin wusste oder hätte wissen müssen.[583] Bei Gutgläubigkeit hinsichtlich bestehender oder zukünftiger Fehler der Produkte der Verkäuferin haftet die Unternehmenskäuferin nicht. Im Altlastenrecht kann sich diese Einschränkung der erweiterten Nachfolgehaftung auf eine Analogie zur *innocent landowner defense* berufen.[584]

Dieser Modifikationsvorschlag zur erweiterten Nachfolgehaftung greift das Problem der Prognoseunsicherheit auf. Weiß die Unternehmenskäuferin von den fehlerhaften Produkten oder Altlasten der Verkäuferin, so ist sie nicht schutzbedürftig, denn sie kann durch entsprechende Regelungen im Kaufvertrag die Kosten auf die Verkäuferin übertragen. Vor überraschenden Verbindlichkeiten wird die Käuferin geschützt. Durch Anwendung der *bona fide purchaser doctrine* besteht die Möglichkeit, die erweiterte Nachfolghaftung auf Fälle zu begrenzen, in denen das Internalisierungsziel erreicht werden kann. Zugleich lassen sich die unfair erscheinenden Konsequenzen erweiterter Nachfolgehaftung für die Unternehmenskäuferin einschränken.

Der Schutz der Geschädigten wird hierdurch allerdings reduziert, da die Inanspruchnahme der Unternehmenskäuferin nur noch eingeschränkt möglich ist. Gerade in Situationen, in denen die Geschädigten den Schaden zum Zeitpunkt des Unternehmenskaufes noch nicht erkennen können, wären sie eigentlich besonders schutzbedürftig. Die Modifikation der erweiterten Nachfolgehaftung geht daher zu Lasten des Kompensationsziels. Außerdem kann sich die Verkäuferin durch *piecemeal sale* und Auflösung auch dann ihrer zukünftigen Haftung entziehen, wenn diese zum Zeitpunkt des Verkaufs bestimmbar ist. Die Ergänzung der Nachfolgehaftung durch die *bona fide purchaser doctrine* kann daher die grundlegenden Bedenken gegen die erweiterte Nachfolgehaftung nicht ausräumen.

b) Garantenhaftung der Unternehmenskäuferin

Die Beschränkung der Haftung der Unternehmenskäuferin für fehlerhafte Produkte der Verkäuferin auf Fälle, in denen die Käuferin eine Garantenpflicht ge-

---

583 Vgl. *Murphy*, 71 Marq. L. Rev. 832. In der Rechtsprechung wird diese Möglichkeit – soweit ersichtlich – lediglich durch das Gericht in Nissen Corp. v. Miller, 594 A.2d 564, 569 n.2 (Md. 1991) angesprochen, jedoch nicht weiter vertieft.

584 Vgl. *Schnapf*, 4 Envtl. Law. 435, 503-506. Siehe hierzu oben § 5IV.2.d).

genüber den Kunden der Verkäuferin verletzt, setzt neben der Kenntnis, bzw. fahrlässigen Nichtkenntnis der Fehlerhaftigkeit der Produkte der Verkäuferin eine besondere Beziehung zwischen der Unternehmenskäuferin und den Kunden der Verkäuferin voraus.[585]

Die Ersatzmöglichkeiten des Geschädigten werden hierdurch noch weiter eingeschränkt als bei Anwendung der *bona fide purchaser doctrine.* Anders als die erweiterte Nachfolgehaftung beruht die Garantenhaftung auf einer Pflichtverletzung der Unternehmenskäuferin und ist daher unabhängig von der erweiterten Nachfolgehaftung anwendbar. Das Externalisierungsproblem wird durch die Garantenhaftung der Unternehmenskäuferin nicht gelöst. Die Garantenhaftung der Unternehmenskäuferin ist daher keine Alternative zur erweiterten Nachfolgehaftung.

c) Anknüpfung an die Auflösung der Gesellschaft

Das Problem, gegen das die erweiterte Nachfolgehaftung anzugehen beabsichtigt, entsteht nicht allein durch den Unternehmensverkauf. Erst die Auflösung der verantwortlichen Verkäufergesellschaft ermöglicht die Externalisierung der zukünftigen Haftungskosten. Es erscheint daher überzeugender, nicht den Verkauf des Unternehmens, sondern die Auflösung der Gesellschaft zum Ansatzpunkt der Problemlösung zu machen.[586] Die Verkäuferin kann nur deshalb die Kosten ihrer zukünftigen Haftung externalisieren, weil diese Kosten im gesellschaftsrechtlichen Liquidationsverfahren nicht berücksichtigt werden können. Dies steht im Widerspruch zu dem Grundsatz, wonach eine Gesellschaft nur dann aufgelöst werden soll, wenn sie keine offenen Verbindlichkeiten mehr hat.[587] Als Alternative zur erweiterten Nachfolgehaftung kommen daher die Anknüpfung an die Regeln zur Auflösung einer Gesellschaft oder die unmittelbare Haftung der Gesellschafter der Verkäufergesellschaft in Betracht. Die Geschädigten könnten so über den Anwendungsbereich der erweiterten Nachfolgehaftung hinaus auch dann geschützt werden, wenn keine Unternehmenskontinuität besteht oder keine Produktlinie fortgesetzt wird. Eine gesetzliche Lösung, wel-

---

585 Siehe oben § 4V..

586 Grundlegend hierzu *Green*, 72 Cornell L. Rev. 17, 41. Siehe auch *Green*, 87 Nw. U. L. Rev. 897, 904-07. Ebenso im Ergebnis *Gilson/Black*, The Law and Finance of Corporate Acquisitions, S. 1534; *Connolly*, 38 Syracuse L. Rev. 1279. Siehe in diesem Zusammenhang auch In re Rego Co., 623 A.2d 92, 96 (Del. Ch. 1992).

587 Vgl. Model Bus. Corp. Act § 14.01 (4) (1984).

che an die Verteilung des Gesellschaftsvermögens an die Gesellschafter anknüpft, wäre zudem ein einfacherer und effizienterer Weg als die erweiterte Nachfolgehaftung, die zukünftigen Inhaber von Produkthaftungsansprüchen zu schützen und die Herstellerin als eigentlich Verantwortliche mit den Kosten zu belasten.[588]

(aa) Der Vorschlag von *Michael Green*

Um die Externalisierung zukünftiger Haftungskosten auszuschließen und die Interessen der am Unternehmenskauf beteiligten Parteien ebenso wie der Geschädigten zum Ausgleich zu bringen hat *Michael Green* eine gesellschaftsrechtliche Lösung der Probleme vorgeschlagen.[589] Im Kern lautet dieser Vorschlag, der den *Model Business Corporation Act* ergänzen soll, folgendermaßen:[590]

Kapitalgesellschaften, die sich mit der Herstellung und dem Vertrieb von Produkten befassen, müssen vor Auflösung und Liquidation des Gesellschaftsvermögens sicherstellen, dass auch die nach Auflösung der Gesellschaft entstehenden Produkthaftungsansprüche befriedigt werden. Hierfür kommt jede Methode in Betracht, die den zukünftigen Produkthaftungsansprüchen die gleiche Aussicht auf Befriedigung bietet, die sie auch bei Fortbestehen der Gesellschaft gehabt hätten, insbesondere der Abschluss einer Versicherung für die zukünftige Produkthaftung oder die vertragliche Übertragung der Haftung auf die Unternehmenskäuferin. Die Höhe der Sicherung zukünftiger Produkthaftung soll den Wert der Gesellschaft zum Zeitpunkt ihrer Auflösung einschließlich der vorher erfolgten Ausschüttungen an die Gesellschafter nicht übersteigen. Indem sich diese Haftung ihrem Umfang nach auf die Zahlungsfähigkeit der Herstellerin beschränkt, vermeidet sie die durch die erweiterte Nachfolgehaftung mögliche Besserstellung der Geschädigten.[591]

Bewirken die Vorkehrungen zum Schutze der zukünftigen Produkthaftungsansprüche für die Gesellschaft eine besondere Härte, so soll die Möglichkeit geschaffen werden, mit gerichtlicher Genehmigung von den gesetzlichen Vor-

---

588 Vgl. *Green*, 72 Cornell L. Rev. 17, 21.

589 Vgl. *Green*, 72 Cornell L. Rev. 17, 41-60.

590 Siehe *Green*, 72 Cornell L. Rev. 17, 50-55. Der Vorschlag von *Green* ist im Anhang wiedergegeben.

591 Vgl. *Green*, 72 Cornell L. Rev. 17, 43-44.

schriften abzuweichen. Die verantwortlichen Vorstandsmitglieder und Geschäftsführer einer Gesellschaft, die keine entsprechenden Vorkehrungen trifft, haften grundsätzlich persönlich für die zukünftigen Produkthaftungsansprüche in demselben Umfang, in dem die Gesellschaft gehaftet hätte. Sie können jedoch gegen die Gesellschafter oder die anderen verantwortlichen Vorstandsmitglieder und Geschäftsführer Rückgriff nehmen. Die Vorstandsmitglieder und Geschäftsführer haften zu gleichen Anteilen. Die Gesellschafter haften in Höhe des Vermögens, das sie im Liquidationsverfahren erhalten haben. Die Haftung der Erwerberin des Vermögens der aufgelösten Gesellschaft ist ausgeschlossen, es sei denn, es liegt eine ausdrückliche vertragliche Haftungsübernahme vor.

(bb) Kritik an Greens Vorschlag

Der Vorschlag von *Green* bezieht sich auf den Schutz zukünftiger Produkthaftungsansprüche, ist jedoch konzeptionell auf sämtliche erst nach Auflösung der Gesellschaft entstehenden oder bekannt werdenden Ansprüche übertragbar. Er vermeidet die wesentlichen Nachteile der erweiterten Nachfolgehaftung, indem der Verkauf eines Unternehmens durch *asset deal* von Unsicherheiten und Haftungsrisiken befreit wird. Wegen der schwierigen Bestimmbarkeit zukünftiger Haftung im Zeitpunkt der Auflösung der Gesellschaft muss sich *Green* jedoch die Frage stellen lassen, durch welche Vorkehrungen eine Gesellschaft sicherstellen soll, dass zukünftig entstehende Ansprüche so befriedigt werden, als ob die Gesellschaft noch existieren würde.

Die von *Green* angeführte Versicherungsmöglichkeit wird sich nicht realisieren lassen, insbesondere Versicherungen gegen das Altlastenrisiko sind wegen der Unsicherheit und der fehlenden Kalkulierbarkeit des Risikos häufig nicht erhältlich.[592] Würde sie bestehen, so könnte auch die erweiterte Nachfolgehaftung das Externalisierungsproblem lösen, indem die Unternehmenskäuferin die Kosten der Versicherung auf den Kaufpreis anrechnet. Die fehlende Versiche-

---

[592] Vgl. *Layfield*, 68 Tex. L. Rev. 1237, 1249-50. Ausführlich hierzu *Abraham*, 88 Colum. L. Rev. 942. Siehe auch *Roe*, 70 Va. L. Rev. 1559, 1592: „*One cannot count on the availability of fairly-priced insurance, and it is thus inadequate as an exclusive alternative to successor liability.*“

rungsmöglichkeit der zukünftigen Haftung wird jedoch vielfach als Argument gegen die erweiterte Nachfolgehaftung ins Feld geführt.[593]

Auch die von *Green* genannte Möglichkeit, die Haftung für zukünftige Produkthaftungsansprüche vertraglich auf den Erwerber von Vermögensgegenständen der Gesellschaft zu übertragen, bietet keine geeignete Sicherung dieser Ansprüche. Im wesentlichen läuft dieser Vorschlag auf die vertragliche Einführung der erweiterten Nachfolgehaftung hinaus und ist daher denselben Einwänden ausgesetzt, die sich gegen die Nachfolgehaftung insgesamt richten. Die Parteien können den Umfang der zukünftigen Produkthaftung im Zeitpunkt des Vertragsschlusses nicht mit Sicherheit bestimmen. Die Käuferin wird daher vielfach nicht bereit sein dieses Risiko, das im Kaufpreis nur unzulänglich berücksichtigt werden kann, zu übernehmen. Der Vorschlag von *Green*, wonach Vorkehrungen für die nach der Auflösung entstehenden Produkthaftungsansprüche durch alle Maßnahmen getroffen werden können, die sicherstellen, dass diese Ansprüche den selben Schutz genießen, den sie bei Weiterführung der Gesellschaft gehabt hätten, ist wegen seiner Allgemeinheit nicht mehr als ein Programmsatz, der zwar grundsätzlich Zustimmung verdient, jedoch keine konkreten Hinweise dafür nennt, wie dieses Ziel erreicht werden kann.

Eine Vorschrift, wonach die Auflösung einer Gesellschaft nur dann zulässig sein soll, wenn die Befriedigung zukünftiger Ansprüche sichergestellt ist, kann wegen der schwierigen Bestimmbarkeit dieser Ansprüche dazu führen, dass Gesellschaften faktisch nicht mehr aufgelöst werden können. Zwar hat die Gesellschaft die Möglichkeit, ihr Vermögen nunmehr ohne die Gefahr der Nachfolgehaftung zu veräußern, die Gesellschafter sind jedoch weiterhin an die Gesellschaft gebunden.

Sofern kein Markt für die Anteile dieser Gesellschaften existiert, haben die Gesellschafter keine Möglichkeit, ihre Kapitaleinlage abzuziehen. Sie sind gezwungen, ihre Einlage dauerhaft in der Gesellschaft zu belassen, um die Befriedigung der möglicherweise in Zukunft entstehenden Ansprüche sicherzustellen. Selbst wenn man das Interesse der Gesellschafter geringer bewertet als das Schadensersatzinteresse der zukünftigen Produkthaftungsgläubiger,[594] vermag

[593] Vgl. *Rogala*, 68 U. Det. L. Rev. 37, 57-60, die überzeugend darlegt, dass Versicherungsschutz gegen eine Inanspruchnahme als *successor corporation* insbesondere für kleinere Unternehmen gar nicht oder nur zu ruinösen Preisen erhältlich ist.

[594] So *Green*, 72 Cornell L. Rev. 58.

der Ansatz von *Green* nicht zu überzeugen. Das Kapital der Gesellschafter ist auf Dauer gebunden und kann daher keiner produktiveren Verwendung zugeführt werden, was zu Lähmungserscheinungen der gesamten Volkswirtschaft führen kann. Es wird deutlich, dass der Vorschlag von *Green* über das Ziel hinaus schießt und keine geeignete Alternative zur erweiterten Nachfolgehaftung darstellt.

(cc) Haftung der Gesellschafter

In Anlehnung an *Greens* gesellschaftsrechtlichen Lösungsvorschlag wäre eine Lösung des Externalisierungsproblems auch durch die unmittelbare Haftung der Gesellschafter der Unternehmensverkäuferin denkbar. Dies lässt sich dogmatisch durch die Wiederbelebung des Rechtsgedankens der *trust fund doctrine* erreichen, wonach die Gesellschafter das bei Auflösung der Gesellschaft erhaltene Vermögen treuhänderisch für die Gläubiger der Gesellschaft halten.[595] Die Gesellschafter würden hiernach in Höhe des Vermögens haften, das sie im Liquidationsverfahren erhalten haben.[596]

Insbesondere im Zusammenhang mit CERCLA hat sich die Rechtsprechung in den letzten Jahre mit der Frage beschäftigt, ob Ansprüche gegen eine Gesellschaft trotz Auflösung derselben geltend gemacht werden können und unter welchen Umständen die Gesellschafter einer aufgelösten Gesellschaft haften.[597] Nach *Federal Rule of Civil Procedure* 17(b) richtet sich die Möglichkeit eine Gesellschaft zu verklagen nach dem Recht des Gliedstaates, in dem die Gesellschaft gegründet worden ist.[598] Wegen des Gesetzeszweckes von CERCLA, die Verantwortlichen umfassend für die Altlastensanierung heranzuziehen, sah sich

---

[595] Siehe hierzu oben § 4I.2.b)(aa). Vgl. auch *Light*, 11 Miss. C. L. Rev. 63, 86 n.151 und *Green*, 87 Nw. U. L. Rev. 897, 918-921.

[596] *Hansmann/Kraakman*, 100 Yale L.J. 1879 haben hingegen den Vorschlag gemacht, die Gesellschafter von Kapitalgesellschaften grundsätzlich unbeschränkt für Delikte der Gesellschaft haften zu lassen. Zur Begründung verweisen sie unter anderem darauf, dass den Gesellschaftern die Möglichkeit genommen werden solle, durch Auflösung der Gesellschaft die Haftung für Ansprüche, die erst mit Verzögerung entstehen, zu umgehen. Ablehnend zu diesem Vorschlag *Grundfest*, 102 Yale L.J. 287. Vgl. zu dieser Diskussion auch *Vagts*, ZGR 1994, 227-236; *LoPucki*, 106 Yale L.J. 1; 107 Yale L.J. 1413; *White*, 107 Yale L.J. 1363.

[597] Vgl. *Cain*, 17 J. Legis. 1; *A. Anderson*, 88 Mich. L. Rev. 131; *Conyngham*, 17 B.C. Envtl. Aff. L. Rev. 855; *Burcat/Wilson*, 50 Bus. Law. 1273.

[598] Vgl. Levin Metals, Corp. v. Parr-Richmond Terminal Co., 817 F.2d 1448 (9th Cir. 1987); Louisiana-Pacific Corp. v. Asarco, Inc. 5 F.3d 431 (9th Cir. 1993).

die Rechtsprechung mit der Fragestellung konfrontiert, ob auch eine bereits aufgelöste Gesellschaft Beklagte in einem Rechtsstreit sein kann.[599]

Nach wohl herrschender Ansicht schließt CERCLA *Federal Rule of Civil Procedure* 17(b) aus.[600] In *United States v. Sharon Steel Corp.* entschied das Gericht, dass eine Gesellschaft, auch wenn sie bereits aufgelöst sei, für CERCLA-Verbindlichkeiten hafte, soweit das Gesellschaftsvermögen noch nicht an die Gesellschafter verteilt worden sei, obwohl die Gesellschaft nach dem maßgeblichen Recht des betreffenden Gliedstaates nicht mehr hätte verklagt werden können.[601] Das Gericht stützte sich auf die hinter CERCLA stehende Absicht des Gesetzgebers, die Verantwortlichen für die Kosten der Altlastensanierung heranzuziehen.[602] Insbesondere sollte die Gesellschaft keine Möglichkeit haben sich der Altlastenhaftung zu entziehen „*simply by dissolving before the government brought suit*“[603].

In *United States v. Distler* folgte das Gericht zwar im Grundsatz der *Sharon Steel* Entscheidung, sprach sich jedoch gegen eine Haftung der aufgelösten Gesellschaft oder der Gesellschafter aus, nachdem das Gesellschaftsvermögen bereits verteilt worden war.[604] Es sei zu unterscheiden, ob die *corporation* „*dead*“ oder „*dead and buried*“ ist.[605] Im ersten Fall ist die Gesellschaft zwar aufgelöst, ihr Vermögen jedoch noch nicht vollständig verteilt, im zweiten ist auch das Vermögen vollständig an die Gesellschafter verteilt worden.

In *Allied Corp. v. Acme Solvents Reclaiming, Inc.* entschied das Gericht, dass eine aufgelöste Gesellschaft auch nach Verteilung des Gesellschaftsvermögens für CERCLA-Verbindlichkeiten haften müsse. Dies gelte unabhängig von den praktischen Schwierigkeiten bei der Vollstreckung eines entsprechenden Ur-

---

599 Hierzu *Conyngham*, 17 B.C. Envtl. Aff. L. Rev. 855; *Burcat/Wilson*, 50 Bus. Law. 1273.

600 Vgl. *Burcat/Wilson*, 50 Bus. Law. 1273, 1275-1281.

601 681 F. Supp. 1492 (D. Utah 1987).

602 681 F. Supp. 1496-99.

603 681 F. Supp. 1498.

604 741 F. Supp. 643 (W.D. Ky. 1990). Ebenso Stychno v. Ohio Edison Co., 806 F. Supp. 663 (N.D. Ohio 1992); Traverse Bay Area Intermediate School District v. Hitco, Inc. 762 F.Supp. 1298 (W.D. Mich. 1991); AM Properties Corp. v. GTE Prods. Corp., 844 F. Supp. 1007 (D.N.J. 1994).

605 Vgl. Distler, 741 F. Supp. 643, 646 (W.D. Ky. 1990).

teils.[606] Die Haftung der Gesellschafter einer aufgelösten Gesellschaft lässt sich in diesem Zusammenhang darauf stützen, dass die Gesellschafter die Vermögenswerte als Treuhänder für die aufgelöste Gesellschaft halten.[607] Dieser Gedanke entspricht im wesentlichen der *trust fund doctrine*, auch wenn sie an dieser Stelle nicht ausdrücklich erwähnt wird. Die Haftung der Gesellschafter soll sich daher der Höhe nach auf das beschränken, was die Gesellschafter bei Liquidation der Gesellschaft erhalten haben.[608]

Unter den engen Voraussetzungen der Durchgriffshaftung (*piercing the corporate veil*), wonach die Gesellschafter aktiver Gesellschaften für die Verbindlichkeiten der Gesellschaft haften können, kann weiterhin auch die Haftung der Gesellschafter einer aufgelösten Gesellschaft in Betracht kommen.[609] Dabei ist die Haftung in diesem Zusammenhang der Höhe nach nicht begrenzt.[610]

(dd) Kritik an der Haftung der Gesellschafter

Gegen die unmittelbare Haftung der Gesellschafter einer aufgelösten Gesellschaft wird eingewandt, diese Lösung sei in der Praxis zu kompliziert und damit auch zu teuer, da es schwierig sei, die Gesellschafter und den Betrag ihrer Haftung ausfindig zu machen.[611] Auch wenn man diesem Argument eine gewisse Berechtigung nicht absprechen kann, so verliert es doch erheblich an Gewicht, wenn man sich vergegenwärtigt, dass es sich bei den meisten Auflösungen um *closely held corporations* mit einer beschränkten Zahl von Gesellschaftern han-

---

606 No. 86-C-20377, 1990 WL 322940 (N.D. Ill. July 6, 1990). Ebenso United States v. SCA Services, Inc., 837 F. Supp. 946 (N.D. Ind. 1993).

607 So *Burcat/Wilson*, 50 Bus. Law. 1273, 1291. Siehe hierzu auch U-Haul Co. v. Yakima Rex Spray Co., 20 Chem. Waste Litig. Rep. 1113, 1116: „*Depending upon the facts produced, any such assets received are held in trust for creditors of the dissolved corporation, if the corporation was left without sufficient assets to pay creditors.*"

608 Vgl. *Burcat/Wilson*, 50 Bus. Law. 1273, 1291-92: „*Such liability should be limited to the assets of the dissolved corporation which are identifiable in the hands of the shareholder or the proceeds thereof.*"

609 Vgl. *Burcat/Wilson*, 50 Bus. Law. 1273, 1275-1281. Siehe hierzu auch *Ochsenfeld*, Direkthaftung von Konzernobergesellschaften, S. 103-124. Umfassend zur Durchgriffshaftung im US-amerikanischen Recht *Presser*, Piercing the Corporate Veil.

610 Vgl. *Burcat/Wilson*, 50 Bus. Law. 1273, 1292

611 Vgl. *Schnapf*, 4 Envtl. Law. 435, 502. Siehe auch *Green*, 72 Cornell L. Rev. 17, 49.

delt.[612] Die Verfasser des *Model Bus. Corp. Act* haben sich trotz der praktischen Schwierigkeiten dafür entschieden, bei Ansprüchen gegen eine aufgelöste Gesellschaft innerhalb der von *Model Bus. Corp. Act* § 14.07 (1984) vorgesehenen Frist von fünf Jahren eine Inanspruchnahme der Gesellschafter zuzulassen.[613] Allein wegen der schwierigen Geltendmachung von Ansprüchen gegen die ehemaligen Gesellschafter lässt sich die unmittelbare Haftung der Gesellschafter daher nicht von vornherein als Alternative zur erweiterten Nachfolgehaftung ausschließen.

Entscheidend gegen die Haftung der Gesellschafter im Sinne der *trust fund doctrine* spricht jedoch, dass hiermit ein erheblicher Verlust an Rechtssicherheit einhergeht. Die Gesellschafter müssten jederzeit damit rechnen, für Verbindlichkeiten der aufgelösten Gesellschaft zu haften, die bisweilen erst viele Jahre nach Auflösung der Gesellschaft zu Tage treten können. In zeitlicher Hinsicht wäre die Haftung der Gesellschafter allein durch die Verjährungsvorschriften begrenzt. Desweiteren wären mit der unmittelbaren Haftung der Gesellschafter die Vorzüge der beschränkten Haftung erheblich in Frage gestellt.[614]

3. Ergebnis

Das Risiko der Externalisierung zukünftiger Verbindlichkeiten, das der erweiterten Nachfolgehaftung zugrunde liegt, ist nicht so groß, wie es die Anhänger der erweiterten Nachfolgehaftung annehmen. Sind die zukünftigen Verbindlichkeiten tatsächlich nicht vorhersehbar, so wird eine Gesellschaft nicht bereit sein, allein aufgrund von diesbezüglichen Spekulationen ihr Unternehmen zu verkaufen und sich aufzulösen. Sind die zukünftigen Verbindlichkeiten jedoch bestimmbar, so besteht auch Gelegenheit dazu, die betreffenden Verbindlichkeiten im Rahmen der Liquidation sicherzustellen.

Die Alternativen zur erweiterten Nachfolgehaftung verdeutlichen, die Komplexität des Problems bei dem die unterschiedlichsten Interessen in Einklang miteinander zu bringen sind.[615] Keine der Alternativen vermag wirklich zu überzeugen. Wer den Geschädigten unter allen Umständen zum Ersatz seines Scha-

612 Vgl. *Green*, 87 Nw. U. L. Rev. 897, 919-20

613 Siehe oben § 4I.2.b) (bb).

614 Ausführlich zu diesen Vorzügen *Presser,* 87 Nw. U. L. Rev. 148.

615 Vgl. EEOC v. Vucitech, 842 F.2d 936, 944 (7th Cir. 1988).

dens verhelfen möchte, muss jedoch erkennen, dass die erweiterte Nachfolgehaftung hierzu kein geeignetes Mittel ist. Für die gesellschaftsrechtlichen Ansätze spricht trotz ihrer Schwächen, dass sie die Haftung auf die verantwortlichen Entscheidungsträger, die Geschäftsführung, oder diejenigen verlagern, die von der frühzeitigen Auflösung der Gesellschaft profitiert haben: die Gesellschafter. Im Vergleich hierzu hat die Käuferin eines Unternehmens weder auf die haftungsauslösenden Handlungen der Verkäuferin noch auf deren Auflösung irgendeinen Einfluss. Solange die Käuferin nicht in Form eines unangemessen niedrigen Kaufpreises von der Haftungsexternalisierung durch die Verkäuferin profitiert, besteht kein Anlass, sie für Altverbindlichkeiten der Verkäuferin haften zu lassen. Hat sie hingegen deutlich zu wenig für das Unternehmen gezahlt, so handelt es sich um einen Fall der *fraudulent conveyance*.[616] Die in diesem Zusammenhang auftauchenden Beweisschwierigkeiten sind nicht unlösbar und müssen angesichts der negativen Folgen der erweiterten Nachfolgehaftung in Kauf genommen werden.[617]

- Die Befürworter der erweiterten Nachfolgehaftung verkennen weiterhin, dass der Ausgleich von Schäden in einem marktwirtschaftlichen System mit vielfachen Einschränkungen verbunden ist. Es ist schlichtweg nicht möglich, Gläubigern stets zur Durchsetzung ihrer Ansprüche zu verhelfen. Neben der Auflösung einer Gesellschaft können auch die Zahlungsunfähigkeit des Schuldners und die Durchführung eines Insolvenzverfahrens zum Wegfall des Schuldners führen. Die Gläubiger haben ein berechtigtes Interesse daran, dass sich der Schuldner seinen Verbindlichkeiten nicht böswillig entzieht. Es kann jedoch nicht soweit reichen, dass die berechtigten Interessen der Erwerberin eines Unternehmens, vor unerwarteten Verbindlichkeiten geschützt zu werden, völlig außer Acht gelassen werden.

[616] So auch *C. Neumann*, 27 Envtl. L. 1373, 1399.

[617] Ebenso *Cope*, 32 Santa Clara L. Rev. 539, 570-71.

§ 9 Nachfolgehaftung im deutschen Recht

I. Überblick

Auch im deutschen Recht gilt grundsätzlich, dass die Käuferin bei Übernahme eines Unternehmens durch Erwerb der einzelnen Wirtschaftsgüter nicht für die Altverbindlichkeiten des Unternehmens haftet. Das Unternehmen ist nach geltendem Recht nicht rechtsfähig.[618] Zuordnungssubjekt von Rechten und Pflichten ist nicht das Unternehmen, sondern der Unternehmensträger.[619]

Besonderes Augenmerk ist daher wiederum auf diejenigen Vorschriften zu legen, die eine Haftung der Erwerberin eines Unternehmens beim *asset deal* begründen können.[620] Neben Spezialregelungen für bestimmte Verbindlichkeiten wie beispielsweise § 75 AO und § 613a BGB sind dies insbesondere § 25 HGB sowie der mittlerweile außer Kraft getretene § 419 BGB.[621] § 25 HGB befasst sich mit der Haftung des Erwerbers eines Handelsgeschäfts bei Firmenfortführung, § 419 BGB mit der Haftung bei Erwerb des gesamten Vermögens eines anderen. Unabhängig von diesen Vorschriften kann die Käuferin schließlich nach öffentlichem Recht als Zustandsstörerin für Altlasten des erworbenen Unternehmens haften, soweit sich diese Altlasten auf einem übernommenem Grundstück befinden.

Eine umfassende Beschäftigung mit sämtlichen Aspekten von § 419 BGB sowie § 25 HGB ist nicht Gegenstand dieser Arbeit. Vielmehr sollen diese Vorschriften im Hinblick auf ihre Vergleichbarkeit mit dem Institut der *successor liability* untersucht werden. Der Schwerpunkt liegt hier auf § 25 HGB und einer kritischen Auseinandersetzung mit der von *Karsten Schmidt* in diesem Zusammenhang entwickelten Theorie der Haftungskontinuität, wobei zu untersuchen ist, inwieweit die *continuity of enterprise doctrine* als Vorbild für eine Reform des § 25 HGB dienen kann.

---

618 Vgl. *K. Schmidt*, Handelsrecht, S. 78 m.w.N.

619 Vgl. *K. Schmidt*, Handelsrecht, S. 81 m.w.N.

620 Vgl. *Holzapfel/Pöllath*, Unternehmenskauf in Recht und Praxis, Rn. 534.

621 Für eine Gesamtdarstellung der haftungsrechtlichen Probleme bei Einzelrechtsnachfolge siehe *Commandeur*, Betriebs-, Firmen- und Vermögensübernahme.

II. Haftung bei Vermögensübernahme (§ 419 BGB)

1. Überblick

Mit Ablauf des 31. Dezember 1998 ist § 419 BGB im Rahmen der Reform des Insolvenzrechts außer Kraft getreten,[622] bleibt jedoch auf Vermögensübernahmen aus der Zeit vor dem 1. Januar 1999 weiterhin anwendbar.[623] Deshalb und wegen seiner Bedeutung für die Auslegung von § 25 HGB ist die Beschäftigung mit § 419 BGB weiterhin von Interesse. Gemäß § 419 Abs. 1 BGB haftet derjenige, der durch Vertrag das Vermögen eines anderen übernimmt, dessen Gläubigern vom Abschlusse des Vertrages an für ihre zu dieser Zeit bestehenden Ansprüche. Diese Vorschrift war bereits seit längerer Zeit Gegenstand heftiger Kritik.[624] Die Aufhebung von § 419 BGB ist daher überwiegend auf positive Resonanz gestoßen.[625]

2. Voraussetzungen der Haftung

a) Übernahme des gesamten Vermögens

Die Käuferin haftet gemäß § 419 Abs. 1 BGB neben der Verkäuferin, wenn das veräußerte Unternehmen das gesamte oder doch das wesentliche Vermögen der Verkäuferin ist.[626] Dies kann unter Umständen bereits bei Veräußerung eines einzelnen Vermögensgegenstandes der Fall sein.[627] Obwohl sich die Rechtsprechung nicht auf einen festen Prozentsatz festgelegt hat, ist davon auszugehen, dass keine Vermögensübernahme im Sinne des § 419 BGB vorliegt, wenn die Verkäuferin 15% bis 20% ihres Vermögens behält.[628] Die Tatsache, dass die Verkäuferin den Kaufpreis erhält und ihre Vermögenslage sich insofern durch den Verkauf rechnerisch nicht verändert, bleibt bei der Feststellung, ob eine Ü-

---

[622] Art. 33 Nr. 16 EGInsO

[623] Siehe Art 170 EGInsO, Art. 223 a EGBGB.

[624] Vgl. grundlegend *Wilburg*, FS Larenz, S. 661-671. Siehe auch *Peters*, JR 1992, S. 405; *MünchKommBGB/Möschel*, § 419 Rn. 3 m.w.N.

[625] Siehe *MünchKommBGB/Möschel*, § 419 Rn. 4; *Canaris*, ZIP 1989, S. 1161.

[626] Vgl. BGHZ 66, 217, 223.

[627] Vgl. *Hölters/Semler*, Handbuch des Unternehmens- und Beteiligungskaufs, Teil VI Rn. 137 m.w.N.

[628] Vgl. BGHZ 77, 293, 298 f.

bertragung des gesamten Vermögens stattgefunden hat, außer Acht.[629] Sofern zwischen den einzelnen Übernahmevorgängen ein enger zeitlicher und sachlicher Zusammenhang besteht, kann sich eine Haftung gemäß § 419 BGB auch dann ergeben, wenn die Vermögensübernahme durch mehrere, nur einzelne Gegenstände betreffende Verträge erfolgt ist.[630]

§ 419 BGB gilt nur, soweit das übertragene Vermögen der Zwangsvollstreckung unterliegt. Die Vorschrift findet daher keine Anwendung, wenn das Unternehmen zwar das gesamte Vermögen der Verkäuferin ausmacht, jedoch lediglich Firma, Goodwill, und Kundschaft übertragen worden sind. Auch bei Übertragung eines Vermögensgegenstandes, dessen Wert durch dingliche Belastungen bereits voll ausgeschöpft ist, kommt die Anwendung von § 419 BGB nicht in Betracht.[631]

b) Kenntnis der Erwerberin

In subjektiver Hinsicht ist die Kenntnis der Erwerberin erforderlich, dass das übertragene Vermögen das gesamte oder doch nahezu das gesamte Vermögen des Veräußerers darstellt.[632] Es genügt in diesem Zusammenhang jedoch die Kenntnis der Umstände, aus denen sich dies ergibt.[633] Es ist ausreichend, wenn diese Kenntnis im Zeitpunkt des dinglichen Vollzugsgeschäfts vorliegt.[634]

3. Haftungsbeschränkung

Der Übernehmer haftet gemäß § 419 Abs. 1 BGB für alle Ansprüche, die im Zeitpunkt der Vermögensübertragung gegen den Veräußerer bestehen. Es genügt in diesem Zusammenhang, dass die Ansprüche „im Keime" entstanden sind oder nur noch vom Eintritt einer Bedingung abhängen.[635] Die Erwerberin kann

---

629 Vgl. BGHZ 66, 217, 219. Siehe auch *MünchKommBGB/Möschel*, § 419 Rn. 16; *Palandt/Heinrichs*, § 419 Rn. 6 m.w.N.

630 Vgl. BGH ZIP 1985, 356; *Holzapfel/Pöllath*, Unternehmenskauf in Recht und Praxis, Rn. 558; *Mösbauer*, BB 1990 Beilage 3, S. 8.

631 Vgl. *Holzapfel/Pöllath*, Unternehmenskauf in Recht und Praxis, Rn. 555.

632 Hierzu *MünchKommBGB/Möschel*, § 419 Rn. 9.

633 Vgl. BGH, NJW 1976, 1398, 1400; *Picot*, Unternehmenskauf und Restrukturierung, Teil I Rn. 119.

634 Vgl. BGHZ 93, 140.

635 Vgl. BGHZ 39, 275, 277.

sich jedoch gemäß § 419 Abs. 2 BGB auf eine Beschränkung der Haftung dem Gegenstand wie der Summe nach auf das übernommene Vermögen berufen. Die Haftung wegen Vermögensübernahme ist zwar unabdingbar (§ 419 Abs. 3 BGB), jedoch ergeben sich aus den Tatbestandsmerkmalen des § 419 BGB Möglichkeiten der Vertragsgestaltung, durch die das Haftungsrisiko für Altverbindlichkeiten reduziert werden kann.[636] So soll sich die Kenntnis der Erwerberin, dass es sich bei dem erworbenen Unternehmen um das gesamte Vermögen der Verkäuferin handelt, durch die Zusicherung der Unternehmensinhaberin ausschließen lassen, neben dem Unternehmen noch weiteres Vermögen in hinreichendem Umfang zu besitzen.[637]

Es erscheint jedoch fraglich, ob die Haftung nach § 419 Abs. 1 BGB durch diese Vorgehensweise tatsächlich auszuschließen ist. Hat die Verkäuferin neben dem verkauften Unternehmen tatsächlich noch weiteres Vermögen in hinreichendem Umfang, so liegen die Tatbestandsvoraussetzungen des § 419 Abs. 1 BGB ohnehin nicht vor. Eine entsprechende Zusicherung der Verkäuferin ist also überflüssig. Hat die Verkäuferin kein weiteres Vermögen, gibt sie aber dennoch eine entsprechende Zusicherung ab, so sollte die Kenntnis der Erwerberin hierdurch nicht ohne weiteres ausgeschlossen werden. Denn gerade das Verlangen der Erwerberin nach einer Zusicherung, die nur dann Wirkung entfaltet, wenn sie unzutreffend ist, kann als Indiz für die Kenntnis oder wenigstens als Verdacht der Erwerberin dienen, denn das Verlangen ist anderenfalls überflüssig.

4. Rechtsgedanke

§ 419 beruht auf dem deutschrechtlichen Gedanken, dass die Schulden Lasten des Vermögens sind und folglich bei dessen Übertragung mit übergehen müssen.[638] Hintergrund dieser Vorschrift ist die Überlegung, dass das Aktivvermögen des Schuldners die natürliche Unterlage für den ihm eingeräumten Kredit

---

[636] Vgl. *Hommelhoff*, ZHR 150, S. 255, 267-68.

[637] In diesem Sinne *Hommelhoff*, ZHR 150, S. 267; ebenso *Günther* in Münchener Vertragshandbuch, S. 185.

[638] Vgl. *Palandt/Heinrichs*, § 419 Rn. 2; *MünchKommBGB/Möschel*, § 419 Rn.1; BGHZ 30, 267, 269; BGHZ 111, 14, 15. Ausführlich zu Hintergrund und Entstehungsgeschichte *Cadmus*, Gläubiger und Verkehrsschutz bei der Übernahme von Unternehmen und Vermögensmassen, S. 28 ff.

sei und der Gläubiger daher ein dringendes Interesse daran habe, dass ihm das Schuldnervermögen als Zugriffsobjekt erhalten bleibe.[639] Nach § 419 BGB sollen die Gläubiger deshalb dort Befriedigung suchen können, wo die Vermögensmasse geblieben ist.

5. Kritik

Die § 419 Abs. 1 BGB zugrunde liegende Vorstellung, dass der Erwerb eines ganzen Vermögens sich so sehr vom Erwerb einzelner Vermögensgegenstände unterscheide, dass eine Haftung ohne Rücksicht auf die Erfordernisse der Gläubigeranfechtung gerechtfertigt sei, hat erhebliche Kritik auf sich gezogen.[640] Entscheidend sei nicht ob, jemand sein ganzes Vermögen oder nur einen Teil desselben veräußere, sondern ob hierdurch die Bezahlung seiner Schulden in Frage gestellt werde.[641] § 419 BGB führe im Ergebnis zu einer ungerechtfertigten Bevorzugung der Gläubiger des Veräußerers, indem sich die ihnen zu Verfügung stehende Haftungsmasse auf wundersame Weise verdopple.[642]

§ 419 BGB beeinträchtige die freie Übertragung von Unternehmen, weil das Haftungsrisiko potentielle Erwerber abschrecke. Durch die Verschärfung des Anfechtungsrechts werde ein differenzierteres Instrumentarium zum Schutze der Gläubiger bereitgestellt.[643] Außerhalb wie innerhalb des Insolvenzverfahrens sieht der Gesetzgeber in der Anfechtung ein geeignetes funktionales Substitut der Übernehmerhaftung nach § 419 BGB.[644]

6. Vergleich zum US-amerikanischen Recht

Eine § 419 BGB vergleichbare Vorschrift, wonach allein die Übernahme des gesamten Vermögens eines anderen auch zur Haftung für dessen Verbindlich-

---

639 Vgl. *Staudinger/Kaduk*, § 419, Rn. 3 ff; *MünchKommBGB/Möschel*, § 419 Rn. 1; *Merkt/Dunckel*, RIW 1996, 534. So auch die ständige Rechtsprechung, siehe hierzu beispielsweise RGZ 69, 283, 288; BGHZ 108, 320, 323; 111, 14, 15; 122, 297, 301.

640 Vgl. *Wilburg*, FS Larenz, S. 663.

641 Vgl. *Wilburg*, FS Larenz, S. 664.

642 So *Schricker*, JZ 1970, S. 265.

643 Vgl. Beschlussempfehlung und Bericht des Rechtsausschusses zu dem Gesetzentwurf der Bundesregierung, BR-Drucks. 12/7303, 111.

644 Vgl. *MünchKommBGB/Möschel*, § 419 BGB Rn. 1.

keiten führen kann, ist dem US-amerikanischen Recht unbekannt. Inwieweit die *successor liability* überhaupt die Übertragung des gesamten Vermögens der *predecessor corporation* voraussetzt, ist zweifelhaft.[645] Sie unterscheidet sich von § 419 BGB jedoch insbesondere dadurch, dass erst das Hinzutreten weiterer Umstände zur Haftung für Verbindlichkeiten der Verkäuferin führt. Auch die *bulk sales*-Vorschriften knüpfen die Haftung der Käuferin nicht an die bloße Vermögensübernahme.

Von seiner Funktion her entspricht § 419 BGB dem *fraudulent conveyance law*, das ebenfalls darauf abzielt, den Gläubigern das Vermögen des Schuldners als Haftungssubstanz zu erhalten.[646] Anders als § 419 BGB lässt das *fraudulent conveyance law* es hierfür jedoch genügen, dass der Veräußerer einen angemessenen Gegenwert erhält. Insofern steht es dem Anfechtungsgesetz wesentlich näher.

III. Haftung bei Firmenfortführung (§ 25 HGB)

1. Überblick

Die ratio legis des § 25 HGB ist Gegenstand heftiger Meinungsstreitigkeiten.[647] Die Kontroverse um Sinn und Zweck des § 25 HGB belegt, dass der Wortlaut dieser Norm widerspruchsvoll und missverständlich ist.[648] Die hieraus gezogenen Schlußfolgerungen reichen von der Forderung nach Abschaffung[649] des § 25 HGB bis hin zu der Forderung nach erheblicher Verschärfung des § 25 HGB im Sinne der Haftungskontinuität.[650] Angesichts der Auswirkung dieses

---

645 Vgl. § 3II.3.

646 Vgl. oben § 2II.1.

647 Vgl. *Heymann/Emmerich*, § 25 Rn. 6; *Staub/Hüffer*, § 25 Rn. 3 ff.; *MünchKommHGB/Lieb*, § 25 Rn. 18 ff.; *K. Schmidt*, Handelsrecht, S. 215-220.

648 Allein *Gerlach*, Haftungsordnung der §§ 25, 28, 130 HGB, S. 47 geht davon aus, dass sich das Gesetz mit § 25 HGB „*vom ersten bis zum letzten Absatz in bester, harmonischer Ordnung*" befindet.

649 So ausdrücklich *Canaris*, ZIP 1989, S. 1161, 1166. Siehe auch *Canaris*, Vertrauenshaftung, S. 183; *Canaris*, Handelsrecht, S. 102-103.

650 In diesem Sinne *K. Schmidt*, ZIP 1989, S. 1028; *K. Schmidt*, DB 1994, S. 19. Siehe auch *K. Schmidt*, Handelsrecht, S. 239.

Meinungsstreites auf die Auslegung des § 25 HGB ist es unangemessen, in diesem Zusammenhang von einer rein akademischen Debatte zu sprechen.[651]

2. Voraussetzungen der Haftung

Gemäß § 25 Abs. 1 HGB haftet die Erwerberin eines Handelsgeschäfts bei Fortführung der bisherigen Firma für die Schulden des früheren Inhabers, die im Betrieb des Geschäfts begründet worden sind. Der Erwerb eines Unternehmens bedeutet in diesem Zusammenhang nichts anderes als den Wechsel des Unternehmensträgers.[652] Solange nach der Verkehrsanschauung Firmenidentität besteht, haftet die Erwerberin auch bei geringfügigen Änderungen der Firma.[653] Ob die bisherige Firma fortgeführt wird, bestimmt sich nicht nach der Erklärung gegenüber dem Registergericht, sondern nach dem Auftreten der Erwerberin im Geschäftsverkehr.[654]

3. Haftungsumfang

Die Erwerberin haftet gemäß § 25 Abs. 1 HGB für alle im Betriebe des Geschäftes begründeten Verbindlichkeiten des früheren Inhabers. Hierunter fallen auch die noch nicht fälligen, betagten und bedingten Verbindlichkeiten, sofern ihr Rechtsgrund vor Übergang des Geschäftes gelegt worden ist.[655] Anderenfalls sind es neue, eigene Verbindlichkeiten der Erwerberin.

Zwar ist die Haftung gemäß § 25 HGB nicht auf das übernommene Geschäftsvermögen beschränkt,[656] jedoch ist es möglich, die Haftung durch eine Vereinbarung zwischen Verkäuferin und Käuferin auszuschließen. Drittwirkung hat eine derartige Vereinbarung erst nach Eintragung im Handelsregister und Bekanntmachung oder bei Kenntnis des Dritten (§ 25 Abs. 2 HGB).

---

651 So aber *MünchKommHGB/Lieb*, § 25 Rn. 8. Ähnlich auch *Beuthien*, NJW 1993, S. 1740. Hiergegen *K. Schmidt*, Handelsrecht, S. 215.

652 Vgl. *K. Schmidt*, Handelsrecht, S. 240. Siehe auch BGH, NJW 1982, 1647.

653 Vgl. *Picot*, Unternehmenskauf und Restrukturierung, Teil I Rn. 110.

654 Vgl. BGH, ZIP 1987, 109.

655 Vgl. *Heymann/Emmerich*, § 25 Rn. 32.

656 Vgl. BGH, BB 1955, 652.

4. Insolvenzsrecht

Nach Durchführung eines Insolvenzverfahrens ist § 25 HGB nicht anwendbar, da sich anderenfalls Widersprüche zu den Prinzipien des Insolvenzrechts ergäben.[657] Lassen sich die Forderungen der Altgläubiger aus der Masse nicht befriedigen so wäre es wirtschaftlich absurd, die neue Unternehmensinhaberin für diese wirtschaftlich wertlosen Forderungen haften zu lassen.[658] Die Veräußerung des Unternehmens mit Firma ist eine zulässige Form der Verwertung und würde durch eine Haftung gemäß § 25 HGB unmöglich gemacht. Der Insolvenzverwalter müsste das Unternehmen in jedem Fall liquidieren, selbst wenn die Veräußerung im Ganzen eine höhere Summe erbracht hätte.[659] Dieses Vorgehen wäre somit auch zum Nachteil der Gläubiger. Deren Interessen sind regelmäßig durch ihre Beteiligung am Insolvenzverfahren gewahrt.[660]

5. Rechtsgedanke des § 25 HGB

Der Normzweck des § 25 HGB ist umstritten.[661] Auch die Rechtsprechung äußert sich nicht klar zum Sinn des § 25 HGB, sondern stützt sich auf Argumente der verschiedenen Theorien.[662] Die einzelnen Theorien sind an verschiedenen

---

657 Vgl. *Staub/Hüffer*, § 25 Rn. 61; *Canaris*, FS Frotz, S. 23; *Holzapfel/Pöllath*, Unternehmenskauf in Recht und Praxis, Rn. 563; *Schmidt*, Handelsrecht, S. 251-52. Dasselbe gilt für § 419 BGB. Vgl. *Holzapfel/Pöllath*, Unternehmenskauf in Recht und Praxis, Rn. 560; anderer Ansicht mit wenig überzeugender Begründung nur *Gotthardt*, BB 1987, S. 1898-1902.

658 Vgl. Canaris, FS Frotz, S. 24-25.

659 Vgl. *Huber*, FS Raisch, S. 112. Vgl. hierzu auch BGHZ 104, 151, 154: *„Letztlich ausschlaggebend ist, ... , dass die Anwendung von § 25 Abs. 1 HGB und § 419 BGB auf Veräußerungsgeschäfte des Konkursverwalters im Widerspruch zu den bestimmenden Grundsätzen des Konkursverfahrens und der dem Konkursverwalter darin zugewiesenen Funktion stünde. Aufgabe des Konkursverwalters ist es, die Vermögensgegenstände des Gemeinschuldners zu verwerten und dabei im Interesse der Gläubiger den höchstmöglichen Erlös zwecks anschließender Verteilung zu erzielen. Mit dieser Aufgabe wäre es unvereinbar, wenn der Erwerber eines zur Masse gehörenden Unternehmens nach § 25 Abs. 1 HGB oder § 419 BGB haften müsste. Eine Veräußerung des Unternehmens wäre nur in den seltensten Fällen erreichbar. Der Konkursverwalter wäre deshalb in aller Regel darauf beschränkt, eine Verwertung des Schuldnervermögens durch Zerschlagung durchzuführen.“*

660 In diesem Sinne noch für das Konkursverfahren *Schmidt*, ZGR 1992, S. 629.

661 Hierzu *Schmidt*, Handelsrecht, S. 215-220 mit ausführlicher Darstellung des Meinungsstandes. Siehe auch *Ammon* in *Röhricht/Westphalen*, Vor §§ 25-28 Rn. 4,5.

662 Siehe hierzu *Bracker*, BB 1997, S. 114; *K. Schmidt*, Handelsrecht, S. 217.

Stellen ausführlich dargestellt worden,[663] so dass es hier genügen soll, sie nur kurz anzusprechen, um Vergleichbarkeiten zur *successor liability* aufzuzeigen.

a) Erklärungstheorie

Nach der Erklärungstheorie beruht die Haftung der Erwerberin auf der Kundgabe eines entsprechenden Haftungswillens gegenüber der Öffentlichkeit, die in der Fortführung des Geschäfts unter der bisherigen Firma ohne Bekanntgabe einer abweichenden Vereinbarung liegt.[664] In der Firmenfortführung liege konkludent die an die Altgläubiger gerichtete Willenserklärung des Erwerbers, die Schulden zu übernehmen.[665]

Die Kritiker der Erklärungstheorie weisen darauf hin, dass es sich bei der Annahme einer Willenserklärung um eine bloße Fiktion handle und die rechtspolitische Rechtfertigung der Erwerberhaftung unklar bleibe.[666] Der Übernehmer eines Unternehmens wolle regelmäßig nichts erklären und das in der Fortführung des Unternehmens liegende Verhalten weise auch vom Standpunkt eines potentiellen Erklärungsempfängers nicht die erforderliche Eindeutigkeit auf.

b) Rechtsscheintheorie

Die Rechtsscheinstheorie knüpft an die Erklärungstheorie an.[667] Haftungsgrund ist jedoch nicht mehr eine konkludente Willenserklärung der Erwerberin, sondern der durch die Firmenfortführung begründete Rechtsschein, ein Inhaberwechsel habe nicht stattgefunden. Die Kontinuität des Unternehmens in seinem

---

663 Zu Erklärungs-, Rechtsschein- und Haftungsfondtheorie sowie zu dem Modell der Haftungskontinuität *K. Schmidt*, Handelsrecht, S. 214 ff.; *Staub/Hüffer*, HGB, § 25 Rn. 3 ff. Vgl. auch *Muschalle*, Haftung bei Fortführung eines Handelsgeschäfts, S. 27 ff.; *Theißen*, Schuldenhaftung nach § 25 HGB, S. 72 ff..

664 Vgl. *Säcker*, ZGR 1973, S. 261, 266-267, 272-278; *Staub/Hüffer*, § 25 Rn. 4-8.

665 Vgl. BGHZ 18, 248, 250-251: „*Der Rechtsgrund der Haftung nach § 25 ist, wie das Reichsgericht ausführt, die in der Fortführung des Geschäfts unter der bisherigen Firma liegende, an die Öffentlichkeit gerichtete Erklärung, für die bisherigen Geschäftsschulden haften zu wollen.*"

666 Siehe *Schricker*, ZGR 1972, S. 121, 129; *Gerlach*, Haftungsordnung der §§ 25, 28, 130 HGB, S. 8-14; *Cadmus*, Gläubiger und Verkehrsschutz bei der Übernahme von Unternehmen und Vermögensmassen, S. 130-131.

667 Vgl. hierzu *Säcker*, ZGR 1973, S. 261, 268-270.

Erscheinungsbild nach außen sei der Grund für die Haftung der Erwerberin.[668] Der kaufmännische Geschäftsverkehr orientiere sich mehr an Geschäft und Firma als an dem jeweiligen Inhaber des Unternehmens. Bei Fortführung des Unternehmens unter der bisherigen Firma vertraue die Außenwelt darauf, dass sich die Haftungsverhältnisse nicht wesentlich verändert haben. Der Sinn der Haftungsvorschrift des § 25 HGB liege darin, dass die Unternehmenserwerberin für den Handelsverkehr überschaubar einheitlich für sämtliche Verbindlichkeiten haften solle, die auf der Geschäftstätigkeit der Verkäuferin beruhen.[669] Wesentlicher Zweck des § 25 HGB sei demnach die Sicherheit des Handelsverkehrs, insbesondere der Schutz der Haftungserwartungen des Verkehrs.[670] Das Vertrauen der Gläubiger darauf, dass ein Inhaberwechsel nicht stattgefunden habe, rechtfertige die Haftung der Erwerberin.[671]

Die Rechtsscheinstheorie wird mittlerweile überwiegend abgelehnt.[672] Sie ist mit den allgemeinen Prinzipien der Vertrauens- und Rechtsscheinhaftung unvereinbar.[673] Vertrauensschutz kann nur dort gewährt werden, wo der Vertrauende sein Vertrauen betätigt hat. § 25 HGB geht es jedoch nicht darum, das Vertrauen Gutgläubiger zu schützen, die den Wechsel des Unternehmensträgers nicht bemerkt haben, da dieser Wechsel bei Begründung der Verbindlichkeit noch gar nicht vorlag.[674] Das Vertrauen darauf, dass ein Wechsel des Unternehmensträgers nicht stattfinden werde, wäre nicht schutzwürdig. Die Haftung der Erwerberin gemäß § 25 HGB tritt unabhängig vom Vertrauen der Gläubiger ein. Im Er-

---

668 Siehe *Schricker*, ZGR 1972, S. 121, 131-140; *Holzapfel/Pöllath*, Unternehmenskauf in Recht und Praxis, Rn. 562. *Gerlach*, Haftungsordnung der §§ 25, 28, 130 HGB, S. 15-33; *Cadmus*, Gläubiger und Verkehrsschutz bei der Übernahme von Unternehmen und Vermögensmassen, S. 132-133.

669 *Beuthien*, NJW 1993, S. 1739-40.

670 Vgl. BGHZ 22, 234, 239: „*Wer das Handelsgeschäft eines Vollkaufmanns mit Firma weiterführt, erweckt ... den Rechtsschein, er sei zur Übernahme der Verbindlichkeiten des früheren Inhabers bereit. Er haftet kraft dieses Rechtsscheins auch dann, wenn er mit dem früheren Inhaber gar keinen Übernahmevertrag geschlossen hatte ... oder wenn dieser Vertrag nichtig war.*“

671 Vgl. *Staub/Hüffer*, § 25 Rn. 9.

672 Vgl. *Theißen*, Schuldenhaftung nach § 25 HGB, S. 75, 76.

673 Grundlegend hierzu *Canaris*, Vertrauenshaftung, S. 184. Siehe auch *Säcker*, ZGR 1973, S. 269 ff.; *Waskönig*, Rechtsgrund und Tragweite der §§ 25, 28 HGB, S. 22 ff.

674 Siehe *K. Schmidt*, Handelsrecht, S. 216.

gebnis läuft die Rechtsscheinstheorie somit auf den Schutz einer falschen Rechtsansicht hinaus, nämlich darauf, dass die Firma Träger von Rechten und Pflichten ist.[675]

c) Haftungsfondtheorie

In Anknüpfung an § 419 BGB geht die Haftungsfondtheorie davon aus, dass auch § 25 HGB den Zweck verfolge, den Gläubigern die Haftungsgrundlage zu erhalten.[676] Die Haftung für die Altverbindlichkeiten des Unternehmens sei die Folge der Übernahme des Geschäftsvermögens. § 25 HGB sei Ausdruck des Grundsatzes, der Gläubiger solle seine Forderungen dort durchsetzen können, wo das Schuldnervermögen als natürliche Grundlage des Kredits geblieben sei.[677]

Die Erklärung des Zweckes von § 25 HGB durch die Haftungsfondtheorie ist erheblicher Kritik ausgesetzt.[678] Insbesondere ist sie mit dem Erfordernis der Firmenfortführung in § 25 HGB nicht vereinbar. Würde § 25 HGB tatsächlich darauf abzielen, den Gläubigern das Vermögen des Unternehmens als Haftungssubstrat zu erhalten, so müsste auch derjenige haften, der ein Unternehmen insgesamt erwirbt, um es sogleich zu zerschlagen. Eine derartige Haftung wird von § 25 HGB jedoch gerade nicht angeordnet.[679]

d) Kontinuitätstheorie

Nach der von *Karsten Schmidt* entwickelten Theorie der Haftungskontinuität steht hinter der Haftung gemäß § 25 Abs. 1 S.1 HGB der Rechtsgedanke, dass die zum Unternehmen gehörenden Verbindlichkeiten stets den Träger des Unternehmens belasten sollen.[680] Grundlage dieser Theorie ist die Zusammengehörigkeit des Unternehmens und der unternehmensbezogenen Rechtsverhältnis-

---

675 So grundlegend *Canaris*, Vertrauenshaftung, S. 185. Siehe hierzu auch *Canaris*, Handelsrecht, S. 103; *Canaris*, ZIP 1989, S. 1161.

676 Vgl. *Raisch*, Unternehmensrecht I, S. 110; *Schricker*, ZGR 1972, S. 150; *Cadmus*, Gläubiger und Verkehrsschutz bei der Übernahme von Unternehmen und Vermögensmassen, S. 133-137.

677 BGHZ 38, 44, 47.

678 Siehe *Säcker*, ZGR 1973, S. 271.

679 Vgl. *K. Schmidt*, Handelsrecht, S. 217.

680 Grundlegend *K. Schmidt*, ZHR 145, S. 2 ff.. Siehe auch *Bracker*, BB 1997, S. 114; *Schnelle*, RIW 1997, S. 285.

se.[681] Beeinflusst durch *Schmidts* Überlegungen zur Haftungskontinuität erklärt mittlerweile auch der Bundesgerichtshof die Haftung des Erwerbers gemäß § 25 Abs. 1 S.1 HGB mit der durch die Firmenfortführung nach außen dokumentierten Kontinuität des in seinem wesentlichen Bestand fortgeführten Unternehmens.[682]

IV. Continuity of Enterprise als Modell für eine Reform des § 25 HGB?

1. Überblick

Die von *K. Schmidt* entwickelte Theorie der Haftungskontinuität entspricht in vielerlei Hinsicht der *continuity of enterprise doctrine* des US-amerikanischen Rechts. Auch nach der *continuity of enterprise doctrine* sollen die Verbindlichkeiten eines Unternehmens stets dem jeweiligen Träger des Unternehmens zugeordnet werden. Im folgenden soll daher ein genauerer Blick auf die Theorie der Haftungskontinuität geworfen werden. Hierbei ist insbesondere darauf zu achten, inwiefern die Argumente für die Haftung des neuen Unternehmensträgers denjenigen entsprechen, die von den Anhängern der *continuity of enterprise doctrine* ins Feld geführt werden. Schließlich ist zu untersuchen, inwieweit die Erfahrungen des US-amerikanischen Rechts für eine Reform des § 25 HGB fruchtbar gemacht werden können.

2. Die Auffassung von Karsten Schmidt

a) Ausgangspunkt

Die Theorie der Haftungskontinuität lässt sich nur dann vollständig verstehen, wenn man sich vergegenwärtigt, dass *Karsten Schmidt* das Unternehmen als den Zentralbegriff des Handelsrechts versteht.[683] Handelsrecht ist nach dem Verständnis von *K. Schmidt* das Außenprivatrecht der Unternehmen.[684] Auch im

---

681 Vgl. *K. Schmidt*, Handelsrecht, S. 220.

682 Vgl. BGH, NJW 1992, 911, 912; zustimmend *K. Schmidt*, ZGR 1992, S. 621; ablehnend *Canaris*, FS Frotz, S. 11 ff.

683 Siehe *K. Schmidt*, Handelsrecht, S. 63-67.

684 Siehe die Zurückweisung der Kritik von *Lieb*, Haftung für Verbindlichkeiten aus Dauerschuldverhältnissen bei Unternehmensübergang, S. 11 durch *K. Schmidt*, Handelsrecht, S. 214 Fn.10: „*[W]er die hier vertretene Kontinuitätslehre „aus ihrer belastenden Einbettung*

Kontext der Erwerberhaftung beim Unternehmenskauf sei zwischen einer zivilistischen und einer unternehmensrechtlichen Sicht zu unterscheiden.[685] Aus der Perspektive der haftenden Erwerberin könne sich die Frage ergeben, warum sie ohne rechtsgeschäftliche Erklärung für Schulden der Verkäuferin einstehen müsse. Aus der nach *K. Schmidt* angemessenen unternehmensrechtlichen Sicht erkläre sich diese Schuldenhaftung aus der Kontinuität des Unternehmens und der von § 25 Abs. 1 S. 1 HGB angeordneten Zusammengehörigkeit von Unternehmen und unternehmensbezogenen Verbindlichkeiten.

Nach *K. Schmidt* ist § 25 HGB im Zusammenhang mit § 28 HGB zu sehen, da beiden Vorschriften ein einheitliches Konzept zugrunde liege: *„Die Vorschriften knüpfen an die Fortführung des Unternehmens durch einen neuen Unternehmensträger an. Sie sollen die Nichtrechtsfähigkeit des Unternehmens kompensieren. Sie sollen dafür sorgen, dass Verbindlichkeiten und Rechtsverhältnisse, die zum Unternehmen gehören, auch im Fall des Unternehmerwechsels dem jeweiligen Unternehmensträger zugewiesen bleiben.“*[686]

b) Firmenfortführung

Obwohl die Grundlagen der unternehmensrechtlichen Haftungskontinuität bereits im Gesetz angelegt seien, weise der Gesetzeswortlaut erhebliche Mängel auf.[687] Entscheidendes Kriterium für die Haftung des neuen Unternehmensträgers sei allein die Fortführung des Unternehmens, wodurch es in seiner Identität erhalten bleibe. Zwar gehe die Firmenfortführung oftmals mit der Unternehmensfortführung einher, trotz des Wortlauts von § 25 Abs. 1 S. 1 HGB sei die Fortführung der Firma jedoch keine zwingende Voraussetzung für die Haftung des neuen Unternehmensträgers.[688] Das Merkmal der Firmenfortführung diene allein der Klarstellung, dass die Haftung nach § 25 Abs. 1 HGB die Identität des Unternehmens vor und nach dem Übergang voraussetze.[689] Obwohl die ratio legis des § 25 HGB bereits nach geltendem Recht den Verzicht auf das Tatbe-

---

in die Theorie vom Außenprivatrecht der Unternehmen befreit" denaturiert den Gedankenansatz.“

685 Vgl. *K. Schmidt*, JuS 1997, S. 1069, 1071.

686 *K. Schmidt*, Handelsrecht, S. 221.

687 Vgl. *K. Schmidt*, Handelsrecht, S. 213.

688 Vgl. *K. Schmidt*, Handelsrecht, S. 223

689 Vgl. *K. Schmidt*, Handelsrecht, S. 225.

standserfordernis der Firmenfortführung gestatte, sei aus Klarstellungsgründen eine entsprechende Gesetzesänderung zu empfehlen.[690]

c) Zwingende Haftung

Ein weiterer Mangel des § 25 HGB liege in der nach der gegenwärtigen Fassung des § 25 Abs. 2 HGB bestehenden Möglichkeit, die Haftung des neuen Unternehmensträgers auszuschließen.[691] Die gesetzliche Haftungskontinuität dürfe nicht durch eine Vereinbarung zwischen Alt- und Neuschuldner gegen den Willen des Gläubigers ausgeschlossen werden. Anderenfalls bestehe die Gefahr, dass im Rahmen einer sog. „übertragenden Sanierung"[692] ohne Mitwirkung der Gläubiger die Aktiva eines finanziell angeschlagenen Unternehmens zu Sanierungszwecken auf eine Auffanggesellschaft übertragen werden und die Haftung für die Verbindlichkeiten der Vorgängerin ausgeschlossen wird. Die Regeln der Gläubiger- und Insolvenzanfechtung seien kein gleichwertiger Ersatz für den Gläubigerschutz, der durch die Forthaftung des Unternehmens für die Unternehmensverbindlichkeiten normalerweise gewährleistet sei.[693] Die übertragende Sanierung würde dazu führen, dass den Gläubigern weniger verbleibe, als es dem wirklichen Wert des Unternehmens entspräche.[694] Ein Unternehmen dürfe daher nicht gegen den Willen der Gläubiger von seinen Verbindlichkeiten getrennt werden. Aktiva und Passiva zusammengehörender Unternehmensteile sollen nicht willkürlich auseinander gerissen werden.[695] Bei der Übertragung eines Unternehmens müssen daher auch die unternehmensbezogenen Verbindlichkeiten auf den neuen Unternehmensträger übergehen. Insbesondere im Hinblick auf das Außerkrafttreten des § 419 BGB müsse de lege ferenda die Haftung des neuen Unternehmensträgers zwingend sein.[696]

---

[690] Vgl. *K. Schmidt*, Handelsrecht, S. 239.

[691] Vgl. *K. Schmidt*, Handelsrecht, S. 234-235.

[692] Terminologie nach *K. Schmidt*, ZIP 1980, S. 328, 337.

[693] Vgl. *K. Schmidt*, Handelsrecht, S. 234.

[694] *K. Schmidt*, Übertragende Sanierung, S. 75, Fn. 55.

[695] Vgl. *K. Schmidt*, ZGR 1993, S. 366, 391.

[696] Vgl. *K. Schmidt*, ZIP 1989, S. 1028; *K. Schmidt*, Handelsrecht, S. 239.

d) Analogie zum Umwandlungsrecht

Für die zwingende Haftung bei Unternehmenskontinuität spreche auch, dass die Haftungsfolgen des Umwandlungsrechts nicht durch Einzeleinbringung umgangen werden sollen.[697] Das Umwandlungsrecht gehe grundsätzlich vom Prinzip der Haftungskontinuität aus. Umwandlungseffekte könnten jedoch auch durch Umstrukturierungen außerhalb des Gesetzes erzielt werden.[698] Vergleichbare Ergebnisse seien durch Einzelübertragung des Unternehmensvermögens im Verein mit Gründungs- und Liquidationsmaßnahmen erreichbar. Die Übertragung eines Unternehmens durch Einzelübertragung solle als legitime Handlungsalternative neben dem neuen Umwandlungsrecht Bestand haben, nicht jedoch als Fluchtweg zur Umgehung von Schutzanliegen des Umwandlungsgesetzes dienen.[699] Um auch im Falle einer derartigen de facto Verschmelzung einen dem Umwandlungsrecht entsprechenden Gläubigerschutz zu gewährleisten, müsse § 25 HGB daher zwingend zur Haftung des neuen Unternehmensträgers für die unternehmensbezogenen Altverbindlichkeiten führen.[700]

e) Reformvorschlag

Ein Vorschlag von *K. Schmidt* für eine Vorschrift, die sich am Prinzip der Unternehmenskontinuität orientiert, lautet folgendermaßen: „*(1) Geht ein Unternehmen (Betrieb oder Betriebsteil) auf einen anderen Inhaber über, so tritt dieser in die Rechte, Pflichten und Rechtsverhältnisse des Vorgängers ein. (2) Eine Vereinbarung, durch die die Haftung nach Abs. 1 ausgeschlossen wird, ist Dritten gegenüber unwirksam.*“[701] Inhaltlich entspricht dieser Vorschlag einem Entwurf der bereits 1879 anläßlich des 14. Deutschen Juristentages vorgestellt wur-

---

697 Vgl. *K. Schmidt*, DB 1994, S. 515, 519; *K. Schmidt*, DB 1996, S. 1861; *K. Schmidt*, FS Heinsius, S. 715, 730; *K. Schmidt*, Gesellschaftsrecht, S. 374. Der Diskussionsentwurf zum Umwandlungsgesetz enthielt zwei Paragraphen, die gegen die Umgehung von Regelungen des Umwandlungsgesetzes gerichtet waren, später jedoch nicht in das Umwandlungsgesetz aufgenommen wurden. Vgl. §§ 251, 252 des Diskussionsentwurfes zum Gesetz zur Bereinigung des Umwandlungsrechts, Text und Begründung, 1988. Kritisch hierzu *K. Schmidt*, FS Heinsius, S. 715-731.

698 Vgl. *K. Schmidt*, ZGR 1995, S. 675, 676. Siehe auch *Busch/Müller*, ZvglRWiss 94 (1995), S. 178-79.

699 Vgl. *K. Schmidt*, ZGR 1995, S. 675, 687.

700 Vgl. *K. Schmidt*, ZGR 1995, S. 675, 678.

701 Vgl. *K. Schmidt*, DB 1994, S. 515, 519.

de.[702] Schon vor Inkrafttreten des § 25 HGB war die Frage, inwieweit der Erwerber eines Unternehmens für die unternehmensbezogenen Verbindlichkeiten haften muss, Gegenstand kontroverser Diskussionen.[703]

3. Parallelen zur Continuity of Enterprise Doctrine

a) Ausgangspunkt

Wie die *continuity of enterprise doctrine* geht die Theorie der Haftungskontinuität davon aus, dass die Haftung für unternehmensbezogene Verbindlichkeiten untrennbar mit dem Unternehmen verbunden ist und daher immer den jeweiligen Unternehmensträger trifft. Entscheidend ist die tatsächliche Fortführung des Unternehmens. Beiden Ansätzen liegt die Vorstellung zugrunde, dass es sich beim Unternehmen um einen zentralen Rechtsbegriff handelt. In den USA ist es insbesondere *Phillip Blumberg*, dessen Überlegungen große Ähnlichkeit mit den Vorstellungen *K. Schmidts* aufweisen.[704]

Die vier klassischen Kriterien aus Turner v. Bituminous Casualty Co. – tatsächliche Kontinuität des Unternehmens im Hinblick auf Geschäftsführung, Arbeitnehmer, Betriebsstätte, Geschäftsfeld, Firma und Betriebsmittel, Auflösung der Verkäufergesellschaft, Übernahme der laufenden Geschäftsverbindlichkeiten sowie das Auftreten der Käuferin als Fortsetzung der Verkäuferin – reduzieren sich auch nach Blumberg im wesentlichen auf die tatsächliche Unternehmenskontinuität.

---

702 Vgl. *Heinsen*, Gutachten, S. 244, der eine Vorschrift folgenden Inhalts vorschlägt: „*Wer ein Handelsgeschäft übernimmt ... haftet für alle vor ... der Uebernahme des Geschäfts bezüglich derselben begründeten Verbindlichkeiten. – Ein entgegenstehender Vertrag ist gegen Dritte ohne rechtliche Wirkung.*“ Siehe auch *Huber*, FS Raisch, S. 112.

703 Siehe *Huber*, FS Raisch, S. 90-95, der einen guten Überblick über Rechtsprechung und Literatur vor Inkrafttreten von § 25 HGB bietet. Zur Entstehungsgeschichte des § 25 HGB auch *Säcker*, ZGR 1973, S. 263-266; *Gerlach*, Haftungsordnung der §§ 25, 28, 130 HGB, S. 5-8.

704 Vgl. *Blumberg*, 10 Fla. J. Int'l L. 365, 377-78: „*[T]he liabilities of the business run along with the business even when the business is conducted by a successor juridicial entity that lacks any ownership or management links to the predecessor. ... It is a unique development of enterprise liability in which the legal obligations of one juridicial entity are imposed on a completely independent juridicial entity, linked only by their successive roles in conducting the same economic enterprise.*“ Siehe auch *Blumberg*, Enterprise Liability, S. 746-47.

b) Trennung von Aktiva und Passiva

Sowohl die *continuity of enterprise doctrine* als auch die Theorie der Haftungskontinuität beruhen auf einem starken Misstrauen gegen die Trennung der Aktiva und Passiva eines Unternehmens. Wer die positiven Vermögenswerte eines Unternehmens übernehmen wolle, müsse auch die Verbindlichkeiten übernehmen. Im amerikanischen Recht wird dieser Gedanke in dem großen Stellenwert wirksam, der dem Goodwill im Zusammenhang mit der Haftung für Altverbindlichkeiten des Unternehmens zukommt. Wer den Goodwill des Unternehmens für sich nutzen wolle, müsse auch für die Schulden des Unternehmens haften.[705]

c) Analogie zu Verschmelzungsfällen

Continuity of enterprise doctrine und Theorie der Haftungskontinuität stützen sich auch darauf, dassdass eine Übertragung des Unternehmens durch Einzelübertragung haftungsrechtlich nicht anders behandelt werden dürfe als die Verschmelzung zweier Gesellschaften.[706] Um die Umgehung der zwingenden Umwandlungsvorschriften zu verhindern, müsse die Haftung daher an die Fortführung des Unternehmens anknüpfen.

d) Schutzbedürftigkeit unbekannter Gläubiger

Wie oben ausführlich dargestellt, liegt der erweiterten Nachfolgehaftung das Problem zugrunde, dass Verbindlichkeiten, die erst mit erheblicher Verzögerung entstehen, bei der Liquidation von Kapitalgesellschaften nicht berücksichtigt werden können und die Geschädigten später ihrer Anspruchsgegner beraubt sind.[707] Wie im US-amerikanischen Recht gilt auch im deutschen Recht der Vorrang der Gläubigerbefriedigung vor der Vermögensverteilung.[708] Zu diesem Zweck steht die Verteilung des Gesellschaftsvermögens an die Gesellschafter sowohl bei der Gesellschaft mit beschränkter Haftung als auch bei der Aktienge-

705 Vgl. Turner v. Bituminous Casualty Co., 244 N.W.2d 873, 881 (Mich. 1976).

706 Vgl. Turner v. Bituminous Casualty Co., 244 N.W.2d 873, 878 (Mich. 1976); insofern anknüpfend an die *de facto merger doctrine*. Siehe auch *K. Schmidt*, DB 1994, S. 515, 519.

707 Vgl. § 4I.2., § 8II.2.c).

708 Vgl. ausführlich zum deutschen Recht *K. Schmidt*, ZIP 1981, S. 1-9.

sellschaft unter der Voraussetzung, dass die bekannten Verbindlichkeiten der Gesellschaft getilgt wurden und die einjährige Sperrfrist abgelaufen ist.[709]

Das Sperrjahr dient insbesondere dem Schutz der unbekannten Gläubiger, die hierdurch die Gelegenheit erhalten, ihre Ansprüche binnen Jahresfrist anzumelden.[710] Das Sperrjahr ist von seiner Funktion her mit der fünfjährigen Frist vergleichbar, innerhalb derer unbekannte Gläubiger in den USA ihre Ansprüche gegen die Gesellschaft geltend machen können.[711] Mehr noch als in den USA besteht daher in Deutschland die Gefahr, dass Ansprüche erst nach Ablauf der Sperrfrist entstehen oder bekannt werden. Die im Zeitpunkt der Liquidation unbekannten Gläubiger einer Kapitalgesellschaft befinden sich daher in der Gefahr, endgültig leer auszugehen.[712]

Gegen die erloschene Gesellschaft können keine Ansprüche mehr geltend gemacht werden. Allein die Tatsache, dass unbekannte Gläubiger leer ausgegangen sind, rechtfertigt auch noch keine Rückforderungsansprüche gegen die Gesellschafter.[713] Verteilungen an die Gesellschafter, die im Einklang mit den gesetzlichen Vorschriften (§§ 73 GmbHG, 272 AktG) erfolgt sind, sind weder unwirksam noch rechtsgrundlos. Gegen die Liquidatoren käme ein Schadensersatzanspruch – unabhängig von der Frage, wem dieser zustünde – nur bei Verstoß gegen die gesetzlichen Liquidationsvorschriften in Betracht.[714] Da die Liquidatoren jedoch nur dazu verpflichtet sind, die bekannten Gesellschaftsverbindlichkeiten zu befriedigen oder sicherzustellen, besteht auch bei einer Pflichtverletzung durch die Liquidatoren kein Anspruch zugunsten der unbekannten Gläubiger.

Die Ansprüche unbekannter Gläubiger genießen bei Auflösung von Kapitalgesellschaften somit auch nach deutschem Recht nur begrenzten Schutz. Es ist daher festzuhalten, dass in Deutschland eine vergleichbare Problemlage entstehen

---

[709] Vgl. §§ 73 GmbHG, 272 AktG.

[710] Vgl. *K. Schmidt*, ZIP 1981, S. 1-2.

[711] Vgl. Model Bus. Corp. Act § 14.07.

[712] Vgl. *Baumbach/Hueck*, GmbHG § 73 Rn. 9: „*Wird Ihm die Forderung erst nach Abschluss der Verteilung bekannt, kann der Gläubiger den Anspruch nicht mehr geltend machen.*“

[713] Vgl. RGZ 124, 210, 214. Siehe auch *K. Schmidt*, ZIP 1981, S. 6.

[714] Vgl. *K. Schmidt*, ZIP 1981, S. 6-8.

kann, die in den USA zur Entwicklung der erweiterten Nachfolgehaftung geführt hat.

4. Kritische Würdigung

An dieser Stelle soll nicht darauf eingegangen werden, inwieweit die Theorie der Haftungskontinuität angesichts des Wortlauts des § 25 HGB bereits de lege lata Geltung beanspruchen kann.[715] Vielmehr geht es um die grundsätzliche Frage, wie das Konzept der Haftungskontinuität zu bewerten ist und ob sich eine Änderung des § 25 HGB im Sinne von *K. Schmidt* empfiehlt. Auch Kritiker räumen ein, dass es sich bei der Theorie der Haftungskontinuität als unternehmensrechtliches Prinzip um eine *„rechtspolitische Alternative, die wegen der Konsequenz der Gesamtlösung erwägenswert“* sei, handle.[716] Die Theorie der Haftungskontinuität leidet jedoch entscheidend darunter, dass *K. Schmidt* ohne weiteres von der Prämisse ausgeht, dass das Prinzip der Haftungskontinuität rechtspolitisch wünschenswert sei.[717] Entgegen der Ansicht *K. Schmidts* sind die rechtspolitischen Vorzüge der Haftungskontinuität jedoch nicht so offenkundig, als dass man sie ohne weitere Erklärungen zur Grundlage dieses Haftungsmodells machen könnte.[718] Es besteht vielmehr die Gefahr, der „Faszination eines Zentralbegriffes“[719] zu erliegen. *Schleifenbaum* weist daher zu recht daraufhin, dass die Plausibilität einer glatten Konzeption nicht „den Blick für eine Aufarbeitung der eigentlichen Sachgründe“ verstellen dürfe.[720] Im folgenden soll daher untersucht werden, ob die Annahmen, auf denen die Theorie der Haftungskontinuität beruht, zutreffend sind und zu welchen Ergebnissen sie führen, wo-

---

715 Anders als *K. Schmidt* geht die h.M. davon aus, dass der Käufer gem. § 25 Abs. 1 S. 1 HGB für Altverbindlichkeiten nur haftet, wenn er das Unternehmen unter der bisherigen Firma fortführt. Vgl. *Hölters/Semler*, Handbuch des Unternehmens und Beteiligungskaufs, Teil VI Rn. 139; *Beuthien*, NJW 1993, S. 1740.

716 *Staub/Hüffer*, § 25 Rn. 17.

717 Vgl. *Schmidt*, ZHR 145, S. 8: *„Die rechtspolitischen Vorzüge solcher Kontinuität sind offenbar und sollen im folgenden als Prämisse genommen, also nicht ausdiskutiert und gegen Einwände abgesichert werden.“*

718 So auch *Canaris*, FS Frotz, S. 22, der den Wunsch äußert, dass *K. Schmidt* *„die rechtspolitische und rechtsethische Fundierung der von ihm verfochtenen Kontinuitätsthese möglichst umfassend nachholen möge“*.

719 So *v. Olshausen*, WM 1994, 1903, 1904.

720 *Schleifenbaum*, Unternehmenshaftung bei Unternehmensübertragungen, S. 16.

bei auch auf die Erfahrungen mit der *continuity of enterprise doctrine* zurückgegriffen werden soll. Besonderes Augenmerk ist dabei darauf zu legen, ob mit der Umsetzung einer allgemeinen unternehmensrechtlichen Haftungskontinuität nicht bestehende Mängel lediglich gegen neue, andere Probleme eingetauscht würden.[721]

a) Trennung der Aktiva und Passiva

Die Theorie der Haftungskontinuität beruht auf der Annahme, dass der für das Unternehmen erbrachte Kaufpreis nicht ausreicht, um die Interessen der Gläubiger der Unternehmensverkäuferin zu schützen. Dieser Gedanke manifestiert sich insbesondere in der Ablehnung der übertragenden Sanierung durch die Fürsprecher der Haftungskontinuität. Der zwingenden Haftung der Unternehmenskäuferin liegt insofern letztendlich der wiederauferstandene Geist des § 419 BGB zugrunde. Dies zeigt sich auch darin, dass die Befürworter der Haftungskontinuität das Außerkrafttreten des § 419 BGB als Argument für eine Verschärfung des § 25 HGB anführen.[722]

Mit der Abschaffung des § 419 BGB hat der Gesetzgeber jedoch der *„mystische[n] Idee ..., nach welcher die Aktiven die Schulden magisch an sich ziehen“*[723] eine deutlich Absage erteilt.[724] Gegen die Änderung des § 25 HGB im Sinne der Haftungskontinuität hat *Lieb* zu Recht den Einwand vorgebracht, dass den Altgläubigern durch einen HaftungsAusschluss gemäß § 25 Abs. 2 HGB „kein Unrecht“ geschehe, wenn der Erwerber nur die Aktiva des Unternehmens übernommen und voll bezahlt habe.[725] In diesem Fall wird die den Gläubigern zur Verfügung stehende Haftungsmasse im Vermögen des Veräußerers nicht geschmälert. Es kommt allein darauf an, sicherzustellen, dass der vom Erwerber für das Unternehmen gezahlte Preis mindestens dem Zerschlagungswert des Un-

---

[721] Vgl. *Schleifenbaum*, Unternehmenshaftung bei Unternehmensübertragungen, S. 16.

[722] Vgl. *K. Schmidt*, ZIP 1989, S. 1028.

[723] So *Wilburg*, FS Larenz, S. 663 zu § 419 BGB.

[724] Siehe *Canaris*, Handelsrecht, S. 100-101.

[725] Vgl. *MünchKommHGB/Lieb*, § 25 Rn. 13; ebenso *Scherer*, DB 1996, S. 2324: *„Die Gläubiger haben nach wie vor den früheren Unternehmensinhaber als Schuldner. Die dem früheren Unternehmensinhaber bei Verkauf oder Verpachtung als Äquivalent für die Unternehmensübertragung zugeflossene Summe dient ihrer Befriedigung. Ihre Rechte werden daher durch die „Weggabe“ des Unternehmens regelmäßig nicht „ausgehöhlt“; nur das Haftungssubstrat verändert sich.“*

ternehmens entspricht, der den Altgläubigern erhalten bleiben soll.[726] Dieses Ziel lässt sich durch entsprechende Anfechtungsvorschriften besser erreichen als durch das Prinzip der Haftungskontinuität.[727]

Auch das Problem der übertragenden Sanierung spricht nicht für die Kontinuität der Haftung bei Veräußerung eines Unternehmens.[728] Die Interessen der Gläubiger sind bei einer Unterwertveräußerung des Unternehmens vor Insolvenzeröffnung durch die Gläubigeranfechtung zu schützen.[729] Beweisprobleme hinsichtlich des Unterwertverkaufes und der Gläubigerbenachteiligung lassen sich durch eine Umkehr der Beweislast bewältigen.[730] *Schleifenbaum* legt überzeugend dar, dass das Anfechtungsrecht durchaus geeignet ist, „*die eigentlich problematische Unterwertveräußerung haftungsrechtlich zugunsten des Anfechtenden zu korrigieren.*“[731] Der dogmatisch richtige Standort für die Lösung des Konflikts zwischen Erwerber und Gläubiger ist das Anfechtungsrecht und nicht § 25 HGB.

Wer die Firmenfortführung unter Nichtübernahme der Verbindlichkeiten als „*Rosinenpicken*“ missbilligt, verkennt, dass sich diese Möglichkeit bereits aus der bloßen Trennbarkeit von Aktiv- und Passivvermögen ergibt.[732] Auch wenn der Gesetzgeber im Fall des § 25 HGB davon ausgeht, dass der neue Unternehmensträger in der Regel auch die Schulden des Unternehmens übernimmt, so ist die Einheit von Aktiv- und Passivvermögen gerade nicht zwingend.[733] Die Abschaffung des § 419 BGB verdeutlicht vielmehr, dass der Gesetzgeber die grundsätzliche Trennung von Aktiv- und Passivvermögen befürwortet.[734]

---

726 Vgl. *MünchKommHGB/Lieb*, § 25 Rn. 15.

727 Vgl. *Canaris*, ZIP 1989, S. 1163.

728 Auführlich hierzu *Schleifenbaum*, Unternehmenshaftung bei Unternehmensübertragungen, S. 65 ff.

729 Vgl. *Canaris*, ZIP 1989, S. 1163.

730 Vgl. *Canaris*, ZIP 1989, S. 1164.

731 *Schleifenbaum*, Unternehmenshaftung bei Unternehmensübertragungen, S. 76.

732 Vgl. *Busch/Müller*, ZvglRWiss 94 (1995), S. 175.

733 Vgl. *Huber*, FS Raisch, S. 116.

734 So auch *Schleifenbaum*, Unternehmenshaftung bei Unternehmensübertragungen, S. 44.

b) Das Unternehmen als Rechtssubjekt?

Auch die Anhänger der Haftungskontinuität anerkennen, dass das Unternehmen nach geltendem Recht nicht rechtsfähig ist.[735] Die Rechte, Verbindlichkeiten und Rechtsverhältnisse sind dem jeweiligen Unternehmensträger zugeordnet. Unverkennbar ist jedoch, dass sie die Verselbständigung des Unternehmens zu einem Rechtssubjekt anstreben.[736] Die fehlende Rechtsfähigkeit des Unternehmens wird als „*Mangel des geltenden Rechts*" bezeichnet, der durch das Prinzip der Haftungskontinuität auszugleichen sei.[737] Der Wechsel des Unternehmensträgers dürfe die Zusammengehörigkeit der Unternehmensträgerschaft und der unternehmensbezogenen Rechtsverhältnisse nicht zerreißen.

Im Ergebnis führt das Prinzip der Haftungskontinuität somit zur de facto-Rechtsfähigkeit des Unternehmens.[738] Es ist höchst widersprüchlich, wenn die Anhänger der Theorie der Haftungskontinuität zwar einräumen, dass das Unternehmen als solches kein Rechtssubjekt sei, über eine entsprechende Auslegung des § 25 HGB jedoch zu einem Resultat gelangen, das die unternehmensbezogenen Rechtsverhältnisse dem jeweiligen Unternehmensträger zuordnet. Der Grundsatz, wonach das Unternehmen als solches kein Rechtssubjekt ist, spricht gegen die von *K. Schmidt* postulierte Zusammengehörigkeit des Unternehmens und der unternehmensbezogenen Rechtsverhältnisse. Das Prinzip der Haftungskontinuität ist mit der fehlenden Rechtsfähigkeit des Unternehmens kaum vereinbar.

c) Analogie zum Umwandlungsrecht

Für den Fall der Unternehmensübertragung auf einen anderen Rechtsträger gegen Anteilgewährung enthält das Umwandlungsgesetz gesetzliche Haftungs-

---

[735] Vgl. *K. Schmidt*, Handelsrecht, S. 78-81, 211-212.

[736] So ausdrücklich *K. Schmidt*, Handelsrecht, S. 79: „*Erklärt man das Unternehmen zum Rechtssubjekt, so unterstreicht man seine Verselbständigung gegenüber seinen Eignern. ... Im Außenrecht der Unternehmen ... ist die Unternehmenseinheit als Rechtsprinzip ernstlich zu erwägen.*"

[737] Vgl. *K. Schmidt*, Handelsrecht, S. 212.

[738] Insofern ist *K. Schmidt*, Handelsrecht, S. 212 Fn. 1 zwar zuzugestehen, dass das Prinzip der Haftungskontinuität durchaus beachte, dass das Unternehmen kein Rechtssubjekt ist. Im Außenverhältnis bleibt von der fehlenden Rechtsfähigkeit des Unternehmens bei Anwendung des Prinzips der Haftungskontinuität jedoch nicht mehr viel übrig, was von *K. Schmidt* ja auch gerade so gewollt ist.

anordnungen. Auch wenn es in diesem Zusammenhang durchweg von der unbeschränkten Haftung des neuen Unternehmensträgers für die bisherigen Unternehmensschulden ausgeht, kann hieraus noch nicht der Schluss gezogen werden, dass die Unternehmenskäuferin zwingend für die Altverbindlichkeiten des Unternehmens haften müsse.[739] Die Beteiligten sind nämlich gerade nicht gezwungen, die Übertragung des Unternehmens in einer Gestaltungsform des Umwandlungsrechts durchzuführen.[740] Aufgabe des Umwandlungsgesetzes ist es nicht, Umstrukturierungen überhaupt erst zu ermöglichen, sondern sie zu vereinfachen.[741] Die Einzelübertragung bleibt mangels einer Sperrwirkung des Umwandlungsgesetzes weiterhin zulässig.[742] Das Umwandlungsgesetz enthält keinen allgemeinen Grundsatz, wonach die Trennung von Unternehmen und Verbindlichkeiten unzulässig sei.[743] Vielmehr kann aus dem Fehlen einer entsprechenden Regelung in §§ 126, 131 UmwG geschlossen werden, dass der Gesetzgeber eine Trennung von Aktiva und Passiva nicht grundsätzlich verhindern wollte.[744]

Die zwingende Haftung der Unternehmenskäuferin würde auch eine erhebliche Einschränkung der Privatautonomie bedeuten, die auch durch Hinweis auf das Umwandlungsrecht nicht zu rechtfertigen ist.[745] Die Freiheit des Erwerbers, über das „Ob" und „Wie" eines Vertrages zu entscheiden, würde durch das Prinzip der unternehmensrechtlichen Haftungskontinuität erheblich beschränkt. Die Parteien haben bei Unternehmensübertragungen die Wahl, ob sie den Weg des Umwandlungsgesetzes oder die Einzelübertragung bevorzugen.

Weiterhin ist zu beachten, dass bei einer Verschmelzung die Gesellschafter des übertragenden Rechtsträgers Gesellschafter des neuen Rechtsträgers wer-

---

739 Ebenso *Huber*, FS Raisch, S. 115.

740 Vgl. *Canaris*, ZIP 1989, S. 1166.

741 So auch *K. Schmidt*, Gesellschaftsrecht, § 12 I 6, S. 349.

742 Vgl. *Aha*, AG 1997, 345 ff.; *Feddersen/Kiem*, ZIP 1994, 1078, 1079; *Heermann*, ZIP 1998, 1249, 1253; *Zöllner*, ZGR 1993, 334, 337.

743 *Schleifenbaum*, Unternehmenshaftung bei Unternehmensübertragungen, S. 96 f.

744 *Hommelhoff*, in: Lutter, Verschmelzung, Spaltung, Formwechsel, S. 119, Fn. 99.

745 In diesem Sinne *Huber*, FS Raisch, S. 115. Auch *Canaris*, ZIP 1989, S. 1162 sieht in der zwingenden Haftung der Unternehmenskäuferin für Altverbindlichkeiten einen Verstoß gegen die durch Art. 2 Abs 1 GG gewährleistete Privatautonomie. Auch Art. 12 und Art. 14 GG könnten durch die erhebliche Erschwerung der Unternehmensverwertung berührt sein.

den.[746] *Canaris* verweist daher zutreffend darauf, dass wirtschaftlich gesehen das Umwandlungsgesetz eigene Schulden betrifft, § 25 BGB in der Regel jedoch die Haftung für fremde Schulden anordnet.[747] Die gesetzlichen Haftungsfolgen einer Verschmelzung führen nicht zwingend zu der Annahme, das Prinzip der Haftungskontinuität könne allgemeine Geltung beanspruchen.

d) Interessenlage der Betroffenen

Die Angemessenheit unternehmensrechtlicher Haftungskontinuität hat sich unter anderem auch ganz wesentlich an der Interessenlage der Betroffenen bei Unternehmensübertragungen zu orientieren.

Das Interesse des Unternehmensveräußerers geht dahin, die Bedingungen der Veräußerung möglichst unbeschränkt mit dem Erwerber aushandeln zu können.[748] Je weiter der Erwerber in diesem Zusammenhang für die im Unternehmen begründeten Verbindlichkeiten haften muss, desto schwieriger wird es sein das Unternehmen zu verkaufen und desto geringer wird der zu erzielende Kaufpreis ausfallen. Den Interessen des Veräußerers ist daher am besten damit gedient, den Grundsatz der Privatautonomie möglichst uneingeschränkt gelten zu lassen.

Der Unternehmenserwerber hat seinerseits ebenfalls ein Interesse daran, die Bedingungen des Unternehmenskaufs möglichst frei und unbeschränkt auszuhandeln. Haftungsanordnungen wie die successor liability oder § 25 HGB in Sinne der Theorie der Unternehmenskontinuität schränken die privatautonome Verhandlungsmöglichkeit des Erwerbers erheblich ein. Für den Erwerber ist es entscheidend, das wirtschaftliche Risiko zu bewerten, dem er sich durch die Übernahme bestehender Verbindlichkeiten aussetzt. Kann der Erwerber die Haftung für Verbindlichkeiten des Unternehmens nicht einschätzen, besteht die Gefahr, dass das Risiko des Erwerbs den Nutzen übersteigt. Der Erwerber hat daher insbesondere ein Interesse daran, bei Übernahme eines Unternehmens von zwingenden Haftungsnormen verschont zu bleiben.

---

[746] Daher stellt die *de facto merger doctrine* noch ganz wesentlich auf die *continuity of shareholders* als Voraussetzung der Haftungsübernahme ab. Siehe hierzu § 3IV.4.

[747] Vgl. *Canaris*, ZIP 1989, S. 1165.

[748] *Theißen*, Schuldenhaftung nach § 25 HGB, S. 50 f.

Die Gläubiger des Veräußerers können hingegen durchaus ein Interesse daran haben, weiterhin auf die Vermögenswerte des veräußerten Unternehmens Zugriff nehmen zu können. Zur Begründung wird darauf verwiesen, dassdass ein Geldzuwachs auf Seiten des Schuldners den Gläubigern nicht die gleiche Sicherheit biete wie das Unternehmen.[749] Diese Argumentation stellt darauf ab, dassdass Geld flüchtiger sei als tatsächliche Vermögensgegenstände. Selbst wenn man dieser Prämisse noch folgen mag, sind die Interessen der Gläubiger des Veräußerers weniger schutzwürdig als diejenigen von Veräußerer und Erwerber. Die Gläubiger haben es selbst in der Hand ihre Ansprüche gegen den Veräußerer zu sichern. Ihr Interesse an weiterem Zugriff auf die übertragenen Vermögensgegenstände würde zu einer erheblichen Belastung von Unternehmensübertragungen führen. Durch die Abschaffung von § 419 BGB hat der Gesetzgeber auch deutlich gemacht, dassdass das Interesse der Gläubiger geringer zu bewerten ist.

e) Besserstellung der Gläubiger

Durch das Prinzip der Haftungskontinuität erhalten die Gläubiger des Unternehmens neben der weiterhin haftenden Verkäuferin in der Käuferin einen weiteren Schuldner. Die Altgläubiger werden in der Regel nur dann gegen die neue Inhaberin des Unternehmens vorgehen, wenn die Zahlungsfähigkeit der alten Inhaberin fraglich ist.[750] Im Falle der faktischen Insolvenzreife der Verkäuferin sind die Forderungen der Altgläubiger bereits vor der Übertragung des Unternehmens wertlos geworden.[751] Die Haftung der Unternehmenskäuferin ist für die Altgläubiger in dieser Situation ein unverdientes „Zufallsgeschenk".[752]

---

749 *Theißen*, Schuldenhaftung nach § 25 HGB, S. 56.

750 So auch *Canaris*, FS Frotz, S. 15, der diese Feststellung aufgrund einer Untersuchung der BGH-Rechtsprechung trifft.

751 Vgl. *Scherer*, DB 1996, S. 2323.

752 So ausdrücklich *Canaris*, FS Frotz, S. 11; ebenso *Scherer*, DB 1996, S. 2323. Die von *Schricker*, JZ 1970, S. 271 im Hinblick auf § 419 BGB gemachte Feststellung lässt sich auch gegen die Theorie der Haftungskontinuität einwenden: „*[D]er Zweck, die Gläubiger zu schützen, kann nicht rechtfertigen, dass man sie unverdient beschenkt*".

f) Wirtschaftliche Konsequenzen

Die Einführung des Prinzips der Haftungskontinuität hätte weitreichende wirtschaftliche Folgen. Die Möglichkeit, ein Unternehmen unter Ausschluss seiner Verbindlichkeiten zu übernehmen, trägt wesentlich zur freien Veräußerbarkeit von Unternehmen bei. Haftet die Unternehmenskäuferin hingegen zwingend für die Altverbindlichkeiten des Unternehmens, so wird hierdurch der Erwerb eines Unternehmens erheblich erschwert.[753] Insbesondere in Situationen, in denen der Veräußerer bereits mehr oder weniger insolvent ist, wird sich nur dann ein Käufer für das Unternehmen finden lassen, wenn die Verbindlichkeiten des Veräußerers ausgeschlossen werden können.[754] Auch die Veräußerung gesunder Unternehmen würde durch die Umsetzung der Vorschläge *Karsten Schmidts* erheblich erschwert. Gerade im Hinblick auf unbekannte Verbindlichkeiten des Unternehmens würde der Erwerb eines Unternehmens *„zu einem Geschäft mit nahezu unkalkulierbaren Risiken"*.[755] Diese Risiken würden dazu führen, dass es zu weniger Unternehmenskäufen kommt, die Preise für Unternehmen sinken und Unternehmen zunehmend zerschlagen werden.[756] Insbesondere für kleinere Gesellschaften wird die Liquidation häufig vorteilhafter sein als der Verkauf des Unternehmens zu einem Preis, der angesichts der Haftungsrisiken für die Erwerberin wesentlich niedriger sein würde.[757] Die negativen gesamtwirtschaftlichen Folgen einer zwingenden Regelung, die sich an dem Prinzip der unternehmensrechtlichen Haftungskontinuität orientieren würde, sind von den Gegnern der erweiterten Nachfolgehaftung in den USA deutlich aufgezeigt worden.[758] Sie lassen sich auf Deutschland übertragen.

---

[753] Vgl. *MünchKommHGB /Lieb*, § 25 Rn. 13.

[754] Siehe hierzu *Canaris*, FS Frotz, S. 11; *Canaris*, Handelsrecht, S. 97; ebenso *MünchKommHGB /Lieb*, § 25 Rn. 14; *Lieb*, FS Börner, S. 752. Auch *Huber*, FS Raisch, S. 114 weist darauf hin, dass der Verkauf von Unternehmen erheblich erschwert wird, wenn zwingend auch die Passiva übernommen werden müssen.

[755] Vgl. *Canaris*, ZIP 1989, S. 1162 nennt in diesem Zusammenhang ausdrücklich auch die Produzentenhaftung.

[756] Siehe hierzu ausführlich oben § 4IV.2.d).

[757] Siehe hierzu *Rogala*, 68 U. Det. L. Rev. 37, 64-66, die im Hinblick auf die *continuity of enterprise doctrine* feststellt: *„Expansion of successor liability will encourage the liquidation, rather than the sale, of small manufacturers because their business will be virtually unmarketable."*

[758] Siehe oben § 4 IV.2.d).

g) Schutz unbekannter Gläubiger

Wie oben unter § 8II.1. Dargelegt, ist der Schutz von Gläubigern, deren Ansprüche zum Zeitpunkt der Liquidation der Schuldnergesellschaft nicht bekannt sind, nicht durch die Haftung der Unternehmenskäuferin zu erreichen. Es handelt sich hierbei nicht um ein Problem der Haftungskontinuität, sondern um ein gesellschaftsrechtliches Phänomen. Es ist daher zu überlegen, ob die Verneinung jeglicher Ansprüche gegen die Gesellschafter der aufgelösten Gesellschaft angesichts der häufig auch für die Gläubiger fehlenden Vorhersehbarkeit ihrer Ansprüche noch angemessen ist.[759] Auch wenn der Schutzbedürftigkeit unbekannter Gläubiger möglicherweise durch Einführung unter-nehmensrechtlicher Haftungskontinuität entsprochen würde, wären damit gleichzeitig andere, neue Probleme geschaffen. Die Nachteile der Haftungskontinuität würden die möglichen Vorteile für unbekannte Gläubiger deutlich überwiegen.

h) Ergebnis

Die Erfahrungen mit der continuity of enterprise doctrine sprechen gegen eine Reform des § 25 HGB im Sinne der Theorie der Haftungskontinuität.760 Auch die Besonderheiten der Produkt- und der Altlastenhaftung führen zu keinem anderen Schluss. Vielmehr hat die Haftung der Unternehmenskäuferin in diesem Bereich wegen der schwierigen Bestimmbarkeit des Haftungsumfanges besonders unangemessenen Ergebnisse zur Folge, die den Kauf eines Unternehmens tatsächlich in eine Lotterie verwandeln.761

Da auch die Theorie der Haftungskontinuität keine überzeugende Erklärung des Zweckes von § 25 HGB bieten kann, ist mit *Canaris* festzustellen, dass es

---

[759] Die grundlegende Entscheidung des Reichsgerichts in RGZ 124, 210, 214 stützte sich auf folgende Begründung: „*Aber nichts, nicht einmal eine Billigkeitserwägung, spricht dafür, dass die Gesellschafter, welche Vermögensauszahlungen erhalten haben, noch jahrelang der Ungewißheit ausgesetzt sein sollen, einem nachträglich hervortretenden, bisher unbekannt gewesenen Gläubiger der aufgelösten Gesellschaft haften zu müssen, wenn auch nur in Höhe der Bereicherung.*" Es ist fraglich, ob das Reichsgericht ebenso entschieden hätte, wenn der unbekannte Gläubiger schuldlos nichts von seinem Anspruch gewußt hätte, wie es gerade im Zusammenhang mit der produkt- oder umwelthaftungsrechtlichen Ansprüchen oftmals der Fall sein kann.

[760] Siehe oben § 4IV.2., § 5V., § 8. Andere Ansicht im Hinblick auf die Altlastenhaftung *H. Neumann*, S. 177, leider ohne weitere Begründung.

[761] So im Hinblick auf das amerikanische Recht *J. Anderson*, 13 Va. Envtl. L.J. 1, 7-8.

sich hierbei um eine systemwidrige und in sich widerspruchsvolle Norm handelt, die de lege ferenda abzuschaffen ist.[762]

[762] So bereits *Canaris*, Vertrauenshaftung, S. 183. Siehe auch *Canaris*, Handelsrecht, S. 102-103; *Canaris*, ZIP 1989, S. 1161.

Zusammenfassung

§ 1 Im Hinblick auf den in der Einleitung aufgeworfenen Beispielsfall lassen sich die folgenden Feststellungen treffen: In einer Minderheit der US-Bundesstaaten müsste die P-Corporation damit rechnen, gemäß der continuity of enterprise exception[763] oder der product line exception[764] für die Schäden zu haften, die durch die fehlerhaften Produkte der S-Corporation entstanden sind. Die Mehrheit der US-Bundesstaaten lehnt diese Erweiterungen der successor liability jedoch ab.[765] Für die Altlasten der S-Corporation müsste die P-Corporation hingegen in einer Mehrheit der Federal Circuits befürchten, unter dem Gesichtspunkt der substantial continuity[766] herangezogen zu werden.

§ 2 Das fraudulent conveyance law schützt die Gläubiger vor Verfügungen des Schuldners, die die Befriedigung ihrer Ansprüche beeinträchtigen. Es ist von Funktion und Regelungscharakter her mit dem Anfechtungsgesetz vergleichbar. Die bulk sales-Vorschriften verpflichten den Erwerber einer Vermögensgesamtheit eines Kaufmanns zur Einhaltung von Informationspflichten gegenüber den Gläubigern des Veräußerers. Bei Nichtbeachtung dieser Pflichten kann der Erwerber den Gläubigern des Veräußerers mit dem erworbenen Vermögen haften. Die bulk sales-Regeln sind historisch zu erklären und befinden sich gegenwärtig auf dem Rückzug.

§ 3 Grundsätzlich haftet die Erwerberin eines Unternehmens durch asset deal bei Fortführung desselben nicht für die unternehmensbezogenen Altverbindlichkeiten der Verkäuferin. Als traditionelle Ausnahmen zu diesem Grundsatz sind in der Mehrheit der US-Bundesstaaten die vertragliche Haftungsübernahme, die de facto merger exception, die mere continuation exception und die fraudulent transfer exception anerkannt. Sie haben bis auf die vertragliche Haftungsübernahme das Ziel gemeinsam, zu verhindern, dassdass sich die wirtschaftlich verantwortliche Schuldnerin durch Manipulation der Rechtsform ihrer Haftung entzieht.

---

763 Siehe § 4 II. 2.

764 Siehe § 4 III. 2.

765 Siehe §4 IV. 1.

766 Siehe § 5 IV. 2.

§ 4 Zum Schutze von Produkthaftungsansprüchen bei Auflösung der Herstellergesellschaft hat die Rechtsprechung in einer Minderheit der US-Bundesstaaten die Nachfolgehaftung der Unternehmenskäuferin erweitert. Die continuity of enterprise exception knüpft an die Kontinuität des Unternehmens, die product line exception an die Fortführung einer Produktreihe der Verkäuferin an. Wegen der negativen wirtschaftlichen Folgen und ihrer zweifelhaften Argumente wird die erweiterte Nachfolgehaftung im Produkthaftungsrecht von der Mehrheit der US-Bundesstaaten abgelehnt. Unabhängig von der Frage der successor liability kann die Käuferin eines Unternehmens als Garantin für die fehlerhaften Produkte der Verkäuferin haften.

§ 5 Auf der Suche nach zahlungskräftigen Anspruchsgegnern haben die Bundesgerichte die erweiterte Nachfolgehaftung auf die Altlastenhaftung gemäß CERCLA ausgedehnt. Im Wege der (zweifelhaften) Entwicklung von federal common law kann die Käuferin eines Unternehmens gemäß der substantial continuity exception für Altlasten der Verkäuferin haften.

§ 6 Die Frage, ob die Unternehmenskäuferin auch nach Durchführung eines Konkursverfahrens über das Vermögen der Verkäuferin als successor corporation für deren Verbindlichkeiten herangezogen werden kann, ist heftig umstritten und wird von der Rechtsprechung uneinheitlich beantwortet. Die Ziele des Bankruptcy Code gebieten den Ausschluss der Nachfolgehaftung.

§ 7 Wegen der sich aus der erweiterten Nachfolgehaftung ergebenden Risiken, ist bei Vertragsgestaltung und Durchführung eines Unternehmenskaufes darauf zu achten, dassdass die Voraussetzungen der Nachfolgehaftungen nach Möglichkeit vermieden werden und Vorkehrungen für den Fall der Inanspruchnahme der Käuferin getroffen werden.

§ 8 Der erweiterten Nachfolgehaftung liegt das Problem zugrunde, dassdass die verantwortliche Gesellschaft versuchen wird, die zukünftigen Kosten ihrer fehlerhaften Produkte und Altlasten durch Verkauf ihres Unternehmens und darauf folgende Auflösung zu externalisieren. Zur Lösung dieses Problems ist die Inanspruchnahme der Unternehmenskäuferin als successor corporation nicht geeignet. Trotz Schwächen erscheinen die Vorschläge, die an die Auflösung der Gesellschaft anknüpfen, besser zur Lösung des Externalisierungsproblems geeignet.

§ 9 Auch in Deutschland gilt der Grundsatz, dassdass die Käuferin eines Unternehmens im Wege der Einzelrechtsnachfolge auch bei Fortführung des Unternehmens nicht für die unternehmensbezogenen Altverbindlichkeiten haftet. Risiken können sich unter anderem aus § 419 BGB und § 25 HGB ergeben. § 419 BGB ist mittlerweile zu Recht abgeschafft worden. Zum Ausgleich wurde das Anfech-

tungsgesetz verschärft. Sinn und Zweck des § 25 HGB sind umstritten. Die Theorie der Haftungskontinuität bindet die unternehmensbezogenen Verbindlichkeiten an den jeweiligen Unternehmensträger und ähnelt insofern der continuity of enterprise exception. Wie die continuity of enterprise exception kann auch das Prinzip der Haftungskontinuität nicht überzeugen. Eine Reform des § 25 HGB in diesem Sinne ist abzulehnen. § 25 HGB sollte abgeschafft werden.

Anhang

Der Alternativvorschlag von *Michael Green* zur erweiterten Nachfolgehaftung:[767]

§ 1 Limitations on Dissolution and Distributions in Connection with Dissolution

(a) Definitions

(1) 'Product' means any object, substance, mixture, raw material, or mineral that:

(A) has intrinsic economic value;

(B) is capable of delivery itself or as a component of ingredient; and

(C) is produced for distribution in trade or commerce.

(2) 'Manufacturing' means engaging in business to produce, make, create, construct, assemble, or fabricate any product or component part of a product. The term also includes the remanufacturing of any existing product or component part of an existing product.

(3) 'Postdissolution Products Liability Claim' means any claim for damages arising out of the manufacture, sale, or lease of a product by a corporation that is based at least in part on events occurring after the effective date of the corporation's dissolution.

(b) Notwithstanding the provisions of this Act no corporation that has engaged in manufacturing products that it sells or leases may dissolve or distribute its assets to its shareholders in connection with its dissolution until the corporation has made adequate provision for postdissolution products liability claims. A distribution made in the ordinary course of business does not violate this section if it complies with the requirements of section 6.40(c) of the Model Business Corporation Act[768] and sections 4-7 of the Uniform Fraudulent Conveyance Act.[769]

---

767 Siehe Green, 72 Cornell L. Rev. 17, 50-55.

768 Vgl. Model Bus. Corp. Act § 6.40(c) (1984): "No distribution may be made if after giving it effect: (1) the corporation would not be able to pay its debts as they become due in the usual course of business; or (2) the corporation's total assets would be less than the sum of its total liabilities plus (unless the articles of incorporation permit otherwise) the amount that would be needed, if the corporation were to be dissolved at the time of the distribution, to satisfy the preferential rights upon dissolution of share holders whose preferential rights are superior to those receiving the distribution."

769 Uniform Fraudulent Conveyance Act § 4: "Every conveyance made and every obligation incurred by a person who is or will be thereby rendered insolvent is fraudulent as to creditors without regard to his actual intent if the conveyance is made or the obligation is incurred without a fair consideration."

(1) Provision for postdissolution products liability claims may be made by:

(A) obtaining liability insurance for postdissolution products liability claims;

(B) transferring, as part of the sale of the corporation's assets, liability for future products liability claims to the purchaser of the corporation's assets; or

(C) any other method that provides protection for those asserting postdissolution products liability claims against the corporation equivalent to the protection that would have existed if the corporation had continued to carry on its business and not undergone dissolution.

(2) Provision for postdissolution products liability claims shall be adequate if the amount of insurance coverage or other assets available to satisfy postdissolution products liability claims is not less than:

(A) the corporation's net current value at the time of dissolution; plus

(B) the value of any prior distributions made to shareholders in contemplation of dissolution

(c) When a corporation makes provision for postdissolution products liability claims, the articles of dissolution shall include:

(1) the name and address of any entity that, by insurance or otherwise, has agreed to assume any obligations arising out of the corporation's postdissolution products liability claims; and

(2) a description of the assuming entity's obligations.

(d) A corporation may bring a proceeding in the [name of the appropriate court] to seek modification of its obligation to make adequate provision for postdissolution products liability claims.

Uniform Fraudulent Conveyance Act § 5: "Every conveyance made without fair consideration when the person making it is engaged or is about to engage in a business or transaction for which the property remaining in his hands after the conveyance is an unreasonably small capital, is fraudulent as to creditors and as to other people who become creditors during the continuance of such business or transaction without regard to his actual intent."

Uniform Fraudulent Conveyance Act § 6: "Every conveyance made and every obligation incurred without fair consideration when the person making the conveyance or entering into the obligation intends or believes that he will incur debts beyond his ability to pay as they mature, is fraudulent as to both present and future creditors."

Uniform Fraudulent Conveyance Act § 7: "Every conveyance made and every obligation incurred with actual intent, as distinguished from intent presumed in law to hinder, delay, or defraud either present or future creditors, is fraudulent as to bothpresent and future creditors."

(1) Upon the filing of a petition for modification, the court shall appoint a guardian to represent the interests of all potential postdissolution products liability claimants.

(2) After conducting a hearing, the court may enter an order modifying the corporation's obligation to make adequate provision for postdissolution products liability claims if it finds that:

(A) despite diligent efforts by the corporation to make adequate provision for postdissolution products liability claimants, it cannot reasonably do so;

(B) the shareholders of the corporation will suffer manifest injustice unless modification of the obligation of adequate provision is permitted; and

(C) an alternative plan to protect postdissolution products liability claimants strikes a reasonable balance between the interests of the postdissolution products liability claimants and the stockholders' interest in avoiding the manifest unfairness identified in section 1 (d)(2)(B).

(3) If the court enters an order modifying the corporation's obligation to make adequate provision for postdissolution products liability claims, it shall specify in the order any conditions that the corporation or its shareholders must satisfy in order to protect postdissolution products liability claimants.

(4) The court shall award compensation and expenses to the guardian out of the assets of the corporation, or out of the proceeds form the sale of the corporation's assets. Compensation and expenses may be paid from time to time during the proceeding or at its conclusion, at the discretion of the court,

(e) Officers and Directors

(1) Any director -who:

(A) votes for, assents to, or resigns her position in contemplation of a distribution or dissolution that is not in compliance with this section; and

(B) in so doing fails to comply with the applicable standards of conduct contained in section 8.30 of the Model Business Corporation Act[770] shall be personally liable to any

---

[770] *Vgl. Model Bus. Corp. Act § 8.40 (1984)*: "(a) A director shall discharge his duties as a director, including his duties as a member of a committee: (1) in good faith; (2) with the care an ordinarily prudent person in a like position would exercise under similar circumstances; and (3) in a manner he reasonably believes to be in the best interest of the corporation.

(b) In discharging his duties a director is entitled to rely on information, opinions, reports, or statements, including financial statements and other financial data, if prepared or presented by: (1) one or more officers or employees of the corporation -whom the director reasonably believes to be reliable and competent in the matters presented; (2) legal counsel, public accountants, or other persons as to matters the director reasonably believes are within the person's professional or expert

postdissolution products liability claimant to the same extent that the corporation would have been liable had it not dissolved.

(2) any officer who:

(A) recommends, acts to further, or resigns her position in contemplation of distribution or dissolution that is not in compliance with this section; and

(B) in so doing fails to comply with the applicable standard of conduct contained in section 8.42 of the Model Business Corporation Act[771] shall be personally liable to any postdissolution products liability claimant to the same extent that the corporation - would have been liable had it not dissolved.

(3) A director or officer sued for an unlawful distribution or dissolution under this Act may assert a claim for contribution against:

(A) any other director or officer liable under section l(e)(l) or l(e)(2); and

(B) each shareholder -who received proceeds from the distribution.

(4) The contribution share of

(A) each officer or director shall be a pro rata share of the claim less the amount recovered from shareholders pursuant to section l(e)(3)(B).

---

competence; or (3) a committee of the board of directors of which he is not a member if the director reasonably believes the committee merits confidence.

(c) A director is not acting in good faith if he has knowledge concerning the matter in question that makes reliance otherwise permitted in subsection (b) unwarranted.

(d) A director is not liable for any action taken as a director, or any failure to take any action, if he performed the duties of his office in compliance with this section."

771 *Vgl. Model Bus. Corp. Act § 8.42 (1984)*: "(a) An officer -with discretionary authority shall discharge his duties under that authority: (1) in good faith; (2) with the care an ordinarily prudent person in a like position would exercise under similar circumstances; and (3) in a manner her reasonably believes to be in the best interest if the corporation.

(b) In discharging his duties an officer is entitles to rely on information, opinions, reports, or statements, including financial statements and other financial data, if prepared or presented by: (1) one or more officers or employees of the corporation whom the officer reasonably believes to be reliable and competent in the matters presented; or (2) legal counsel, public accountants, or other persons as to matters the officer reasonably believes are within the person's professional or expert competence.

(c) An officer is not acting in good faith if he has knowledge concerning the matter in question that makes reliance otherwise permitted by subsection (b) unwarranted.

(d) An officer is not liable for any action taken as an officer, or any failure to take any action, if he performed the duties of his office in compliance with this section."

(B) each shareholder shall be the shareholder's ratable share of the claim. The maximum liability of any shareholder for contribution claims shall be the amount received from distributions made in violation of this section.

(5) A director's or officer's liability pursuant to section l(e)(l) or (l)(e)(2) shall not exceed the amount that would have been available from the corporation to satisfy the claimants' claims if this section had not been violated.

(f) Except as otherwise provided in this Act or other statutory provisions, the acquisition of assets from a corporation does not subject the acquiring corporation to liability for claims relating to products manufactured or sold by the selling corporation prior to the acquisition. Notwithstanding the foregoing provision of this subsection, the acquiring corporation may expressly assume any liabilities of the selling corporation.

Literaturverzeichnis

Abraham, Kenneth S.: Environmental Liability and the Limits of Insurance, 88 Colum. L. Rev. 942 (1988).

Aha, Christof: Einzel- und Gesamtrechtsnachfolge bei der Ausgliederung?, AG 1997, S. 345 ff.

American Jurisprudence, Second Edition, Volume 37, Volume 63 (Supplements 1998).

Anderson, Audrey J.: Note: Corporate Life After Death: CERCLA Preemption of State Corporate Dissolution Law, 88 Mich. L. Rev. 131 (1989).

Anderson, Jerry L: The Hazardous Waste Land, 13 Va. Envtl. LJ. 1 (1993).

Arness, John/Sutin, Anthony/Plotkin, Teresa: Preventing Successor Liability for Defective Products: Safeguards for Acquiring Corporations, 67 Wash. U. L.Q. 535 (1989).

Aylward, Robert E./Aylward, Janice S.: Successor Liability for Defective Products Misplaced Responsibility, 13 Stetson L. Rev. 555 (1984).

Baird, Douglas G./Jackson, Thomas H.: Fraudulent Conveyance Law and Its Proper Domain, 38 Vand. L. Rev. 829 (1985).

Baumbach, Adolf/Hueck, Alfred: GmbH-Gesetz, 16. Auflage, München 1996.

Beuthien, Volker: Zu zwei Mißdeutungen des § 25 HGB, NJW 1993, S. 1737-1741.

Bielicke, Deborah E.: Note: Successor Liability for Punitive Damages: Breaking the Corporate Rule, 68 Wash. U. L.Q. 339 (1990).

Bigalke, Eva Katrin: Umweltrechtliche Verantwortlichkeit von gesicherten Kreditgebern: Am Beispiel der USA und der Bundesrepublik Deutschland, Frankfurt a. M. 1994.

Billig, Thomas: Bulk Sales Laws: A Study in Economic Adjustment, 77 U. Pa. L. Rev. 72 (1928).

Black, Henry Campbell: Black's Law Dictionary, Sixth Edition 1990.

Bluebond, Sheri: To File or not to File, ABA Journal July 1999, 66.

Blumberg, Phillip L: The Continuity of the Enterprise Doctrine: Corporate Successorship in United States Law, 10 Fla. J. Int'l L. 365 (1996).

Blumberg, Phillip I./Strasser, Kurt A.: The Law of Corporate Groups: Enterprise Liability in Commercial Relationships, Including Franchising, Licensing, Health care Enterprises, Successor Liability, Lender Liability, and Inherent Agency, 1998.

Bodoh, Wiliam T./Morgan, Michelle M.: Inequality Among Creditors: The Unconstitutional Use of Successor Liability to Create a New Class of Priority Claimants, 4 Am. Bankr. Inst. L. Rev. 325 (1996).

Bracker, Jacobus: Haftung aus Firmenfortführung - Was ist denn nun der Sinn des §25 HGB?, Anmerkung zu OLG München, Urteil vom 15.5.1996, BB 1997, S. 114.

Brown, H. Lowell: Successor Corporate Criminal Liability: The Emerging Federal Common Law, 49 Ark. L. Rev. 469 (1996).

Burcat, Joel R./Wilson, Craig P.: Post-Dissolution Liability of Corporations and Their Shareholders Under CERCLA, 50 Bus. Law. 1273 (1995).

Busch, Torsten/Müller, Thomas: Das Internationale Privatrecht des Gläubigerschutzes bei Vermögens- bzw. Unternehmensübertragung, ZVglRWiss 94 (1995), S. 157-185.

Cadmus, Alan: Gläubiger und Verkehrsschutz bei der Übernahme von Unternehmen und Vermögensmassen, Frankfurt 1991.

Caginalp, Aydin/Denkowicz, Stephanie: Erwerb notleidender Unternehmen in den U.S.A., EWS 1992, S. 5-14.

Cain, Rita: Shareholder Liability Under Superfund: Corporate Veil or Vale of Tears?, 17 J.Legis. 1 (1990).

Calabresi, Guido: Some Thoughts on Risk Distribution and the Law of Torts, 70 Yale L.J. 499 (1961).

Calabresi, Guido: The Cost of Accidents - A Legal and Economic Analysis, 1970.

Calabresi, Guido/Hirschoff, Jon T.: Toward a Test for Strict Liability in Torts, 81 Yale L.J. 1055(1972).

Caley, Steven P./Yard, Theresa I.: Avoid Buying Trouble: Successor Liability for Products Manufactured Prior to Asset Acquisition, 67 N.Y. St. B.J. 30 (1995).

Canaris, Claus-Wilhelm: Die Vertrauenshaftung im deutschen Privatrecht, München 1971.

Canaris, Claus-Wilhelm: Rechtspolitische Konsequenzen aus der geplanten Abschaffung von § 419 BGB für § 25 HGB, ZIP 1989, S. 1161-1167.

Canaris, Claus-Wilhelm: Unternehmenskontinuität als Haftungs- und Enthaftungsgrund im Rahmen von § 25 HGB?, in: Aktuelle Probleme des Unternehmensrechts, Festschrift Gerhard Frotz, hrsg. von Michael Enzinger, Harms F. Hügel, Walter Dillenz, Wien 1993, S. 11-43.

Canaris, Claus-Wilhelm: Handelsrecht, 22. Auflage, München 1995.

Canaris, Claus-Wilhelm/Schilling, Wolfgang/Ulmer, Peter (Hrsg.): Handelsgesetzbuch: Großkommentar begr. von Hermann Staub, Bd. 1. Einleitung, §§ 1-104, 4. Auflage, Berlin 1995 (zitiert: *Staub/Bearbeiter*).

Clark, Robert: The Duties of the Corporate Debtor to its Creditors, 90 Harv. L. Rev. 505 (1977).

Clarke, David C.: Successor Liability Under CERCLA: A Federal Law Approach, 58 Geo. Wash. L. Rev. 1300 (1990).

Clontz, Ralph C.: Should an Article 6 Study Be the Next Task for the Permanent Editorial Board?, 4 U.C.C. LJ. 214 (1972).

Cloud, Sharon L.: Note: Purchase of Assets and Successor Liability: A Necessarily Arbitrary Limit, 11 Del. J. Corp. L. 791 (1986).

Coco, Nathan F.: Note: An Examination of Successor Liability in the Post-Bankruptcy Context, 22 J. Corp. L. 345 (1997).

Commandeur, Gert: Betriebs-, Firmen- und Vermögensübernahme, München 1990.

Connolly, James P.: Note: The Post-Dissolution Products Liability Claim Problem: A Statutory Versus a Judicial Solution, 38 Syracuse L. Rev. 1279 (1987).

Conyngham, Monica: Robbing the Corporate Grave: CERCLA Liability, Rule 17 (b), and Post-dissolution Capacity To Be Sued, 17 B.C. Envt'l Aff. L. Rev. 855 (1990).

Cope, Lisa: Comment: Who Should Pay Cleanup Costs - The Federal Response to Corporate Successor Liability Under CERCLA, 32 Santa Clara L. Rev. 539 (1992).

Croutch, Charles L.: Comment: The Extension of Products Liability to Corporate Asset Transferees - An Assault on Another Citadel, 10 Loy. L.A. L. Rev. 584 (1977).

Davidson, Charles E.: Corporate Ownership of Real Estate: The Impact of Environmental Legislation on Shareholder Liability, 17 Real. Est. L.J. 291 (1989).

Eisenberg, A./Gecker, Frances: Due Process and Bankruptcy: A Contradiction in Terms?, 10 Bankr. Dev. J. 47 (1994).

Engel, Jacqueline Y.: If You Play, You Pay: Unknown Hazards for Successor Corporations Under CERCLA, 23 Pac. L.J. 1317 (1992).

Englert, John P./Sullivan, Scan R.: Umwelt aktuell - USA: Anwendbarkeit der CERCLA-Haftung im Verhältnis Mutter/Tochtergesellschaft, PHI 1998, S. 228-231.

Englert, John P./Shenk, Kimberly S.: Umwelt aktuell - USA: Untergang von Ansprüchen wegen Umweltschäden im Konkurs, PHI 1999, S. 115-117.

Feddersen, Dieter/Kiem, Roger: Die Ausgliederung zwischen „Holzmüller" und neuem Umwandlungsrecht, ZIP 1994, S. 1078 ff.

Fierman, Janet B.: Note: Assumption of Products Liability in Corporate Acquisitions, 55B.U. L. Rev. 86(1975).

Fletcher, Wiliam Meade: Fletcher Cyclopedia of the Law of Private Corporations (perm. ed. rev. vol. 1997).

Fogleman, Valerie M.: Hazardous Waste Cleanup, Liability, and Litigation: A Comprehensive Guide to Superfund Law (1992).

Fox, Merritt B.: Corporate Successors Under Strict Liability: A General Economic Theory and the Case of CERCLA, 26 Wake Forest L. Rev. 183 (1991).

Friedlander, D. Gilbert/Lannie, P. Anthony: Post-Dissolution Liabilities of Shareholders and Directors for Claims Against Dissolved Corporations, 31 Vand. L. Rev. 1363 (1978).

Fromm, Eva M./Lewis, Edward C./Corken, Heather M.: Allocating Environmental Liabilities in Acquisitions, 22 J. Corp. L. 429 (1997).

Gerlach, Johann Wilhelm: Die Haftungsordnung der §§ 25, 28, 130 HGB, Stuttgart 1976.

Gilmore, Grant: The Commercial Doctrine of Good Faith Purchase, 63 Yale L.J. 1057 (1954).

Gilson, Ronald J./Black, Bernard S.: The Law and Finance of Corporate Acquisition, Second Edition, 1995.

Girard, Susan M: An Expansion of Corporate Successor Liability Under CERCLA: United States v. Distler, 3 Vill. Envtl. L.J. 205 (1992).

Glenn, Garrard: Fraudulent Conveyances and Preferences, Revised Edition, 1940.

Gotthardt, Peter: Haftung für Masseschulden bei Übernahme eines Handelsgeschäfts aus der Konkursmasse?, BB 1987, S. 1896-1902.

Grad, Frank P.: A Legislative History of the Comprehensive Environmental Response, Compensation and Liability ("Superfund") Act of 1980, 8 Colum. J. Envtl. L. 1 (1982).

Green, Michael D.: Successor Liability: The Superiority of Statutory Reform to Protect Products Liability Claimants, 72 Cornell L. Rev. 17 (1986).

Green, Michael D.: Successors and CERCLA: The Imperfect Analogy to Products Liability and an Alternative Proposal, 87 Nw. U. L. Rev. 897 (1993).

Grundfest, Joseph A.: The Limited Future of Unlimited Liability, 102 Yale L.J. 387 (1992).

Grunewald, Barbara: Unerwartete Verbindlichkeiten beim Unternehmenskauf, ZGR 1981, S. 622-642.

Harris, Steven L: The Process and the Product - An Introduction, 41 Ala. L. Rev. 549 (1990).

Hansmann, Henry/Kraakman, Reinier: Toward Unlimited Shareholder Liability for Corporate Torts, 100 Yale L.J. 1879 (1991).

Heermann, Peter: Die Ausgliederung von Vereinen auf Kapitalgesellschaften, ZIP 1998, S. 1249 ff.

Heidt, Kathryn R.: Products Liability, Mass Torts, and Environmental Obligations in Bankruptcy: Suggestions for Reform, 3 Am. Bankr. Inst. L. Rev. 117 (1995).

Hein, Peter E.: Umweltrechtliche Aspekte gesellschaftsrechtlicher Transaktionen in den USA, RIW 1991, S. 636-642.

Heinsen, J.: Gutachten über die Frage: Rechtfertigt sich eine allgemeine Vorschrift des Inhalts: daß wer ein Handelsgeschäft übernimmt, oder in ein solches als offener Theilhaber eintritt, falls die Firma unverändert bleibt, ohne Weiteres activa und passiva übernimmt?, abgedruckt in: Verhandlungen des 14. Deutschen Juristentages Band I Heft 2, S. 215-244, Berlin 1878.

Henn, Harry G./Alexander, John R.: Effect of Corporate Dissolution on Products Liability Claims, 56 Cornell L. Rev. 865 (1971).

Henn, Harry G./Alexander, John R.: Laws of Corporations and Other Business Enterprises, Third Edition, 1983.

Hoechst, Peter: Die US-amerikanische Produzentenhaftung, Köln 1986.

Hölters, Wolfgang (Hrsg.): Handbuch des Unternehmens- und Beteiligungskaufs, 4. Auflage, Köln 1996 (zitiert: *Hölters/Bearbeiter*).

Holzapfel, Hans-Joachim/Pöllath, Reinhard: Unternehmenskauf in Recht und Praxis, 8. Auflage, Köln 1997.

Hommelhoff Peter: Rezensionsabhandlung: Der Unternehmenskauf als Gegenstand der Rechtsgestaltung, ZHR 150 (1986), S. 254-278.

Horn, Norbert (Hrsg.): Handelsgesetzbuch, Bd. 1, Erstes Buch, Einleitung §§ 1-104, 2. Auflage, Berlin New York 1992 (zitiert: *Heymann/Bearbeiter*).

Huber, Michael: Das neue Recht der Gläubigeranfechtung außerhalb des Insolvenzverfahrens, ZIP 1998, S. 897-904.

Huber, Ulrich: Die Schuldenhaftung beim Unternehmenserwerb und das Prinzip der Privatautonomie, in: Unternehmen, Recht und Wirtschaftsordnung: Festschrift für Peter Raisch zum 70. Geburtstag, hrsg. von: Karaten Schmidt und Eberhard Schwark, Köln 1995, S. 85-116.

Hudak, William J.: Note: Imposing Strict Liability upon a Successor Corporation for the Defective Products of its Corporate Predecessor: Proposed Alternatives to the Product Line Theory of Liability, 23 Bos. Col. L. Rev. 1397 (1982).

Huttermann, Martin Peter: Der Kauf von Unternehmen oder von Unternehmensteilen nach dem Recht von New York, Frankfurt a. M. 1997.

Hüll, Bryan D.: Recommendation of the UCC Committee of the State Bar of California: Article 6 Should be Repealed, 41 Ala. L. Rev. 701 (1990).

Janke, Gerwin/Weinreich, Johannes: Haftung des Kreditgebers für Altlasten seines Schuldners in den USA, RIW 1991, S. 281-284.

Johnson, Clark C.: Article Six: The Bulk Sales Act: A Legal Trap, 1995 Det. C.L. Rev. 903 (1995).

Kästle, Florian: Die Haftung für toxische Massenschäden im US-amerikanischen Produkt- und Umwelthaftungsrecht, München 1993.

Kalis, Peter J.: Die Haftungssituation beim Erwerb von Unternehmen in den USA, PHI 1989, S. 214-222.

King, Donald B./Kuenzel, Calvin A./Bradford, Stone: Commercial Transactions Under the Uniform Commercial Code, Fourth Edition, 1987.

Koch, Jürgen: Haftungsprobleme bei Produktspätschäden: unvorhersehbare Auswirkungen und alternative Kausalität im Deutschen und US-amerikanischen Haftungsrecht, Pfaffenweiler 1987.

Kott, David/Effross, Walter: Forgive us our Predecessors: Bankruptcy Sales and the Product Line Exception, 4 Prod. Liab. L.J. 123 (1993).

Kraakman, Reinier: Corporate Liability Strategies and the Costs of Legal Controls, 93 Yale L.J. 857(1984).

Kressel, Dorit F.: Successor Liability in Products Liability Litigation: Modern Judicial Response to Traditional Corporate Rules, 4 Prod. Liab. L.J. 211 (1993).

Laseter, W. Scott/Long, Cheryl A.: Comment: CERCLA Liability Revisited, 41 Mercer L. Rev. 1027 (1990).

Layfield, L. De-Wayne: Note: CERCLA, Successor Liability, and the Federal Common Law: Responding to an Uncertain Legal Standard, 68 Tex. L. Rev. 1237 (1990).

Lenard, George L.: Note: Products Liability of Successor Corporations: A Policy Analysis, 58 Ind. L.J. 677 (1983).

Levenstam, Barry/Lynch, Daniel: Punitive Awards Against Successor Corporations: Deterrent of Malicious Torts or Legitimate Acquisitions?, 26 Tort & Ins. L.J. 27 (1990).

Lieb, Manfred: Die Haftung für Verbindlichkeiten aus Dauerschuldverhältnissen bei Unternehmensübergang, Heidelberg 1992.

Lieb, Manfred: Zu den Grundgedanken der §§ 25 ff. HGB, in: Europarecht - Energierecht - Wirtschaftsrecht, Festschrift für Bodo Börner, hrsg. von: Jürgen F. Baur, Peter-Christian Müller Graf, Manfred Zuleeg, Köln, Berlin, Bonn, München 1992, S. 747-762.

Light, Alfred R.: "Product Line" and "Continuity of Enterprise" Theories of Corporate Successor Liability Under CERCLA, 11 Miss. C. L. Rev. 63 (1990).

LoPucki, Lynn M.: The Death of Liability, 106 Yale L.J. 1 (1996).

LoPucki, Lynn M.: Virtual Judgment Proofing: A Rejoinder, 107 Yale L.J. 1413 (1998).

Lutter, Marcus: Verschmelzung, Spaltung, Formwechsel - nach neuem Umwandlungsrecht und Umwandlungssteuerrecht, Kölner Umwandlungsrechtstage, Köln 1995.

Manko, Joseph M.: Emerging Environmental Federal Common Law, 70 Temp. L. Rev. 1227(1997).

McCarthy, Kevin Fallon: Comment: Killing the Son for the Sins of the Father: The Impropriety of Punitive Damages Against a Successor Corporation, 1986 Ariz. St. L.J. 101(1986).

Meland, Creighton R.: Bulk Sales: Evaluating the Merits of Reform and Repeal, 27U.C.C. L.J. 42 (1994).

Merkt, Hanno: US-amerikanisches Gesellschaftsrecht, Heidelberg 1991.

Merkt, Hanno/Dunckel, Kirsten: Anknüpfung der Haftung aus Vermögensübernahme bzw. Firmenfortführung beim Unternehmenskauf, RIW 1996, S. 533-542.

Meyer-Sparenberg, Wolfgang: Internationalprivatrechtliche Probleme bei Unternehmenskäufen, WiB 1995, S. 849-855.

Miller, Jeffrey G./Johnston, Craig N.: The Law of Hazardous Waste Disposal and Remedition (1996).

Mösbauer, Heinz: Die Steuerhaftung bei Unternehmensveräußerung, Betriebs-Berater, Beilage 3 zu Heft 4/1990.

Murphy, Timothy J.: Comment: A Policy Analysis of a Successor Corporation's Liability for its Predecessor's Defective Products When the Successor has Acquired the Predecessor's Assets for Cash, 71 Marq. L. Rev. 815 (1988).

Muschatte, Volker: Die Haftung bei Fortführung eines Handelsgeschäfts, Frankfurt a. M. 1996.

Neumann, Christopher J.: Comment: Successor Liability and CERCLA: The Runaway Doctrine of Continuity of Enterprise, 27 Envtl. L. 1373 (1997).

Neumann, Holger: Haftung für Altlasten im Unternehmen - Die Verantwortlichkeit von Gesellschaften und den an ihnen beteiligten Personen im US-amerikanischen und deutschen Recht, Frankfurt a. M. 1997.

Norton, Joseph Jude: Relationship of Shareholders to Corporate Creditors upon Dissolution: Nature and Implications of the "Trust Fund" Doctrine of Corporate Assets, 30 Bus. Law. 1061 (1975).

Nuhn, Theresa A.: Comment: Continuing Corporate Existence for Post-Dissolution Claims: The Defective Products Dilemma, 13 Pac. LJ. 1227 (1982).

Ochsenfeld, Frank: Direkthaftung von Konzernobergesellschaften in den USA, Berlin 1998.

Olshausen, Eberhard von: Bücherschau zu Karsten Schmidt, 4. Auflage, WM 1994, S. 1903 ff.

Ohmann, Ingrid C.: Die "market share liability" als Lösung des Identifikationsproblems bei alternativ verursachten Massenschäden im US-Deliktsrecht, München 1986.

Oswald, Lynda J./Schipani, Cindy A.: CERCLA and the Erosion of Traditional Corporate Law Doctrine, 86 Nw. U. L. Rev. 259 (1992).

Otte, Karsten: Marktanteilshaftung: Rechtsvergleich und Alternativen im US-amerikanischen und deutschen Recht, Berlin 1990.

Palandt, Otto: Bürgerliches Gesetzbuch, 57. Auflage, München 1998.

Penne, Jeffrey S.: Casenote: The Eighth Circuit Recognizes a Successor Corporation's Independent Duty to Warn in Sherlock v. Quality Control Equip. Co., 30 Creighton L. Rev. 1053 (1997).

Peters, Frank: Zur Haftung wegen Vermögensübernahme, JR 1992, S. 405-410.

Phillips, David: Products Liability of Successor Corporations: A Corporate and Commercial Law Perspective, 11 Hofstra L. Rev. 249 (1982).

Phillips, Jerry J.: Product Line Continuity and Successor Corporation Liability, 58 N.Y.U. L. Rev. 906 (1983).

Picot, Gerhard (Hrsg.): Unternehmenskauf und Restrukturierung, 2. Auflage, München 1998.

Presser, Stephen B.: Piercing the Corporate Veil (Stand: April 1997).

Presser, Stephen B.: Thwarting the Killing of the Corporation: Limited Liability, Democracy, and Economics, 87 Nw. U. L. Rev. 148 (1992).

Probst, Katherine N./Portney, Paul R.: Ressources for the Future, Assigning Liability for Superfund Cleanups: An Analysis of Policy Options (1992).

Raisch, Peter: Geschichtliche Voraussetzungen, dogmatische Grundlagen und Sinnwandlung des Handelsrechts, Karlsruhe 1965.

Raisch, Peter: Unternehmensrecht, Band 1, Unternehmensprivatrecht: Handels- und Gesellschaftsrecht, Hamburg 1973.

Rapson, Donald J.: U.C.C. Article 6: Should It Be Revised or "Deep-Sixed"?, 38 Bus. Law. 1753 (1983).

Richmond, Douglas R.: Products Liability: Corporate Successors and the Duty to Warn, 45 BaylorL. Rev. 535(1993).

Rebmann, Kurt/Säcker, Franz-Jürgen (Hrsg.): Münchener Kommentar zum Bürgerlichen Gesetzbuch, Band 2 - Schuldrecht AT (§§ 241 - 432), 3. Auflage, München 1994 (zitiert: *MünchKommBGB/Bearbeiter*).

Reed, Michael H.: Successor Liability and Bankruptcy Sales, 51 Bus. Law. 653 (1996).

Renner, Shown: Note: Liability of a Successor Corporation for Products Defectively Manufactured by a Predecessor, 62 Neb. L. Rev. 408 (1983).

Ringleb, Al H./Wiggins, Steven N.: Liability and Large-Scale, Long Term Hazards, 98 J. Pol. Econ. 574(1990).

Roe, Mark J.: Mergers, Acquisitions, and Tort: A Comment on the Problem of Successor Corporation Liability, 70 Va. L. Rev. 1559 (1984).

Röhricht, Volker/Westphalen, Friedrich Graf von (Hrsg.): Handelsgesetzbuch: Kommentar zu Handelsstand, Handelsgesellschaften, Handelsgeschäften und besonderen Handelsverträgen (ohne Bilanz-, Transport- und Seerecht), Köln 1998 (zitiert: *Bearbeiter* in *Röhricht/Westphalen*).

Rogala, Carol A.: Comment: Nontraditional Successor Product Liability: Should Society Be Forced to Pay the Cost?, 68 U. Det. L. Rev. 37 (1990).

Säcker, Franz-Jürgen: Die handelsrechtliche Haftung für Altschulden bei Übertragung und Vererbung von Handelsgeschäften, ZGR 1973, S. 261-283.

Sarlitto, Mark R.: Note: Recognizing Products Liability Claims at Dissolution: The Compatibility of Corporate and Tort Law Principles, 87 Colum. L. Rev. 1048 (1987).

Saville, Kevin J.: Discharging CERCLA Liability in Bakruptcy: When Does a Claim Arise?, 76 Minn. L. Rev. 327, (1991).

Scherer, Inge: Haftung bei Firmenfortführung, DB 1996, S. 2321-2325.

Schipani, Cindy A.: Infiltration of Enterprise Theory into Environmental Jurisprudence, 22 J. Corp. L. 599 (1997).

Schleifenbaum, Thekla: Die Unternehmenshaftung bei Unternehmensübertragungen: rechtfertigende Grundgedanken für eine allgemeine unternehmensrechtliche Haftungskontinuität, Berlin 2000.

Schmidt, Karsten: Organverantwortlichkeit und Sanierung im Insolvenzrecht der Unternehmen, ZIP 1980, S. 328-337.

Schmidt, Karsten: Haftungskontinuität als unternehmensrechtliches Prinzip, ZHR 145 (1981), S. 2-28.

Schmidt, Karsten: Zur Gläubigersicherung im Liquidationsrecht der Kapitalgesellschaften, Gemeinschaften und Vereine, ZIP 1981, S. 1-9.

Schmidt, Karsten: Was wird aus der Haftung nach § 419 BGB?, ZIP 1989, S. 1025-1029.

Schmidt, Karsten: Die übertragende Sanierung - Bestandsaufnahmen und Ausblicke an der Schwelle der Insolvenzreform, in: Insolvenzrecht im Umbruch, Analysen und Alternativen, hrsg. von: Dieter Leipold, Köln Berlin Bonn München 1991.

Schmidt, Karsten: Wider eine „lex Holzmüller" - §§ 251, 252 des Diskussionsentwurfs eines neuen Umwandlungsrechts in der Kritik, in: Festschrift für Theodor Heinsius zum 65. Geburtstag, hrsg. von: Friedrich Kubier, Hans-Joachim Mertens, Winfried Werner, Berlin 1991, S. 715-731.

Schmidt, Karsten: Universalsukzession kraft Rechtsgeschäfts, AcP 191 (1991), S. 495 ff.

Schmidt, Karsten: Unternehmenskontinuität und Erwerberhaftung nach § 25 Abs. 1 HGB, ZGR 1992, S. 621-631.

Schmidt, Karsten: Gläubigerschutz bei Umstrukturierungen - Zum Referentenentwurf eines Umwandlungsgesetzes, ZGR 1993, S. 366- 395.

Schmidt, Karsten: Bemerkungen und Vorschläge zur Überarbeitung des Handelsgesetzbuchs, DB 1994, S. 515-521.

Schmidt, Karsten: Vermögensveräußerung aus der Personengesellschaft: Ein Lehrstück am Rande des neuen Umwandlungsrechts, ZGR 1995, S. 675-687.

Schmidt, Karsten (Hrsg.): Münchener Kommentar zu Handelsgesetzbuch, Bd. 1 Erstes Buch - Handelsstand: §§ 1-104, München 1996 (zitiert: *Münch-KommHGB/Bearbeiter*).

Schmidt, Karsten: Haftungsrisiken bei „steckengebliebenen" Verschmelzungen?, DB 1996, S. 1859-1862.

Schmidt, Karsten: Gesellschaftsrecht, 3. Auflage, Köln Berlin Bonn München 1997.

Schmidt, Karsten: Unternehmensfortführung ohne Firmenfortführung - ein Streitfall zu § 25 I HGB, JuS 1997, S. 1069-1072.

Schmidt, Karsten: Handelsrecht, 5. Auflage, Köln Berlin Bonn München 1999.

Schnapf, Lawrence P.: CERCLA and the Substantial Continuity Test: A Unifying Proposal for Imposing CERCLA Liability on Asset Purchasers, 4 Envtl. Law. 435 (1998).

Schnelle, Ulrich: Die kollisionsrechtliche Anknüpfung der Haftung aus Vermögensübernahme im deutschen IPR, RIW 1997, S. 281-285.

Schricker, Gerhard: Probleme der Haftung aus Vermögensübernahme (§419 BGB), JZ 1970, S. 265-273.

Schricker, Gerhard: Probleme der Schuldenhaftung bei Übernahme eines Handelsgeschäfts, ZGR 1972, S. 121-156.

Schütze, Rolf/Weipert, Lutz (Hrsg.): Münchener Vertragshandbuch, Band 2. Handels- und Wirtschaftrecht, 4. Auflage, München 1997 (zitiert: *Bearbeiter* in Münchener Vertragshandbuch).

Schuhalter, Roberta L.: Note: Successor Liability for Defective Products: A Tort Exception to a Corporate Rule, 10 Hofstra L. Rev. 831 (1982).

Schulman, Stephen H.: Commentary: Successor Corporation Liability and the Inadequacy of the Product Line Continuity Approach, 31 Wayne L. Rev. 135 (1984).

Schuster, Richard D.: Punitive Damages Awards in Strict Products Liability Litigation: The Doctrine, the Debate, the Defenses, 42 Ohio St. LJ 771 (1981).

Schwartz, Alan: Products Liability, Corporate Structure and Bankruptcy: Toxic Substances and the Remote Risk Relationship, 14 J. Legal Stud. 689 (1985).

Shaffer, Anthony D.: Comment: Successor Liability for the Predecessor's Defective Product: Should Predecessors Have Their Cake and Eat It Too?, 23 Cap. U. L. Rev. 1003 (1994).

Shapo, Marshall S.: A Representational Theory of Consumer Protection: Doctrine, Function, and Legal Liability for Product Disappointment, 60 Va. L. Rev. 1113 (1974).

Shapo, Marshall S.: The Law of Products Liability, Third Edition, 1994.

Shapo, Marshall S.: Products Liability: The Next Act, 26 Hofstra L. Rev. 761 (1998).

Shecter, Howard L.: Aquiring Corporate Assets Without Successor Liability: Is it a Myth?, in: Aquiring or Selling the Privately Held Company, PLI Corporate Law & Practice Course Handbook Series No. 540,1986, S. 79 ff..

Shecter, Howard L.: Selected Risk Issues in Merger and Acquisition Transactions, 51 U. Miami L. Rev. 719 (1997).

Sisk, Gregory C./Anderson, Jerry L.: The Sun Sets on Federal Common Law: Corporate Successor Liability Under CERCLA After O'Melveny & Meyers, 16 Va. Envtl. L.J. 505 (1997).

Squire, Daniel H./Ingram, William P./Frost, Don J.: Corporate Successor Liability under CERCLA: Who's Next?, 43 Sw. L.J. 887 (1990).

Theißen, Michaela: Die Schuldenhaftung nach § 25 HGB beim Erwerb von unselbständigen Unternehmensteilen, Berlin 2000.

Thimet, Juliane: Die Sanierung von Altlasten: Rechtliche Instrumente und Vollzug; eine rechtsvergleichende Untersuchung des Rechts der Vereinigten Staaten von Amerika und der Bundesrepublik Deutschland, Frankfurt a. M. 1993.

Trovers, Timothy E. et al.: American Law of Products Liability 3d, 1987-1997.

Tucker, Maxwell J.: The Clash of Successor Liability Principles, Reorganization Law, and the Just Demand That Relief Be Afforded Unknown and Unknowable Claimants, 12 Bankr. Dev. J. 1 (1995).

Turcon, Remi J./Zimmer, Daniel: Grundlagen des US-amerikanischen Gesellschafts, Wirtschafts-, Steuer- und Fremdenrechts, München 1994.

Vagts, Detlev F.: Wohin mit der beschränkten Haftung der Aktionäre? Neue Strömungen im amerikanischen Gesellschaftsrecht, ZGR 94, S. 227-236.

Vierhaus, Hans Peter: Umwelt-Auditing im US-amerikanischen Recht, RIW 96, S. 393-396.

Wallach, George L.: Products Liability: A Remedy in Search of a Defendant - The Effect of a Sale of Assets and Subsequent Dissolution on Product Dissatisfaction Claims, 41 Mo. L. Rev. 321 (1976).

Watson, Blake A.: Liberal Construction of CERCLA Under the Remedial Purpose Canon: Have the Lower Courts Taken a Good Thing Too Far?, 20 Harv. Envtl. L. Rev. 199 (1996).

Whaley, Douglas J.: Problems and Materials on Commercial Law, Second Edition, 1990.

White, James J.: Corporate Judgment Proofing: A Response to Lynn LoPucki's The Death of Liability, 106 Yale L.J. 1363 (1998).

Wilburg, Walter: Abschied von § 419 BOB, in: Festschrift für Karl Larenz zum 70. Geburtstag, hrsg. von Gotthard Paulus, Uwe Diederichsen, Claus-Wilhelm Canaris, München 1973, S. 661-671.

Winthorp, Marylin: Structuring a Corporate Acquisition to Avoid the De Facto Merger Doctrine, 6 Sec. Reg. L.J. 195 (1978).

Yamin, Robert J.: The Achilles Heel of the Takeover: Nature and Scope of Successor Corporation Products Liability in Asset Acquisitions, 7 Harv. J.L. & Pub. Pol'y 185 (1985).

Zahn, Markus: Unternehmenskauf und Haftung für fehlerhafte Altprodukte in den USA, PHI 1990, S. 268-276.

Zaretsky, Barry L: Fraudulent Transfer Law as the Arbiter of Unreasonable Risk, 46 S.C.L. Rev. 1165(1995).

Zöllner, Wolfgang: Bemerkungen zu allgemeinen Fragen des Referentenentwurfes eines Umwandlungsgesetzes, ZGR 1993, S. 334 ff.

Abkürzungen und Zitierweise orientieren sich an The Bluebook - A Uniform System of Citation, Sixteenth Edition 1996.

Peter Lang · Europäischer Verlag der Wissenschaften

Michael Brass

Der umgekehrte Haftungsdurchgriff im deutschen und US-amerikanischen Recht

Frankfurt/M., Berlin, Bern, Bruxelles, New York, Oxford, Wien, 2001. 205 S.
Europäische Hochschulschriften: Reihe 2, Rechtswissenschaft. Bd. 3111
ISBN 3-631-37655-3 · br. € 35.30*

Kann eine abhängige (Tochter-)Gesellschaft bei Mißbrauch ihrer rechtlichen Selbständigkeit für Verbindlichkeiten ihres herrschenden Anteilsinhabers haftungsrechtlich belangt werden? Der Frage, ob sich die Regeln und Fallgruppen der anerkannten richterrechtlichen Durchgriffshaftung auf diese Weise umkehren lassen, geht diese Arbeit nach. Anhand einer rechtsvergleichenden Untersuchung zum US-amerikanischen Kapitalgesellschaftsrecht wird aufgezeigt, daß ein derartiger „umgekehrter" Haftungsdurchgriff zur Gewährleistung eines lückenlosen Gläubigerschutzes als parallel zu handhabende Variante des herkömmlichen „direkten" Durchgriffs auf die Gesellschafter anzuerkennen ist.

Aus dem Inhalt: Direkter und umgekehrter Haftungsdurchgriff · Meinungsstand der deutschen Rechtsprechung und Literatur · Argumente für und gegen die Umkehrung des Durchgriffs · Die Abwägung der widerstreitenden Interessen beim umgekehrten Haftungsdurchgriff · Der umgekehrte Haftungsdurchgriff im US-amerikanischen Recht (*reversed piercing the corporate veil*) – Unterschiede und Parallelen zum deutschen Recht · Die Fallgruppen der *disregard*-Lehre als Fallgruppen auch der umgekehrten Durchgriffshaftung · Die gegen den umgekehrten Haftungsdurchgriff angeführten Argumente aus der Sicht des US-amerikanischen Rechts

Völkerrecht, Europarecht und Internationales Wirtschaftsrecht

Herausgegeben von Peter Hilpold und August Reinisch

Band 1 Florian Razesberger: The International Criminal Court. The Principle of Complementarity. 2006.

Band 2 Christian Wimpissinger: Steuerliche Verlustverrechnung nach EG-Recht. 2006.

Band 3 Christina Knahr: Participation of Non-State Actors in the Dispute Settlement System of the WTO: Benefit or Burden? 2007.

Band 4 Daniela Kröll: Toward Multilateral Competition Law? After Cancún: Reevaluating the Case for Additional International Competition Rules Under Special Consideration of the WTO Agreement. 2007.

Band 5 Georg Nolte / Peter Hilpold (Hrsg.): Auslandsinvestitionen – Entwicklung großer Kodifikationen – Fragmentierung des Völkerrechts – Status des Kosovo. Beiträge zum 31. Österreichischen Völkerrechtstag 2006 in München. 2008.

Band 6 Irmgard Marboe: Die Berechnung von Entschädigung und Schadenersatz in der internationalen Rechtsprechung. 2009.

Band 7 Peter Neumann: United Nations Procurement Regime. Description and Evaluation of the Legal Framework in the Light of International Standards and of Findings of an Inquiry into Procurement for the Iraq Oil-for-Food Programme. 2008.

Band 8 Kirsten Schmalenbach / Wolfgang Benedek (Hrsg.): Von Terrorismusbekämpfung bis Klimaschutz. Beiträge zum 32. Österreichischen Völkerrechtstag 2007 in Altaussee. 2008.

Band 9 Stephan Wittich / August Reinisch / Andrea Gattini (Hrsg.): Kosovo – Staatsschulden – Notstand – EU-Reformvertrag – Humanitätsrecht. Beiträge zum 33. Österreichischen Völkerrechtstag 2008 in Conegliano. 2009.

Band 10 Peter Hilpold (Hrsg.): Das Selbstbestimmungsrecht der Völker. Vom umstrittenen Prinzip zum vieldeutigen Recht? 2009.

Band 11 Peter Hilpold / Christoph Perathoner (Hrsg.): Immigration und Integration. Völkerrechtliche und europarechtliche Antworten auf eine zentrale Herausforderung der Zeit. 2010.

Band 12 Claudia Alfons: Recognition and Enforcement of Annulled Foreign Arbitral Awards. An Analysis of the Legal Framework and its Interpretation in Case Law and Literature. 2010.

Band 13 Peter Hilpold / Walter Steinmair / Christoph Perathoner (Hrsg.): Rechtsvergleichung an der Sprachgrenze. 2011.

Band 14 Werner Schroeder / Jelka Mayr-Singer (Hrsg.): Völkerstrafrecht, Rechtsschutz und Rule of Law. Das Individuum als Herausforderung für das Völkerrecht. Beiträge zum 34. Österreichischen Völkerrechtstag 2009 in Tramin/Südtirol. 2011.

Band 15 Werner Petritz: Vor dem Aus? Der Vertrag über die Nichtweiterverbreitung von Kernwaffen. Funktion und Relevanz anhand zweier Beispiele. 2012.

Band 16 Kirsten Schmalenbach (Hrsg.): Aktuelle Herausforderungen des Völkerrechts. Beiträge zum 36. Österreichischen Völkerrechtstag 2011. Unter Mitarbeit von Lando Kirchmair. 2012.

Band 17 Ruth Steger: Staatenimmunität und Kriegsverbrechen. Das IGH-Urteil im Verfahren Deutschland gegen Italien vom 03.02.2012. 2013.

Band 18 Christoph Vedder (Hrsg.): Völkerrecht 2012. Richterliche Praxis und politische Realität. Beiträge zum 37. Österreichischen Völkerrechtstag 2012. Unter Mitarbeit von Manuel Indlekofer. 2013.

Band 19 Wolfgang Benedek / Hans-Peter Folz / Hubert Isak / Matthias C. Kettemann / Renate Kicker (Hrsg.): Bestand und Wandel des Völkerrechts. Beiträge zum 38. Österreichischen Völkerrechtstag 2013 in Stadtschlaining. 2014.

Band 20 Andrea Bockley / Ursula Kriebaum / August Reinisch (Hrsg.): Nichtstaatliche Akteure und Interventionsverbot. Beiträge zum 39. Österreichischen Völkerrechtstag 2014 in Klosterneuburg. 2015.

Band 21 Caroline U. Amann: The EU Education Policy in the Post-Lisbon Era. A Comprehensive Approach. 2015.

Band 22 Karl Edlinger: Die völkerrechtliche Klassifizierung bewaffneter Konflikte. Konflikttypen, Abgrenzungen sowie Rechtsfolgen und deren Auswirkungen auf die Planung und Durchführung militärischer Operationen. 2016.

Band 23 Elisabeth Parteli: Pressefreiheit und Persönlichkeitsschutz. Ein Leitfaden für die journalistische Praxis. Das Spannungsverhältnis zwischen der Freiheit der Äußerung und dem Schutz der Persönlichkeitsrechte unter besonderer Berücksichtigung der Abgrenzung von Tatsachenbehauptung und Werturteil der Rechtsprechung des Europäischen Gerichtshofs für Menschenrechte zu Artikel 10 EMRK. 2017.

Band 24 Anna Fischer: Sezession im Völkerrecht – Faktisches Phänomen oder reale Utopie. Die Geschichte eines Prinzips im Lichte eines unglücklichen Präzedenzfalls. 2017.

Band 25 Ruth Steger: Aut dedere aut iudicare. Inhalt und aktuelle Entwicklungen rund um die völkerrechtliche Verpflichtung zur Strafverfolgung oder Auslieferung. 2017.

www.peterlang.com